인생의 격차

인생의 격차

내 운명의 위치, 속도, 리듬을 찾으며 살아가는 법

우친 지음

이기원 옮김

한국경제신문

우멍화(吳梦华), 우멍신(吳梦馨)과 장옌(张彦)에게

당신의 격이 인생의 격차를 만듭니다

태도(Attitude)와 격(Altitude, 보통 높이, 고도, 산의 해발고도 등을 뜻하는 단어인데, 저자는 '격'을 영어로 Altitude라고 표현함으로써 수직적 개념으로 사용했다-옮긴이)은 영어로는 한 글자만 다릅니다. 하지만 이 둘은 완전히 다른 의미를 지닌 단어이고, 성공적인 삶을 원한다면 누구나 좋은 태도와 품격을 모두 갖춰야 합니다. 그래서 저는 《태도(态度)》(한국어판 《어떻게 살아야 할지 막막한 너에게》, 오월구일, 2019)를 출간한 뒤 더다오(得到, 유료 강좌와 오디오 북 서비스를 제공하는 중국의 구독형 지식 플랫폼) 편집진의 도움을 받아 그간 써온 〈구글에서 온 편지〉와 〈구글 방법론〉 칼럼에서 인간의 품격에 대한 내용을 정리하여 이 책을 썼습니다.

그동안 격에 관한 질문을 워낙 많이 받아서 이 주제를 선택하게 되었습니다. 예를 들어 "기업 연구를 위해 만났던 업계 거물이나 학계 지도자들에게서 어떤 공통점을 찾으셨습니까? 저도 공부를 마친 후 그 정도로 성공하고 싶은데 혹시 비결이 있을까요?" 같은 질문이었습니다.

너무나도 신통해서 배우자마자 성공하는 비결 따위는 없습니다. 만약 있다 해도 모두가 다 안다면 더 이상 비결이 아니겠죠. 마치 지름길이 하나뿐인 숲에서 사람들이 모두 그 길로 몰리면 더 이상 지름길이 아닌 게 되는 경우처럼 말이죠.

하지만 돌이켜보면 성공한 사람들에게는 분명히 공통점이 있었습니다. 그것은 바로 격이 남달랐다는 점이었습니다. 대만 사업가 왕융칭(王永慶) 선생이 "자기 그릇의 크기가 사업 규모를 결정한다" 라고 한 말도 이와 같은 뜻이죠.

제가 관찰해보니 성공한 사람들은 자신의 현 위치를 분명히 알았고 방향성이 분명했으며 정확한 방법으로 그 방향을 향해 꿋꿋이 나아갔습니다. 비록 큰 보폭은 아니었지만 중간에 절대 (혹은 거의) 딴 길로 새는 일이 없어서 오히려 남들보다 빨리 목표 지점에 도착했습니다. 반면 제대로 해낸 일이 없는 사람은 속도는 빨랐을지 몰라도 언제나 제자리에서 빙빙 돌았습니다. 외부의 유혹이나 자극이 있을 때마다 자꾸 방향을 선회하거나 아예 반대로 가기도 했습니다. 결국 몇 년 후에도 여전히 원점에 머물러 있더군요.

자기 현재 위치와 방향을 명확히 파악하고 자기 능력에 적합한 리듬을 찾은 사람이라면, 이미 또래보다 뛰어난 품격을 갖췄다고 말할 수 있습니다. 물론 자기 현재 위치를 아는 건 어렵지 않다는 사람도 있어요. 하지만 현실은 그렇게 간단하지 않습니다. 사람마다 시대 인식이 천차만별인 점만 봐도 알 수 있죠.

소셜 미디어에는 여전히 나폴레옹처럼 되고 싶어 하는 사람들이 많습니다. 그들은 힘을 과시하며 사회적 인정을 얻으려고 애씁니다. 지금은 '나폴레옹 시대'가 아니라 '평화의 시대'인데도 말이죠. 요즘 같은 시대에 무력(상업적 무력 포함)으로 사업적 성공을 얻으려 한다면 큰 오산입니다. 인류의 보편적인 복지 향상이 우리의 목표여야 합니다. 이 시대에 만약 나폴레옹 같은 인물이 있다면 그 사람은 장군이 아니라 아마 빌 게이츠 같은 사람일 겁니다. 지금은 남보다 나은 것을 창조해냄으로써 개인의 역량을 발휘하는 시대니까요.

지금이 평화의 시대라는 말에 동의하지 못할 사람도 많을 겁니다. 테러리즘과 무역마찰을 예로 들어 반박하는 사람도, 전쟁이 막 일어날 것처럼 걱정하는 사람들도 있겠죠. 이렇게 상황을 잘못 판단하는 사람은 마치 깊은 산속에서 자기 위치를 잃어버린 것과 같아서, 아무리 애를 써도 그 산에서 빠져나오기가 어렵습니다. 중국은 지난 40여 년 동안 장기적 평화와 고속 성장을 이뤘습니다. 한편 1990년대 초부터 중국 쇠퇴론도 끊이지 않았죠. 이러한 오판으로 인해 많은 사람이 중국 경제성장의 급행열차에 올라탈 기회를 놓쳤습니다. 더불어 이미 반세기 넘게 급성장해온 실리콘밸리에서도 1960년대부터 각기 다른 버전의 쇠퇴론이 꾸준히 제기되어왔습니다. 그 탓에 많은 사람이 디지털 혁명으로 창출된 다양한 기회를 놓쳤습니다.

미국은 19세기 말부터 20세기 초까지 많은 문제를 겪은 동시에 최고의 발전 시기를 보냈습니다. 이 시대에 투자했던 사람은 승리자로 남았고 시류를 읽는 데 실패했던 사람은 역사의 뒤안길로 사라졌어요. 즉 당시 미국에서는 수많은 부호가 탄생했으나 로스차일드 가문(유대계 재벌 가문으로 19세기에 전성기를 누린 뒤 현재 그 영향력이 많이 줄어들었다-옮긴이)은 시장에서 물러나 쇠퇴일로를 걸었습니다.

미래를 판단하는 태도도 마찬가지입니다. 긍정적으로 성장을 예상하는 사람은 분명 회의주의자들과 다른 선택을 내릴 것이며 최종 결과 또한 다를 겁니다.

똑같이 성장의 급행열차에 올라도 최종 도달 지점의 높이는 격이 결정합니다. 예를 들어 존 피어폰트 모건과 마크 트웨인은 동시대의 벤처 투자가였지만 격의 차이로 인해 서로 다른 결과를 손에 쥐었죠.

금융계 거장 모건은 미국 최고의 에인절 투자자라 부를 만했습니다. 천재 발명가 토머스 에디슨이 전구를 발명하기 이전부터 그에게 투자했으니까요. 에디슨 한 명에게만 투자했다면 그냥 운이 좋았던 걸지도 모릅니다. 하지만 그는 에디슨의 경쟁 상대였던 니콜라 테슬라는 물론, 테슬라의 라이벌이자 무선 통신의 아버지라고 불렸던 굴리엘모 마르코니(Guglielmo Marconi)에게도 투자했습니다. 모건이 투자했던 것은 특정 발명가나 기술이 아니라 미래 유망 산업이었던 '전기'였습니다. 이런 사람을 보고 우리는 격이 높다고 말합니다.

문학계의 거장 트웨인 역시 모건처럼 에인절 투자자였지만 두 사람의 격에는 큰 차이가 있었습니다. 트웨인은 평생 엄청난 인세 수입을 올린 위대한 작가였지만 투자자로서의 행보는 대부분 실패했고 이름을 남기지 못했어요. 자기 뜻대로 통제하려는 욕심으로 출판사에 투자했기 때문입니다. 그는 산업 전체가 아닌 개별 기업에 몰두했죠. 당시 출판업은 급성장할 만한 산업이 전혀 아니었습니다. 유망한 투자 기회였던 벨의 전화 기술을 소개받은 적도 있으나 어불성설이라고 여겼습니다.

워런 버핏과 그의 아버지 또한 품격 면에서 차이가 컸습니다. 버핏의 아버지가 투자했던 시기에는 미국 자동차 산업이 갓 부흥하기 시작해 자동차 회사가 매우 많았어요. 버핏의 아버지는 회사 하나하나를 살펴보면서 선택지를 고민하다가 투자 적기를 놓치고 말았죠. 버핏은 훗날 이렇게 말했습니다. 자동차가 발전하고 마차는 사라지던 시기였으니 아버지가 최소한 마차 회사 주식을 공매도 했으면 나았을 거라고 말이죠. 버핏이 새로운 시대와 산업을 알아보는 격이 높았다면, 아버지는 계속 더 돈이 되는 회사만 탐색하고 세부 디테일에 매몰되는 등 격이 낮았습니다.

이 두 가지 예는 사람마다 방향을 선택하는 데 차이가 있음을 보여줍니다. 그리고 방향이 정해진 후에는 행동 방식에 의해 격의 높고 낮음이 결정됩니다. 격이 높은 사람은 반복적 성공과 중첩적 발전을 추구하는 반면, 격이 낮은 사람은 일을 빠르고 완벽하게 해냈다는 점에만 만족합니다.

사실 우연한 성공을 거두는 일은 어렵지 않습니다. 다만 우연을 서서히 필연으로 바꾸는 일이 정말 어렵죠. 이류 테니스 선수들도 가끔 서비스 에이스(서브한 공을 상대편이 받지 못해 득점하는 것)를 성공시키지만 반복해서 성공하지는 못하죠. 반면 일류 테니스 선수는 매 경기에 서비스 에이스가 끊임없이 나옵니다. 예를 들어 20세기 말 최고의 테니스 선수였던 고란 이바니세비치는 정식 경기에서만 서비스 에이스 1,500개를 기록했어요. 테니스 선수들의 서브 동작을 면밀하게 분석해보면 일류 선수의 동작은 확실히 다르다는 점을 엿볼 수 있습니다. 극도로 정확하고 한결 같은 자세라서 서브 기계처럼 보일 정도랍니다.

인류 역사에 천재는 많았습니다. 하지만 17세기 이전까지는 과학기술상의 위대한 발명 또는 발견에 상당한 시간이 소요되었고 그마저도 우연인 경우가 적지 않았어요. 17세기 이후 윌리엄 하비(William Harvey), 르네 데카르트 등이 과학적 방법론을 고안해냈고, 자연 철학자(현재의 과학자)와 장인들이 그 방법을 적극적으로 응용해 다량의 과학기술이 쏟아져 나왔습니다. 덕분에 인류 사회는 빠르게 발전하기 시작했습니다. 잘못된 방법으로도 우연히 성공할 수 있지만 정확한 방법을 사용하면 성공 확률이 확실히 높아집니다.

다시 모건과 트웨인의 예로 돌아와볼까요? 두 사람은 방향 설정도 달랐고 투자 방법도 달랐습니다. 프로 투자자였던 모건은 투자 규범을 엄격하게 준수했고 개인적 호불호를 따르지 않았어요. 그는 전기가 세상을 바꾸려고 할 때 과감하게 투자했고, 테슬라의 전망이 좋지 않을 때 딱 잘라 손절매했으며, 에디슨과 마르코니가 거듭해 성공을 거두자 투자 규모를 늘렸죠. 오늘날의 벤처 투자 또한 이와 같은 원칙을 반드시 준수해야 합니다. 성공한 투자는 계속해 지원하되 실패한 투자에서는 신속하게 빠져나와야 합니다. 반면 트웨인은 제멋대로 투자했고 취향에 따라 자금을 운용했습니다. 물론 성공했던 투자도 있었지만 대체로 실패해서 벌었던 돈까지 다 잃고 말았습니다.

중첩적 성공은 성공의 규모를 변화시킵니다. 제 동생 우즈닝은 스탠퍼드대학교를 졸업한 후 실리콘밸리 최대 반도체 회사인 마벨(Marvell)에 입사했습니다. 동생은 평범한 연구원으로 시작해 13년 만에 최고기술경영자(CTO) 자리까지 올랐죠. 실리콘밸리에서 일하는 중국인뿐 아니라 스탠퍼드 출신 중에서도 이 정도로 성공한 사람은 매우 드물었답니다. 제가 성공 비결을 묻자 동생은 남보다 앞선 시작도 중요하지만, 성공을 향한 한 걸음 한 걸음이 그다음 성공의 밑바탕이 되는 것, 단계마다 새로 시작하지 않는 것이 중요하다고 답했어요. 예를 들어 캥거루는 힘껏 점프해도 결국 제자리에 떨어지고, 최대로 점프할 수 있는 높이가 한정적입니다. 반면 코알라는 나무를 오르는 속도는 매우 느리지만 조금씩 조금씩 다음 목표를 위한 기반을 쌓아가니 반드시 꼭대기에 도착합니다. 이게 바로 중첩적 성공이죠.

빠르고 중첩적으로 발전하기 위해서는 덜어내고 포기할 줄 알아야 합니다. 숲속에서 끊임없이 마주치는 샛길의 유혹을 포기해야 더욱 빨리 목적지에 도달할 수 있듯이요.

동생은 많은 기회를 포기했어요. 무어의 법칙(Moore's Law, 인터넷 경제의 3원칙 가운데 하나로, 마이크로칩의 성능이 2년마다 2배로 늘어난다는 법칙-옮긴이)이 반도체 업계를 지배하던 시절, 그곳은 각종 유혹으로 가득했습니다. 다행히 동생이 7~8년 동안 몰두했던 상품은 세계 시장점유율 1위를 달성했고, 연간 10억 달러 이상의 매출을 올렸죠. 동생은 그 시기 국제 특허 280건을 획득하면서 반도체 업계 내 기술 경영 전문가로서의 입지를 확고히 다질 수 있었습니다.

지금 구글에서 가장 높은 직급에 있는 중국인은 제 존스홉킨스 대학교 후배입니다. 그는 평범한 엔지니어로 시작해 글로벌 아키텍처 총괄 부사장에 올랐고, 업계에서 존경받는 인물이 되었어요. 후배가 여기까지 올 수 있었던 비결은 장기적 성장에 도움되지 않는 단기적 기회를 과감하게 포기한 덕분이었습니다.

구글은 예전에 그에게 중국 전역의 R&D 업무를 맡기려 했습니다. 겉보기에는 매우 화려했죠. 직급상으로 수직 상승이었을뿐더러 고향에 금의환향할 기회이기도 했습니다. 하지만 구글 핵심 업무에서 멀어지는 일이었기에 더 높은 승진은 어려울 가능성도 있었습니다. 고민 끝에 그는 미국에 남아 구글 핵심 분야에서 일하기로 결정했습니다. 그 후 회사 내에서 후배의 역할은 점점 중요해졌고 회사도 그를 더욱 신뢰하게 됐습니다. 결국 회사는 그에게 가장 핵심적인 업무를 맡겼습니다.

하지만 덜어내는 일은 매우 어렵습니다. 사람은 원래 얻는 것을 좋아하고 버리기를 싫어하죠. 2년 전, 한창 성장세에 있던 미디어 회사 창업자가 제게 펀드 설립에 관해 물었습니다. 당시 중국에선 규모가 좀 있는 회사라면 다들 펀드를 했는데요. 그는 자기 인맥 정도면 분명 성공하리라 생각했습니다. 저는 그에게, 그런 논리라면 지금 세계에서 제일 큰 펀드는 중국중앙텔레비전(CCTV) 펀드여야 하는데 현실은 다르다고 알려주었어요. 그 후 그는 자기 전문 분야에 집중하기로 했고 한 걸음 한 걸음 성실하게 기초를 쌓아 잘 성장하고 있습니다.

2019년 초 쳰잉이(錢穎一) 교수와 저는 중국의 성공 기업을 연구하며 돤융핑(段永平)의 비보(Vivo)와 오포(Oppo), 그리고 화웨이(Huawei)에 관해 이야기를 나눴습니다. 두 회사는 공통적 특징이 있었는데 집중력이 뛰어나고 덜어내기에 능하다는 점이었습니다.

일반적인 중국 기업이었다면 돈을 좀 번 뒤 분명 부동산에 눈을 돌렸을 텐데 그러지 않았죠. 포기할 부분은 포기하고 잘하는 부분에 집중했습니다. 과거 경험을 미래의 초석으로 삼았던 덕분에 이 두 회사는 장기적으로 안정적인 발전을 이룰 수 있었습니다.

사람도 마찬가지예요. 만약 중첩적이고 빠른 성장을 지속할 수 있다면 아무리 출발이 늦고 초라한 상황이더라도 10년 뒤에는 눈부신 성취를 이룰 겁니다.

물론 사람이든 기업이든 일정 시간 동안 고속 성장을 계속하면 지칠 수밖에 없어요. 따라서 좋은 생활 리듬이 필수입니다. 그렇지 않으면 실수 한 번에 모든 걸 잃을 수도 있습니다.

이 책의 내용은 한 단어로는 '격', 한 문장으로는 '어떻게 격을 높일 것인가?'로 요약할 수 있습니다. 나의 격을 높이기 위해 알아야 할 위치, 방향, 속도와 리듬에 대해 이야기합니다. 누구든 시작점이 어디였든 현재 위치를 잘 파악하고, 정확한 방향과 방법을 찾아 성장 속도를 개선하고, 좋은 생활 리듬을 유지한다면, 몇 년 뒤엔 격을 제대로 갖춰 인생을 낭비하지 않는 자신을 만날 수 있을 겁니다.

3장 _ 속도와 리듬
삶을 나의 속도와 리듬에 맞게 꾸릴 준비가 되었나요?

4장 _ 안목과 인연
나를 성장시키는 사람을 알아볼 수 있어야 합니다

7장 _ 미래의 법칙
어떤 시대든 세상을 이기는 법칙을 찾을 수 있습니다

1장

삶과 품격

나의 격을 키우면 세상에
대처하는 능력도 커집니다

"큰일을 이루려면 지식이 우선이고 재능은 나중이며 큰일이 성사되려
면 사람이 도모함이 반, 하늘의 뜻이 반이다."

증국번(曾國藩, 청나라 말기 정치가이자 학자로, 태평천국을 진압한 지도자이며 근
대화 운동인 양무운동의 추진자-옮긴이)이 한 말입니다. 자기 능력을 과신하
는 행위는 격을 현재 수준으로 제한시킵니다. 격을 높이는 첫 번째 단
계는 개인의 능력을 초월하는 어떤 힘의 존재를 인식하는 겁니다. 이
힘은 중국인들이 흔히 말하는 '하늘'이고 서양인들의 '신'입니다. 서양
인들은 신과 관련된 다양한 비유에 소박하고 실용적인 지혜를 숨겨두
었습니다. 물론 그 신이 꼭 기독교의 여호와는 아니며, 무신론자의 마
음속에도 자신만의 신이 있습니다. 그것은 별이 빛나는 하늘일 수도,
마음속 도덕 법칙일 수도 있습니다. 다시 말해 신은 개인의 능력을 넘
어 존재하는 역량을 뜻합니다. 이 힘을 경외할 때 우리는 비로소 주어
진 일들을 잘 해낼 수 있습니다.

기적도 적극적인 사람에게만 찾아갑니다

서양 문화에서 신은 전능한 역할을 합니다. 서양인은 신을 믿지 않아도 신과 기적을 연결해서 생각하죠. 예를 들어 궁지에 몰리면 "그저 신께 기도 드릴 뿐입니다"라고 하는데, 그 말의 한편에는 기적을 바라는 마음이 숨어 있어요. 그런데 기적이 일어나느냐, 일어나지 않느냐도 사실 인간의 적극성에 달렸음을 보여주는 이야기가 하나 있습니다.

옛날에 하나님이 모든 일을 해결해주시리라 믿는 독실한 신자가 한 명 있었습니다. 어느 날 집에 불이 나는 바람에 그는 집 안에 갇히고 말았죠. 그는 하나님께 구해달라고 쉴 새 없이 기도했습니다. 물론 하나님은 오시지 않았고 대신 소방차 한 대가 도착했어요. 소방관 한 명이 사다리를 타고 지붕으로 올라왔고 그를 구하려고 했습니다. 남자는 소방관의 도움을 거절하며 이렇게 말했습니다.

"나는 안 갑니다. 조금 있으면 하나님이 구해주실 겁니다. 하나님은 반드시 오실 겁니다."

소방관이 아무리 설득해도 그는 꿈쩍하지 않았습니다. 불길도 점점 거세져서 소방관은 하는 수 없이 돌아갔습니다. 잠시 후 소방서에서 다시 헬리콥터를 보냈죠. 구조대원은 헬리콥터에서 줄로 된 사다리를 내렸고 그에게 타고 올라오라고 했습니다. 하지만 그는 여전히 "난 안 갑니다. 하나님이 오시기를 기다리는 중이에요. 분명히 오실 거예요"라고 말했습니다. 결국 하나님은 나타나지 않았고 남자는 불에 타 죽고 말았어요.

이 독실한 신자는 죽은 후에 천당에서 하나님을 만났습니다. 그는 굉장히 섭섭한 목소리로 하나님에게 물었습니다.

"하나님, 제가 그렇게 당신을 믿었는데 당신은 왜 나를 구하지 않으셨나요?"

하나님은 이렇게 대답했습니다.

"내가 너를 구하기 위해 먼저 소방관을 보냈고 그다음에는 헬리콥터를 보내지 않았느냐. 어떻게 해도 네가 따라가지 않으니 나도 방법이 없었다."

우리가 이 이야기 속 남자처럼 삶에서 대면하는 사건들에 적극적으로 대처하지 않으면, 하나님도 도와줄 수 없습니다.

회사에도 종종 이런 사람이 있죠. 이들은 자기식대로 열심히만 일하면 상사가 알아서 승진시켜줄 거라 착각합니다. 그러나 상사는 승진의 기회를 다른 사람에게 줍니다. 그러면 이들은 위 이야기 속 신자처럼 생각해요.

"부장님, 제가 이렇게 열심히 일하는데 대체 왜 승진시켜주지 않나요?"

이런 사람들의 문제는 바로 적극성 부족입니다. 일할 때의 적극성은 소처럼 맡은 소임만 다한다고 해서 나타나지 않습니다. 주도적으로 상사와 소통하고 더 중요한 책임을 많이 맡아야 하죠. 상사에게 부하 직원 한 명 한 명의 업무를 파악할 책임은 있으나, 현실적으로는 그렇게 하기가 어렵습니다. 부하 스무 명을 담당하는 관리자라면 한 명당 매주 30분씩만 면담해도 업무 시간의 4분의 1이 소모되니까요. 게다가 직원들의 구체적인 업무나 진행상황을 다 기억하지 못할 수 있어요. 따라서 관리자 입장에서는 본인과 가깝게 지내며 적극적으로 자기 일에 관해 말해주는 직원의 업무를 가장 잘 알 수밖에 없습니다. 즉 적극적으로 일하는 사람이란 자기가 맡은 일뿐만 아니라 부하 직원과 상사를 잘 '관리'하는 사람을 뜻하죠.

'상사를 관리한다'는 말이 낯설게 들릴 수도 있습니다. 관리는 상사가 부하에게 해야 할 일이니 말이 안 된다고 생각할 수도 있고요. 사실 이 말은 상사에게 업무를 분배하라거나 상사의 지시를 거스르라는 뜻이 아니에요. 자기 업무를 상사가 이해할 수 있도록 잘 설명하고 필요할 때는 도움을 요청하라는 뜻입니다. 보통 상사들은 이렇게 적극적인 직원을 선호합니다.

일의 성공이나 문제 해결 여부는 일하는 사람의 적극성에 달린 경우가 많아요. 특히 업무 환경이 이상적이지 못하다면 개인이 더욱 적극적으로 좋은 환경을 구축해야 합니다.

1996년, 제가 출국을 앞두었던 당시에는 미국 대사관 측에서 비자 예약 접수를 받지 않았어요. 비자를 신청하려면 아침 일찍 대사관 앞에 줄을 서야 했습니다. 영사관이 매일 처리할 수 있는 인원수는 정해져 있어서, 일찍 도착해야 그나마 기회가 있었고 늦으면 헛걸음이 되었습니다. 일반적으로 아침 여섯 시면 벌써 대기하는 사람이 있었죠. 하지만 영사관은 여덟아홉 시나 되어야 문을 열었습니다. 그 두세 시간 동안은 화장실도 가지 못하고 다들 꼼짝없이 줄을 서 있었습니다. 한번 이탈하면 뒷사람이 사정을 봐줄 리가 없었기 때문입니다.

저는 비자 신청을 위해 아침 여섯 시가 조금 넘은 시각에 영사관에 도착했습니다. 그곳에는 이미 수십 명이 줄을 서 있었습니다. 사람들은 금세 수다를 떨기 시작했고 서로의 상황을 이야기하며 서서히 친해졌어요. 모두들 배도 고프고 지쳤지만 줄을 이탈할 엄두는 내지 못했죠. 그래서 제가 제안했습니다.

"우리 번호표를 만듭시다. 그러면 모두 화장실도 갈 수 있고 아침 식사도 할 수 있어요."

모두가 동의하자 저는 번호표를 만들었습니다. 도착한 순서에 따라 모두에게 번호표를 나눠주고 추가로 두세 사람에게 도움을 청했습니다. 그 결과 우리는 한쪽에서 잠시 쉬거나 아침을 먹으러 갈 수 있었습니다.

영사관이 문을 연 후에도 우리는 순서대로 인터뷰 장소에 들어갈 수 있도록 계속 질서를 유지했습니다. 그러다가 제 차례가 와서 저는 뒷사람에게 임무를 넘겨주었습니다. 그 뒤로도 앞 사람이 인터뷰하러 들어가면 뒷사람이 바로 임무를 이어받았어요. 제가 인터뷰를 마치고 대사관 앞으로 나왔을 때도 줄은 여전히 질서정연하게 유지되고 있었습니다.

몇 년 전에 저는 이 이야기를 동업자 리창 선생에게 들려주었습니다. 그는 곰곰이 듣더니 본인도 비슷한 경험이 있다고 했죠. 그는 출국 준비를 저보다 몇 년 일찍 시작했는데 당시에는 토플 시험을 등록하는 데만 네다섯 시간 동안 줄을 섰다고 합니다. 대기 시간이 길다 보니 사람들끼리 말싸움도 하고 온갖 혼란이 발생했다더군요. 리창 선생은 친구 몇 명과 번호표를 만들어 질서를 유지했습니다. 그러자 긴 대기 시간으로 인해 표만 받고 가버리는 사람들이 생겼습니다. 그래서 그들은 한 시간마다 번호표를 재발급해 자기 잇속만 챙기려는 사람들을 정리했습니다. 그 뒤 질서가 잘 유지되어 큰 혼란 없이 시험 접수를 잘 마칠 수 있었습니다.

그런 적극성 덕분이었을까요. 리창 선생과 저는 투자자들을 모집해 구글에 함께 투자할 수 있었습니다. 스타트업에 투자해보면 창업가가 얼마나 능동적으로 일하느냐에 기업의 성공 여부가 달렸음을 깨닫게 됩니다. 적극성은 모두에게 필수지만 창업가에게는 특히 더 중요합니다. 창업가의 눈엔 모든 게 미지수예요. 정해진 규칙은 없습니다. 설상가상으로 일을 시작한 후에야 미성숙한 사업 환경과 마주하게 되기도 하는데요. 결국 스스로 모든 인프라를 구축해야 합니다. 최종 사업 목표와는 상관없는 수많은 잡일도 다 창업자의 몫이죠. 이러한 상황에서 적극성은 개인의 능력보다 훨씬 중요합니다. 이 점은 대기업에서 일할 때와는 완전히 다른 부분입니다. 물론 대기업에서도 적극성은 매우 중요하지만 회사가 일정 규모를 갖추었기 때문에 사업도 안정적이고 평소에 어떤 일을 어떻게 할지에 관한 규정도 분명한 편입니다. 직원들은 상사의 지시와 관례에 따라 일하며 실수도 거의 없고요.

전자 상거래 회사라고 하면 알리바바를 쉽게 떠올릴 수 있습니다. 알리바바는 시장 선점 효과 덕분에 성공했다고 알려졌지만, 10여 년 전 알리바바가 사업을 시작했던 때는 이미 많은 전자 상거래 회사들이 파산한 후였습니다. 그중에 에베레스트산의 고도를 이름으로 삼은 팔팔사팔닷컴(8848.com)이라는 회사가 있었습니다. 이 회사의 창업자는 파산 후에 중국에는 아직 전자 상거래를 위한 토양이 존재하지 않는다는 말을 남겼습니다. 물론 당시엔 온라인 지불 시스템이나 신용 결제 시스템도 없었고 편리한 물류 시스템도 없었습니다. 거래 당사자들 간에 상호 신뢰도 부족했고요. 공급업체들은 수작업에만 의존할 수밖에 없었기 때문에 관리 비용도 매우 높았습니다. 주문 하나를 완료하기 어려울 만큼 효율성이 낮은 탓에 건건이 분쟁이 발생하곤 했습니다.

모두가 중국 전자 상거래 시장에 부정적이던 시기에 마윈은 알리바바를 성공시켰습니다. 알리바바가 앞선 회사들보다 기술이 뛰어나거나 상품이 보기 좋아서가 아니었습니다. 사실 초기 알리바바는 그런 면에서는 파산한 회사들보다도 뒤떨어져 있었습니다. 마윈이 남달랐던 점은 적극적으로 일하는 태도였습니다. 그는 당시 중국에 부재했던 온라인 지불 시스템과 신용 결제 시스템을 스스로 구축했고, 물류 회사와 담판을 지어 더 편리한 물류 시스템을 끌어냈습니다. 그 과정에서 마윈도 끊임없이 실패했고 해결하지 못한 문제들도 있었습니다. 예를 들어 전자 상거래 내부 자동 관리 시스템을 구축하려던 목표는 알리 소프트웨어의 실패로 실현되지 못했습니다. 하지만 전체적으로 볼 때 마윈과 알리바바는 전자 상거래 업계가 몇 년간 마주했던 문제들을 적극적으로 해결함으로써 끝내 성공을 거뒀죠. 만약 마윈이 소극적인 태도로 벤처 캐피털 투자자들에게 약속했던 사업만을 완료하고 중국 사업 환경이 미숙한 탓에 실패했다고 선언했다면, 당연히 지금의 알리바바는 없었을 겁니다.

이 시대는 역사상 어느 때보다 적극성이 중요합니다. 급격하게 변화하는 환경에 적극적으로 적응해야만 생존하고 발전할 수 있습니다. 현재 성공한 기업의 주요 사업 분야는 10년 전과 비교하면 많이 달라졌습니다. 알리바바가 초기에 의존했던 B2B(기업 대 기업) 비즈니스는 10년이 채 되지 않아 사라졌고요. 현재 텐센트(Tencent) 의 최대 히트 상품인 위챗(WeChat)은 10년 전에는 존재하지도 않았습니다. 자기 주도성이 떨어지는 기업은 곧 도태될 수밖에 없으며 개인 또한 마찬가지죠. 오늘날 우리가 종사하는 산업들이 빠르게 사라지고 있으니까요.

적극적 태도의 결실은 단기간에 나타나지 않을 수도 있습니다. 하지만 꾸준히 애쓰면 분명 남들과 격차를 벌릴 수 있을 겁니다. 기적은 때가 되었을 때 적극적인 사람에게만 일어나니까요.

반대하는 이가 없는 일은 하지 않습니다

저는 미국에서 오랫동안 공부하고 일했기 때문에 미국과 우리의 차이를 피부로 느끼는 경우가 많았습니다. 그럴 때마다 어떻게 하면 우리가 더 성장할 수 있는지 고민하게 되었는데요. 한번은 친구와 이런 대화를 나눈 적이 있습니다. 미국 의회를 보면 언제나 반대하는 사람들이 있다고요. 그들은 심지어 반대를 위해 반대하기도 했습니다. 대부분의 문제는 바로 표결에 부치면 될 만큼 결과가 뻔했죠. 하지만 미국 의회는 늘 오랜 시간 논쟁을 벌였습니다. 저는 친구에게 물었습니다. 투표 결과에 의문의 여지가 없는데도 시간을 낭비해가며 갑론을박할 필요가 있느냐고 말입니다. 친구는 세상 모든 일에는 양면성이 있다고 답했어요. 모두가 장점에 동의한다고 해서 단점이 없는 건 아니며 오히려 단점을 못 찾았을 가능성이 더 크다고 했습니다. 그리고 미처 몰랐던 문제들이 뒤늦게 발생하면 재앙에 가까운 경우가 많다고 말했죠.

미국 의회가 일을 대하는 태도는 제게 큰 영감을 주었습니다. 그 때부터 저는 모두가 좋게 생각하는 일에 더욱 주의를 기울이기 시작했습니다. 단점을 소홀히 했을 가능성 때문입니다. 이러한 사각지대를 피하고자 빠진 부분이 있는지 꼭 확인하며, 언제나 반대의견에 귀를 기울이고 정말 우려할 만한 부분인지를 분석했습니다. 그 후 걱정할 만하다고 판단되면 반드시 예방 조치를 마련한 다음 기존 계획을 재개했죠.

이는 중국 격언과도 일맥상통하는 태도입니다. 예를 들어 "모두가 이익을 취하는 일은 하지 말고 모두가 경쟁하는 곳엔 가지 말라"라는 말이 있습니다. 자연 세계에는 해도 중천이면 기울고, 물도 가득 차면 넘치며, 달도 차면 이지러지는 질서가 있어요. 세상만사는 정점에 달했을 때 특히 조심해야 합니다. 세계적인 주식 폭락은 모두가 경제호황을 기뻐하며 주식시장이 신고점을 경신하리라고 믿는 순간 발생했다는 걸 기억해야 합니다.

저는 투자를 업으로 삼으며 이 이치를 더욱 깊이 이해하게 되었습니다. 또한 원칙 하나를 엄격하게 지켰죠. 바로 반대 의견을 듣기 전에는 섣불리 움직이지 않는다는 겁니다. 이를테면 파트너가 어떤 펀드의 어떤 프로젝트가 아주 훌륭하다며 즉시 투자가 필요하다고 말한다면 특별히 더 조심합니다. 이는 두 가지 가능성을 시사하기 때문이에요. 첫째는 우리의 통찰력이 부족한 탓에 제대로 이해하지 못한 부분이 있거나, 맹목적인 낙관으로 인해 문제점을 발견하지 못했을 가능성입니다. 둘째는 최적의 투자 시기가 이미 지나가서 지금 투자하면 남 좋은 일만 시키는 경우일 가능성입니다.

2017년 중국 모 인터넷 기업의 책임자가 저에게 물었습니다. 블록체인 기반의 회사가 출현해서 구글, 아마존, 페이스북이나 중국의 알리바바나 텐센트를 무너뜨릴 가능성이 있느냐고 말이에요. 저는 당시 "그러한 위기의식을 가지고 있다"라고 답하면서 그 상황을 피했습니다. 사실 가능성은 크지 않았죠. 블록체인은 이미 상당히 주목받던 기술이라 그 정도 회사들이라면 일찌감치 대응책을 마련했을 테니까요. 세계적인 대기업들을 무너뜨릴 신생 기업은 분명히 대기업의 시야에서 사각지대에 있을 만큼 잘 알려지지 않은 기술을 사용하는 회사일 겁니다.

"모두가 이익을 취하는 일은 하지 말고 모두가 경쟁하는 곳에는 가지 말라." 참 당연해 보이는 말이지만 이 말대로 실천할 수 있는 개인이나 기업은 많지 않습니다. 지난 10년 동안 중국의 스타트업 업계에서는 기이한 현상이 발생했죠. 미국에 혁신적 기업이 등장할 때마다 비슷한 회사들이 중국에도 우수수 생겨났던 겁니다. 구글이 유튜브를 인수하자 중국에 무수한 동영상 사이트들이 등장했고요. 여기에 기존 인터넷 회사들까지 가세하면서 결국 아무도 수익을 내지 못했습니다. 그루폰(Groupon)을 모방한 공동 구매 회사들도 마찬가지였죠. 그루폰 또한 미국에서 크게 성공하지는 못했으니 이를 따라한 회사 수천수만 개는 말할 필요도 없었어요. 투자자들은 흔히 경쟁 산업에 진입하기만 하면 그 파이를 나눠 가질 수 있다고 착각합니다. 하지만 모두가 참여한 경쟁은 이윤을 0으로 수렴시킬 뿐이에요. 고대인들은 잘 알고 있었던 이 원칙을 돈에 눈먼 현대인들은 까맣게 잊은 듯합니다.

미국에서는 사거리 부근에 누군가 주유소를 개업하면 그다음 사람은 편의점 등 업종이 다른 가게를 열지, 또 주유소를 개업하지는 않습니다. 세 번째 사람은 아마 패스트푸드점을, 네 번째 사람은 카페를 열거나 할 테죠. 각기 다른 업종의 네 가게가 상권을 사이좋게 나눠 가지는 셈이에요. 반면 우리는 첫 번째 사람이 패스트푸드점을 열면 두 번째 사람도 같은 가게를 오픈하고 그러다가 결국 사거리 하나에 패스트푸드점 네 개가 생깁니다.

저는 예전에 중국과 미국의 일류 대학교를 비교해본 적이 있습니다. 중국의 명문 대학교는 다 비슷해서 연구비, 논문 수, 유명한 학자 수 등을 놓고 경쟁했죠. 각 학교의 소개글에서 지역과 학교명을 지우면, 구분이 잘 안 될 정도로 비슷한 부분을 내세웁니다. 일반적으로 연구형 대학교를 좋은 학교로 생각하다 보니, 이류나 삼류 대학교들도 모두 연구형 대학교가 되겠다고 하죠. 하지만 이건 분명 불가능한 일입니다. "모두가 경쟁하는 곳에는 가지 말라"는 원칙을 거스르기 때문입니다.

그러나 미국의 명문 대학교는 다릅니다. 모든 학교가 자신만의 특색을 강조합니다. 상위 대학교 25개가 각기 다른 전략을 취합니다. 과목을 신설할 때도 이미 다른 학교에서 많이 개설한 과목은 아닌지, 꼭 필요한 과목인지를 꼼꼼히 검토합니다.

중국은 대학교뿐 아니라 학생, 학부모도 개성이 없어요. 명문 대학교에 지원하는 방법도 천편일률적이고요. 먼저 성적으로 경쟁하다가 우열을 가리지 못하면 수학 올림피아드, 음악, 체육 등 특기를 겨룹니다. 사실 모두가 마스터한 특기는 이미 특기가 아닐 겁니다. 진정한 특기는 학생의 개성에 따라 계발돼야 하죠. 키가 작은 학생이 남들을 따라 프로 농구 선수가 되겠다고 슛 연습에 매진하거나 수학 머리가 없는 학생이 수학 올림피아드 준비를 하는 건 적절하지 않을 겁니다. 미국에서는 명문 대학교 지원 시 창의적인 특기가 필요합니다. 실제로도 성적이 가장 좋은 학생들이 아니라 개성이 뚜렷한 학생들이 더 많이 합격합니다.

저도 예전에는 대세를 따르곤 했어요. 모두가 하는 데엔 분명 이유가 있을 텐데 저만 안 했다가 손해를 볼 것 같아서요. 하지만 지금 저는 반대 의견을 먼저 듣고 부정적 시나리오를 모두 고려한 다음, 시행 여부를 결정하는 쪽으로 변했습니다. 그러다 보니 모두가 좋게만 보는 일은 가능한 한 하지 않습니다. 그런 일은 대부분 아무도 모르는 리스크가 있거나 이미 수익 창출 기회가 전부 소진된 경우더라고요.

이익은 함께 나누고, 결정은 혼자 하세요

미국에 오기 전 칭화대학교(Tsinghua University)에서 제게 자연어 처리를 가르쳐주신 황창닝(黄昌寧) 교수님은 미국에서의 학술 교류가 중국에서보다 훨씬 쉽다고 말씀하셨습니다. 저는 존스홉킨스대학교에 온 뒤 그 말씀이 맞았다는 것, 그리고 그런 학술 교류가 가능한 이유를 깨달았습니다.

존스홉킨스대학교에서의 제 첫 지도 교수는 에릭 브릴(Eric Brill)이었습니다. 그는 생상히 선량한 사람으로, '나이스(nice)'한 게 무엇인지 몸소 느끼게 해준 분이었죠. 브릴 교수가 나중에 대기업에서 높은 직책에 오른 것도, 자신의 성격 덕을 조금은 본 건지도 모르겠습니다.

제가 브릴 교수의 지도하에 연구할 당시 함께 사무실을 쓰던 존이라는 동료가 있었습니다. 그도 브릴 교수의 제자였지만 우리의 연구 방향은 전혀 달랐어요. 존은 언제나 다른 사람을 기꺼이 도왔고 저와도 자주 토론을 벌였죠. 나중에 우리는 각각 논문을 한 편씩 썼는데 두 논문 모두 세계자연어처리학회(EMNLP)에 발표됐습니다. 브릴 교수는 존에게 이렇게 말했습니다.

"자네는 우췬과 유익한 토론을 많이 했지. 감사의 말에 이 점을 분명히 쓰고 참고 문헌에도 '우췬과의 대화'라는 항목을 넣도록 하게."

보통 이미 발표된 논문 또는 연구 보고서(예를 들어 저는 존의 예전 연구 논문을 인용했습니다)는 참고 문헌에 포함시키지만, 개인적인 토론의 경우 연구에 도움이 됐어도 굳이 넣지 않습니다. 저도 존과 토론하면서 그에게 대가를 바란 적은 없었고요. 제게 존은 논문의 맞춤법 오류를 고쳐주는 좋은 친구이기도 했습니다.

브릴 교수는 동료들끼리 이익을 나누는 일이 장래에 전문가로서 가져야 할 기본 소양이라고 여겨 일부러 이런 습관을 기르게 한 겁니다. 그 뒤 저는 논문을 쓸 때마다 특별히 신경 써서 도와준 사람들 모두에게 감사를 표했습니다.

브릴 교수만 그랬던 건 아니에요. 그가 학교를 떠난 뒤 저를 지도해준 프레더릭 옐리네크(Frederick Jelinek) 교수 역시 비슷한 원칙 두 가지를 갖고 있었습니다.

첫째, 동료의 작업이 직접적으로 또는 간접적으로 논문에 도움을 줬다면 그의 이름을 저자 목록에 넣어야 합니다.

둘째, 동료의 식사나 회의 자리에서 논문과 관련된 내용을 토의

했다면 논문에 그에 대한 감사를 표해야 합니다.

저는 예전에 옐리네크 교수가 아이비엠(IBM) 근무 당시 발표했던 여러 논문을 읽으며 저자 수가 너무 많은 이유가 늘 궁금했었는데, 이 두 원칙을 듣고 나니 그 이유를 알 수 있었습니다. 학술계, 예술계, 법조계 등 여러 분야에서 모두 이익공동체로서 상부상조, 상호 협력을 매우 중시하죠. 또한 모두가 지켜야 할 규칙이 있습니다.

저는 구글에서 특허를 신청할 때마다 가능한 한 모든 동료의 이름을 넣으려고 애썼습니다. 비록 저는 수백 달러의 보너스를 잃었지만 동료나 부하 직원들의 승진엔 큰 도움이 됐죠. 또 제품 출시를 알리는 내부 공고문에도 도움을 준 사람 모두를 최대한 기재합니다. 구글을 떠난 후 옛 동료들은 늘 다른 사람을 돕고 공로를 나눠줘서 매우 고맙다는 말을 제게 전했습니다.

반면 중국 동료들은 이 부분을 가볍게 여깁니다. 저는 구글 내 중국 직원들이 신상품을 출시하면서 본사 동료들의 공헌에 감사하지 않을 때면 가차 없이 시적했습니다.

제가 왜 이익을 공유하고 타인의 공헌에 감사하라고 강조할까요? 큰 조직에서 동료 간 협력 관계를 조성하려면 이 방법밖에 없기 때문입니다. 많은 사람들이 실리콘밸리에서 중국인들의 승진이 인도인들보다 뒤처지는 상황을 한탄하는데요. 이유야 많겠지만 일부 중국인들이 이익을 잘 공유하지 않고 상호 협력을 소홀히 하는 점도 상당히 영향을 미쳤을 겁니다.

역사서에도 성과를 나누는 이치가 잘 나와 있습니다. 사마천이 쓴《사기》를 살펴볼까요.

한나라의 개국 황제 유방이 항우의 진영에서 투항한 진평(陳平)에게 물었습니다.

"내가 항우와 어떤 점이 다른가?"

진평이 대답했습니다.

"항우는 너그러우나 전하는 거칠고 거만하십니다."

유방이 다시 물었습니다.

"그러면 왜 항우를 버리고 나에게 온 것인가?"

진평은 이렇게 답했습니다.

"항우는 공로를 세워도 상 주기를 아까워하는데, 전하는 보상에 후하시기 때문입니다."

이 이야기는 아무리 좋은 사람도 나누기를 아까워하면 주변 사람이 떠나게 된다는 점을 알려줍니다.

이익은 나눠야 하지만 결정은 스스로 내리면 그만이고 모든 사람에게 의견을 물을 필요는 없습니다. 이 또한 제가 미국에서 배운 조직 관리의 특징입니다.

사람들은 미국 하면 가장 먼저 민주주의를 떠올립니다. 그리고 민주주의는 모든 사람이 결정에 참여해야 하니 비효율적일 거라고 여깁니다. 그런데 민주주의는 미국의 정치제도일 뿐 사기업이나 독립기관들이 꼭 사용해야 하는 제도도 아니고 그랬던 적도 없습니다. 미국 기업들의 관리 효율성은 절대 낮지 않아요.

미국 기업에선 보통 다음과 같이 정책을 결정합니다. 특정 담당자가 먼저 관련된 사람들의 의견을 묻고 계획서를 만든 뒤 모든 사람이 함께 토의해요. 주로 빠진 내용이나 의심스러운 부분이 없는지 이야기하면서, 빠진 부분은 보충하고 의심스러운 부분은 그 타당성을 평가합니다. 그 뒤 보통 다시 회의를 거치지 않고 책임자가 독자적으로 결정하죠. 계속 토론해봤자 만족하지 않는 사람이 끝없이 나올 테니까요. 정책 결정 과정에서 미국인들은 사실 매우 효율적입니다.

저는 "가장 좋은 것이란 없다. 더 좋은 게 있을 뿐이다"라고 말한 적이 있습니다. 이 생각에 동의하는 사람은 모든 문제를 한 번에 해결하려 하지 않고 현재 상황에서 조금씩 개선하는 걸 목표로 합니다. 따라서 약간 결함이 있어도 신경 쓰지 않죠.

칭화대학교 시설의 스승인 주쉐룽(朱雪龍) 교수는 영국에서 오랫동안 유학했습니다. 그는 영국 교수들이 중국 교수들보다 훨씬 한가해 보여도 효율성은 전혀 뒤처지지 않는다고 말했죠. 회의에서 모든 일을 해결하는 대신 관련자 몇 명이 대화를 통해 결정한다고 합니다. 즉 독립적으로 판단하는 부분이 많다는 거죠. 미국 대학교의 의사결정 과정도 이와 비슷합니다.

지금은 회의나 소통 방식이 매우 편리해졌지만 정작 회의 시간은 전혀 줄지 않았습니다. 오히려 회의가 너무 많고 토론할 필요가 없는 주제에 많은 시간을 낭비합니다. 잭 웰치의 어시스턴트이자 제너럴일렉트릭(GE)과 골드만삭스에서 수석 교육 책임자를 지냈던 스티브 커(Steve Kerr)는 이런 이야기를 했습니다. 웰치는 GE에 부임한 뒤 회사 직원들이 너무 많은 이메일에 시달리고 있으며 그 메일들이 대부분 긴박하지도, 중요하지도 않다는 사실을 깨달았습니다. 이메일을 보내는 사람이 불필요하게 많은 사람에게 참조 설정을 했기 때문이었죠. 그는 이메일 수신인(참조 포함)이 일정 수를 넘으면 특별 확인 절차를 거치도록 했습니다. 그러자 직원들이 받는 이메일의 수가 훨씬 줄어들었습니다. 웰치는 GE의 CEO로 역임한 10년간 회사의 관리 효율성을 높이는 데 집중했습니다. 그 기간 동안 GE의 시가총액은 130억 달러에서 4,000억 달러로 뛰어올랐고요. 한때 전 세계에서 가장 높은 시가총액을 기록하기도 했죠.

독립적인 결정의 배후에는 한 사람 한 사람의 책임이 있습니다. 저는 많은 조직이나 기관에서 책임을 지려는 사람이 없는 이유가 결정권이 싫어서가 아니라 책임 자체를 두려워해서라고 생각합니다. 우리는 종종 시민 의식이라는 말을 입에 올리는데, 훌륭한 시민은 자신이 내린 모든 결정을 책임집니다. 모두가 스스로 책임을 진다면 결정은 어렵지 않을 것이고 효율성 역시 높아질 겁니다.

작은 단점보다는 큰 장점을 봅니다

1990년대에는 미국에서 공부하는 중국 유학생 거의 모두가 장학금에 의존했습니다. 그 시절 중국 가정의 수입으로 장학금 없이 미국 유학을 가는 건 엄두도 내지 못할 상황이었죠. 제가 존스홉킨스 대학교에 다녔을 때는 1년 학비가 3만 달러 정도였고 졸업할 때쯤에는 거의 4만 달러였습니다. 당시 위안화 대 미국 달러 환율은 8:1이 넘었으니 6년간 재학하는 동안 총 200만 위안이 든 셈이에요. 이 돈은 30년 전에는 어마어마한 거액이었습니다. 미국의 대학교는 학비를 제공해줬을 뿐만 아니라 졸업할 때 새 차 한 대 정도는 뽑을 수 있는 돈을 모으게 해주었습니다. 제 입장에서는 무척 '큰 장점'이 아닐 수 없었죠. 제 주위의 중국 유학생들은 한 명도 빠짐없이 이 장점을 누렸습니다.

일부 교수들은 유학생들에게 부당한 요구를 하기도 했습니다. 그 교수들은 학생에게 연구나 학술회의 준비 같은 학업과 무관한 잡일을 시켰고요. 온갖 잡일을 처리하다 보면 어쩔 수 없이 졸업이 몇 개월씩 미뤄지곤 했습니다. 부유한 미국 학생들이 하지 않아도 되는 잡일을 해야 했던 처지는 누군가에게는 '작은 단점'이었을 겁니다.

졸업 후 좋은 직장에 취업하는 건 당연히 좋은 일이죠. 언제나 순조롭고 즐겁지만은 않겠지만요. 동료가 배척하거나 상사가 불공평하게 대하기도 합니다. 하지만 일할 만한 가치가 있다면 약간의 곤란은 작은 단점일 뿐이에요. 단점은 이치에 맞게 극복하면 될 뿐 장점까지 부정할 필요는 없습니다.

제 친구는 페이스북에 지원한 사람 중 상위 100명 안에 뽑혀 입사했습니다. 사람들은 그가 큰돈을 벌었으리라고 추측했지만 실은 그렇지 못했죠. 그는 작은 일 때문에 반년도 안 돼서 회사를 나왔습니다. 당연히 스톡옵션은 한 주도 받지 못했고요. 계산해보면 약 1억 달러를 잃은 셈이었습니다. 그 뒤로 그런 기회를 두 번 다시 만나지 못했죠.

제가 겪은 대부분의 미국인들은 이런 점을 잘 이해하고 있었습니다. 회사에서도 작은 일 때문에 전체를 부정하지 않고 대승적으로 최대한 협력해요. 반면 중국인들은 사소한 이유로 큰일을 그르치거나 충동적으로 행동한 탓에 좋은 기회를 놓치곤 합니다.

중국 직장인들이 이직하는 이유를 몇 년간 관찰해보니 사소한 이유로 좋았던 기억은 깡그리 잊고 사표를 내는 경우가 많았습니다. 회사를 그만두지 않더라도 형식적으로만 일하는 사람들도 더러 있더군요. 이들의 결정은 어떤 면에선 옳을지도 모르나, 현명하지 못합니다. 만약 미국 회사에서 이런 태도로 일한다면 승진이 무척 어려울 거예요.

《대학》에서는 "좋아하는 사람의 단점을 보고, 싫어하는 사람의 장점을 볼 줄 아는 사람이 세상에 드물다"라고 했습니다. 왜 드물까요? 바로 인간 특유의 약점 때문입니다. "색시가 고우면 처가 외양간 말뚝에도 절한다"라는 말이 있는데요. 인간은 호불호에 따라 한 사람, 한 사건을 전부 받아들이거나 전부 부정해버리고 일부 득실을 전체의 결과로 여기곤 합니다.

미국인들이 일과 사회관계에 '작은 손해 때문에 큰 이익까지 포기하지 말 것'이라는 원칙을 잘 적용하는 이유는 뭘까요? 첫째, 직업의식이 투철하고, 둘째, 사람과 사람 간 대화에 감정보다 실리를 더 중시해 침착한 토론이 가능한 덕분이죠. 나는 맞고 남은 틀렸다며 충동적으로 자기 앞날을 가로막지 않는 겁니다.

타인의 허물 뒤에 숨지 마세요

우리는 일상에서 이런 장면을 자주 목격합니다. 적색 신호등에 길을 건너다가 경찰에게 적발된 사람이, "다른 사람도 그냥 건넜는데 왜 안 잡아요?"라며 경찰에게 따지는 상황 말이에요. 어쩌다가 갈등이 격화해 싸움으로 번지기도 하죠.

10년 전에 제가 메릴랜드 교통 법원에서 목격한 분쟁도 이와 비슷했습니다. 피고의 주장은 고속도로에서 과속 주행하는 차량이 매우 많았고 본인은 앞차만 따라갔을 뿐인데, 경찰이 다른 차들은 다 그냥 보내고 본인만 적발했다는 것이었습니다. 법관이 피고에게 물었습니다.

"과속하셨습니까?"

그는 이 질문에 과속한 사실을 부정하진 않았으나 여전히 다른 사람이 과속해서 자기도 모르게 속도가 빨라졌다는 변명을 반복했죠. 법관은 이렇게 말을 이었습니다.

"고속도로에서 정해진 속도를 지키는 건 본인의 책임입니다. 우리는 지금 당신의 문제를 이야기하고 있습니다. 다른 사람이 과속했다고 당신이 과속해도 되는 건 아니죠."

우리는 이 분쟁과 같은 사례를 자주 목격합니다. 다른 사람들도 똑같은 행동을 했는데 자기만 걸렸다는 게 이들이 기세등등한 이유예요. 다른 사람들이 빠져나갔으니 본인도 그래야 한다고 말하죠. 하지만 미국인들과 교류해보면 그들은 전혀 다른 논리를 가졌음을 알 수 있어요. 미국인들은 "다른 사람의 처벌 여부와 관계없이 당신이 잘못을 저질렀다면 처벌받습니다"라고 말할 겁니다.

또 이런 상황도 종종 발생하죠. A가 B에게 가한 폭력 사건을 처리하는데 B가 먼저 때렸기 때문에 자기도 때렸다고 주장하는 경우가 많습니다. 만약 B가 먼저 때리지 않았으면 이런 결과가 없었을 거라는 뜻이에요. 만사에 이런 태도로 계속 따지면 끝도 없겠습니다.

이 같은 상황에서는 인식의 일치가 필요합니다. 바로 사실에만 입각해 당면한 문제부터 먼저 해결하는 겁니다.

구글에서 일할 때 데이비드라는 임원이 누군가를 훈계하는 모습을 봤습니다. 조너선이라는 직원이 개방형 사무실에서 너무 큰 소리로 말하는 바람에 주변 사람들의 불만이 컸고, 조너선에게 항의해도 소용이 없자 동료들이 데이비드에게 보고했던 겁니다.

개인적으로 조너선과 교류해본 경험에 따르면 그는 IQ가 높고 능력도 뛰어났으나 EQ가 다소 부족했습니다. 혼자서 한 팀(열 명 이상으로 구성되어 있습니다) 업무량의 반절 정도는 너끈히 해냈는데, 고집이 셌고 억지스럽기도 했어요. 게다가 직급도 데이비드만큼이나 높아서 팀원들이 감히 어쩌지 못하는 면도 있었죠.

그날, 데이비드가 조너선에게 목소리를 조금 줄이라고 요구했더니 그는 이렇게 변명했습니다.

"데이비드, 저번에 당신도 크게 말하던데요?"

조너선은 사실 억지를 부리고 있었습니다. 하지만 데이비드는 침착하게 답했습니다.

"알려줘서 고맙네. 다음번에 또 그런 일이 생기면 꼭 지적해주게. 그런데 오늘은 자네 목소리가 확실히 크군. 그건 다른 사람의 목소리와는 상관없지. 꼭 주의해주게."

조너선은 더 할 말을 찾지 못했고 목소리를 줄이는 수밖에 없었습니다.

이성적인 사람은 보통 일이 잘못됐을 때 누구 때문인지를 따지기보다 자신이 지금 일을 잘 진행하고 있는지를 확인합니다. 만약 잘못했다면 원칙에 따라 해결하고, 타인이 끼친 영향은 개별 사안으로 처리하죠. 다시 말해 다른 사람의 실수가 내 실수의 이유가 될 수 없다는 뜻이에요.

이런 면에서 선조들은 지혜로웠습니다. 아주 먼 옛날에 증자(曾子)는 "하루에 세 번 나 자신을 반성한다"라고 했습니다. 루쉰(魯迅)은 "나는 분명 시시각각 남을 해부하지만 나 자신은 더욱 사정없이 해부한다"라고 했죠.

인터넷에 '중국식 길 건너기'를 변호하는 사람이 많습니다. 어떤 사람은 인도적 관점에서, 어떤 사람은 경제적 관점에서 그 합리성을 분석하고 자기 이해득실에 맞춰 억지를 부리기도 합니다. 그러나 그 어떤 시도도 중국식 길 건너기가 위법이라는 사실을 부인하지는 못하죠. 법에 어긋나는 일은 그냥 하지 말아야 합니다.

2장

위치와 운명

자신의 위치와 한계를
직시하는 것에서 출발합니다

제아무리 강한 사람도 운명을 거스르지는 못합니다. 운명을 받아들이는 태도는 인생에 꼭 필요합니다.

운명을 믿는 행위를 소극적인 태도 또는 미신이라고 여길 수 있습니다. 그러나 저는 운명을 믿지 않는 태도야말로 망상이자, 스스로 세상만사를 통제할 수 있다고 믿는 오만이라고 생각합니다. 세상에는 인간이 감히 통제할 수 없는 '불확실성'이라는 힘이 존재하며 그 힘을 인정하는 게 현재를 사는 우리가 가져야 할 태도입니다.

인간은 자기 자신을 알기에 존엄합니다. 자신의 장점을 알고 자신의 한계를 알며, 그 안에서 최고의 성과를 내는 것이야말로 적극적으로 사는 태도죠. 결과에는 연연하지 않아도 좋습니다. 최선을 다했다면 운명에 맡기면 됩니다.

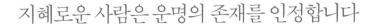

지혜로운 사람은 운명의 존재를 인정합니다

일반적으로 미국인들은 무신론자도 신을 경외하는 태도를 지니고 있습니다. 서양 문화의 오랜 전통으로 보입니다. 신을 고의로 모독하거나 운명을 인력으로 극복할 수 있다고 말하지 않습니다. 자연스레 일도 평화로운 마음가짐으로 대합니다. 사람으로서 할 수 있는 일은 다 한 뒤에 하늘의 뜻을 따르는 거죠.

1961년 존 F. 케네디 대통령의 취임식 연설은 역대 최고의 연설로 평가받습니다. 그는 그 연설을 통해 전 인류에게 우주 탐사, 질병 치료, 빈곤 퇴치 등 무척이나 아름다운 미래를 제시했죠. 케네디는 이런 과업을 이뤄가기 위해 모두 함께 노력하자고 했습니다. 국가가 나를 위해 무엇을 할 수 있는지 묻는 대신 내가 국가를 위해 무엇을 할 수 있는지 자문해보라고 권하면서, 그러한 노력을 자신과 미국 정부에도 동일하게 요구하라고 했습니다. 또 모든 노력의 대가로

얻게 될 "거리낌 없는 양심이야말로 유일하고 확실한 보상"이라고 연설을 마무리했습니다.

하늘의 가호가 없더라도, 즉 우주 탐사, 질병 치료, 빈곤 퇴치를 이루지 못하더라도 최선을 다해 노력했다면 양심에 꺼릴 게 없다는 뜻입니다. 실제로 그는 임기 동안 아폴로 계획의 성공을 보지 못했습니다. 하지만 최선을 다했기에 부끄럽지 않았습니다.

중국인들도 "사람으로서 할 수 있는 일을 다 하는 것[盡人事]"의 중요성은 잘 알고 있습니다. 그러나 "하늘의 명을 기다리는 것[待天命]"의 중요성은 잘 받아들이지 못해요. 다음의 세 가지 사실을 보면 이해가 더 쉬울 겁니다.

첫째로 죽음을 대하는 태도입니다. 중국에서 죽음을 앞둔 사람의 가족들은 형편이 된다면 어떤 대가도 감수하며 연명 치료에 전념하죠. 환자가 혼수상태여도 마찬가지입니다. 이런 연명 치료는 가정 경제에 큰 부담일 수 있어요. 하지만 연명 치료를 하지 않으면 가족들에게 엄청난 도덕적 비난이 돌아옵니다. 혼수상태, 또는 극도의 고통에 시달리는 환자라도 말이에요.

이에 비해 대다수 미국인은 스스로 튜브를 제거하거나 집이나 요양원에서 진통제 정도만 사용하며, 인생의 마지막 장을 평화로이 마무리하기를 바랍니다.

둘째는 실패를 대하는 태도입니다. 중국에서는 대학 입학시험을 잘 못 보면 평생 후회로 남죠. 저는 50세가 되어서도 '고작 2점 때문에 명문 대학교에 입학하지 못했다'며 한탄하는 사람을 많이 봤습니다. 반대로 미국인들은 자신이 노력했다면 어떤 결과든 쉽게 받아들입니다.

미국인들은 이류 대학교에 입학해도 학교를 자랑스럽게 생각하고, 후회가 있다면 열심히 공부해서 일류 대학원에 진학합니다. 스포츠 경기에서 지더라도 울고불고하지 않고 결과를 받아들이죠. 법정에서 패소하더라도 항소가 가능하면 하고, 불가능하면 깨끗이 승복합니다. 처벌받을 게 있으면 받고 법원의 판결 집행을 거부하지 않죠.

엔비디아(Nvidia Corporation)의 테그라 프로세서는 태블릿피시에서 우선시되던 프로세서로 처음 2년간 시장점유율과 성장률이 매우 높았습니다. 그러나 퀄컴(Qualcomm)과 삼성이 시장에 진입한 뒤에 1년도 되지 않아 판매량이 절반으로 감소했어요. 초기에 엔비디아는 소송으로 손해를 메워보려 했지만 특허 부자인 퀄컴과 삼성으로부터 아무 소득도 얻지 못했죠. 엔비디아의 창립자 젠슨 황(Jensen Huang)은 법원이 불공평하다며 분노하는 대신, 이미 잃어버린 시장을 놓고 법정에서 다투느라 더 일찍 인공지능 사업에 진입하지 못한 자신을 탓했습니다. 바로 이런 자책과 반성 덕분에 엔비디아는 미래에 집중할 수 있었고, 인공지능 칩 분야의 일인자로 거듭나게 되었습니다.

세 번째는 성공에 대한 태도입니다. 미국인은 성공했을 때 신 또는 운명에 공을 돌립니다. 운명이 자기 성공을 도왔다고 생각하는 겁니다. 과거엔 우리도 하늘에 대해 어느 정도 경외심을 가졌죠. 지금은 경외심이 거의 남아 있지 않습니다. 다들 자기가 대단해서 성공했다고 여깁니다. 아니면 상사 또는 사장에게 감사하는 사람이 있을지도 모릅니다. 그들이 자기 생살여탈권을 쥐고 있기 때문이죠. 그러나 자기 성공을 스스로에게 돌렸든 상사에게 돌렸든 성공이 단순히 인간적 요소에 달렸다고 보는 건 마찬가지예요.

물론 성공에 있어 사람의 노력은 당연히 중요하지만 운의 작용 또한 무시할 수 없습니다. 운명의 존재를 받아들이지 못하면 자신과 외부 환경을 제대로 판단하기가 어렵습니다. 중국 주식시장에서 개인 투자자들은 '늘 잘려 나간다'고 해서 부추에 비유되곤 합니다. 그중 대다수가 자신의 불운을 시장 탓으로 돌리지만 모든 거래는 본인이 손수 체결한 것이니 논리에 맞지 않죠. 개인 투자자가 시장에서 돈을 잃는 이유는 우연한 성공을 자기 노력에 따른 필연적 결과로 착각했기 때문입니다. 성공을 자기 공으로 돌리면서 시장에 경외심을 갖지 않으면, 한 번 또는 몇 번의 작은 성공이 반드시 거대한 실패나 회복 불가능한 재앙으로 돌아오게 되어 있습니다.

우리는 왜 하늘의 뜻에 귀 기울여야 할까요? 세상사가 조금만 복잡해도 우리의 유한한 생각과 통제 능력을 모두 벗어나게 됩니다. 어떤 차원의 문제는 아무리 노력해도 해결할 수 없고요. 이 세상에 존재하는 많은 요소가 우리 통제 바깥에 있거든요. 물론 노력하지 않는다면 통제할 수 있는 문제들마저 해결하지 못할 겁니다.

제 동생은 저보다 성적이 훨씬 뛰어났습니다. 동생의 대학교 입학 시험 성적은 베이징 전체에서 2등이었고, 칭화대학교에서 규모가 가장 큰 전자공학과에서는 1등을 했습니다. 스탠퍼드대학교에서도 전자공학과 1등이었으니 성적으론 더 바랄 게 없을 정도였어요. 그러나 미국처럼 전 세계의 영재들이 모여드는 곳에는 동생보다 뛰어난 학생들이 많았어요. 동생은 같은 학과의 인도 친구가 너무 똑똑하다고 했습니다. 스탠퍼드의 구술시험에서 교수가 문제를 낸 후 그 학생에게 풀 줄 아느냐고 묻더니 그가 "네, 압니다"라고 대답하자 그냥 아는 걸로 간주하고 만점을 줄 정도였다는 겁니다.

동생은 그의 지도 교수이자 세계적인 통신 전문가였던 존 시오피(John Cioffi) 교수에게 그 인도인 친구를 천재라 생각하는지 물었습니다. 시오피 교수는 이렇게 대답했습니다.

"내가 예전에 가르쳤던 학생에 비하면 많이 모자라지."

동생이 계속해서 질문을 던졌습니다.

"그 인도 학생은 지금 어떻게 됐나요?"

"지금까지 아무 성과도 내지 못했네."

그 천재 학생은 경험과 통찰력 부족으로 평생 허황한 일들만 해왔다고 하더군요. 성공에 재능보다 경험과 통찰력이 중요함을 알려주는 사례입니다.

운명의 존재를 인정하면 자기 재능에 교만할 수 없습니다. 스스로 너무나도 대단한 것 같다고 느끼는 사람은 아마 진짜 능력 있는 사람을 아직 만나지 못했기 때문일 거예요. 진짜 재능 있는 인재들이 모인 곳에 가보면 본인의 부족함을 느낄 수 있을 겁니다.

내 능력의 한계를 아는 능력이 필요합니다

저는 존스홉킨스대학교에서 공부하던 시절 제 지도 교수였던 산지브 쿠단퍼(Sanjeev Khudanpur)의 재치, 소통, 지식에 감탄하곤 했습니다. 그러나 옐리네크 교수나 과거 미국전신전화회사(AT&T)의 선임 연구원이었던 래리 라비너(Larry Rabinar) 교수는 또 다른 레벨이었습니다. 구글에서 반년간 같은 사무실을 썼던 랜디 캐츠(Randy Katz) 교수의 이해력에는 놀라움을 금치 못했고요. 이 분들은 참 대단합니다. 세상에는 재능 있는 사람들이 정말 많습니다. 우리는 이런 사람들을 만난 뒤에야 능력의 한계를 깨닫곤 합니다.

그러나 재능보다 더 중요한 건 통찰력이며 그 위에 운이 있어요. 쿠단퍼 교수가 요즘 국제회의에 가면 우쥔의 지도 교수로 소개된다면서 기쁘게 생각한다고 하기에 저는 이렇게 대답했습니다.

"첫째는 교수님이 잘 가르쳐주신 덕분이고, 둘째는 제가 운이 좋아서 구글, 텐센트처럼 좋은 회사에 들어간 덕분입니다."

만약 2001년에 '닷컴 버블' 여파로 IBM이 저와의 계약을 6개월 미루지 않았다면 저는 구글에 갈 생각을 못 했을 겁니다. 게다가 AT&T의 제안서가 구글보다 일주일 늦게 도착하지 않았더라면 저는 구글의 제안을 받아들이지 않았을 겁니다. 그야말로 운이었습니다. 그러나 좋은 운이 제 능력을 높여주거나 노력을 대체하진 못하죠. 구글에 입사하는 사람은 많지만 거기서 성공하지 못하는 사람 역시 많습니다. 그러니 우리는 언제나 최선을 다해야 합니다.

　미국 기업들에겐 '경쟁자를 무너뜨리지 않는다'는 괴상한 논리가 있습니다. 인텔, 마이크로소프트, 시스코처럼 독점 능력이 있는 기업에게 작은 규모의 경쟁 상대를 무너뜨리거나 합병하는 일은 식은 죽 먹기지만 결코 그렇게 하지 않죠. 일단 독과점 문제를 피하려는 목적이 있고, 또 큰 위협이 되지 않는 경쟁사가 계속 혁신하게끔 이끌려는 목적도 있어요. 이것이야말로 통찰력입니다. 제 아버지는 생전에 이렇게 말씀하셨습니다.

　"전국시대에 일곱 나라가 있었을 땐 진(秦)나라가 다른 여섯 나라와 서로 견제하며 강해질 수 있었는데, 여섯 나라가 없어지면서 득의양양하다가 결국 망해버렸단다."

　이는 인텔 같은 대기업이 경쟁자를 시장에 남겨놓는 것과 같은 이치입니다. 이런 통찰력의 배후에는 불확실성 또는 운명에 대한 경외가 있죠. 우리의 적극성이나 능력은 제한적이어서, 누구나 편안한 환경에서는 게을러지고 경쟁 상대가 없으면 자만하다가 점점 파멸의 길을 걷습니다. 자기 능력의 한계를 이해하고 세상을 경외하는 사람만이 오랫동안 발전할 수 있습니다.

중국의 현자들도 자기 능력의 한계를 잘 알고 있었습니다.

증국번은 많은 이의 우상입니다. 말을 타고 있을 땐 군대를 이끌었고 말에서 내리면 나라를 통치했죠. 또 학문에 능하고 글을 잘 쓰며 도덕적으로도 훌륭한 인재로 알려져 있습니다. 그러나 증국번은 스스로 부족한 점을 매우 잘 알고 있었습니다. 예를 들어 직접 병사들과 전쟁에서 싸우는 일은 잘하지 못했어요. 나중에는 모든 판단을 최전선 지휘관에게 맡긴 채 전쟁터에 아예 나가지 않았습니다. 증국번은 자신의 승리 요인을 분석하면서 만약 태평천국에 내란이 발생하지 않았더라면 승패를 단언할 수 없었으리라고 했습니다. 이렇듯 자기 능력을 절대 과신하지 않았죠. 그는 말년에 기력이 쇠하고 시대의 흐름을 따라잡기 어렵다고 판단하자, 제자 이홍장이 자기 역할을 이어받도록 강력히 추천했습니다. 자신이 잘하지 못할 것 같으면 아무리 이득이 커도 취하지 않는 지혜를 보여줬습니다. 물론 하늘의 뜻을 경청해도 사람으로서 할 일은 다 해야 합니다. 증국번이 노력파였다는 점은 매우 유명합니다. 자신에게만 엄격했던 게 아니라 자녀들에게도 마찬가지였죠. 사서오경을 공부한 전통 지식인이었던 그는 천문역법이나 외국어에는 정통하지 못했습니다. 그는 이를 부끄럽게 여겨 아들들이 수학과 외국어를 배우게 했습니다. 결국 그의 장자 증기택(曾紀澤)은 유명한 외교관이 되었고 제정 러시아와의 담판에서 중국에 엄청난 이익을 안겨줬습니다. 증국번의 노력이 맺은 결실이었죠.

고대의 공신들은 조정의 견제로 인해 말년이 좋지 못했습니다. 멀리는 한나라의 공신이었던 주발(周勃) 부자가, 가깝게는 청나라의 원로 대신이었던 장정옥(張廷玉)이 그랬습니다. 증국번처럼 은퇴한 사례는 전제정치가 행해지던 고대사회에서는 드문 일이었습니다. 증국번은 통찰력이 뛰어났고 운명을 경외했기 때문에 유종의 미를 거둘 수 있었죠.

2015년에 중국에서 크게 성공한 투자자 한 명이 저에게 잠재 위험을 분석하는 방법을 알려달라고 했습니다. 제가 시장 형세를 설명해준 뒤 그는 18개월이라는 시간을 들여 자신의 모든 투자 포트폴리오를 재정비했습니다. 2년 뒤, 중국의 대형 투자자들이 성장률 정체로 곤욕을 치를 때 그의 수익률은 몇 배나 증가했죠. 투자를 하는 사람은 수없이 많지만 통찰력을 갖고 위험성을 관리하는 사람은 매우 드뭅니다. 이게 투자에서 연승을 거두는 사람을 보기 힘든 이유예요.

철학자 이마누엘 칸트는 이런 말을 남겼습니다. 머리 위의 별이 빛나는 하늘 그리고 마음속의 도덕 법칙만이 가슴을 감탄과 경외로 가득 채운다고요. 하늘은 통제할 수 없어도 마음속 도덕 법칙은 우리 스스로 통제할 수 있습니다. 이런 생각은 제가 수많은 동료, 선배, 친구에게서 배운 겁니다. 그리고 옛 현자들도 이 지혜를 잘 알고 있었습니다.

'그 산의 노래'를 부릅시다

사람의 운명에 시대적 요소가 차지하는 비중은 매우 큽니다. 좋은 시대에 태어나면 행복한 삶과 성공적인 사업을 영위할 가능성도 크죠. 말콤 글래드웰은 《아웃라이어(Outliers)》에서 이러한 관점을 극대화했고, 좋은 시대가 개인에게 훨씬 많은 기회를 부여한다고 했습니다. 그러나 이 관점에는 보충할 점이 두 가지 있습니다.

첫째, 미국의 제2차 산업혁명 시기에는 부의 축적이 흔한 일이었지만 투자에 실패한 사람도 적지 않았습니다. 소설가 트웨인, 과학자이자 발명가인 테슬라, 세계 최고의 부자였던 코닐리어스 밴더빌트(Cornelius Vanderbilt)와 그 후손들이 그러했습니다. 그 외에도 실패한 사람들이 꽤 많았죠.

둘째, 시대마다 그 시대에 맞는 위인들이 있었습니다. 단지 그들의 성과가 서로 다른 영역에서 나왔을 뿐입니다. 나폴레옹 시대의 프랑스에는 걸출한 장군들이 구름처럼 많았어요. 프랑스의 다른 시대를 모두 합친 것보다 더 많은 수가 있었다고 하더군요. 그 시대에는 나폴레옹이 아니었어도 '김폴레옹'이나 '이폴레옹'이 등장했으리라고 역사학자들이 말할 정도죠.

사람의 운명은 처한 환경과 일을 대하는 자세에 의해 결정됩니다. 이 세상에 태어나는 장소와 연도를 결정할 수 있는 사람은 아무도 없습니다. 그러나 자기가 사는 시대와 환경을 이해함으로써 일하는 방법과 방향을 결정할 수는 있죠. 중국의 옛말처럼 '하나의 산에 오르면 그 산의 노래를 불러야' 합니다(어떤 곳에 가면 그곳의 상황과 풍속에 따라 적절한 행동을 취해야 한다는 뜻이다-옮긴이).

저는 인류 역사상 중대한 발명이나 발견의 선결 조건에 대해 분석해본 적이 있습니다. 그랬더니 세계를 바꾼 과학적 성취가 사실 시대의 필연적 산물임을 알 수 있었어요. 역사를 바꾼 과학자들은 이미 준비된 조건 하에서 과거에 없던 새로운 물건이나 지식을 창조할 수 있었습니다. 물론 그들의 발명 또는 발견은 다음 세대의 발전에 기초가 되었고요. 문명은 이런 식으로 진보를 거듭합니다. 이 점을 좀 더 자세히 설명하기 위해 인류의 오랜 꿈, 비행이 실현되는 과정을 한번 살펴봅시다.

새처럼 하늘을 나는 것은 인류의 오랜 꿈이었습니다. 이에 관해 다양한 기록이 남아 있죠. 고대 중국에서부터 날렸던 연, 고대 그리스인들이 제조한 기계 비둘기, 또 르네상스 시기에 레오나르도 다빈치가 고안한 비행 기계 등은 모두 비행에 대한 인류의 숙원을 반영했던 겁니다. 하지만 선결 조건이 모두 충족되기 전에는 비행기가 탄생할 수 없었습니다. 다빈치가 조류의 비행을 연구한 후 《새의 비행에 관한 코덱스(Codex on the Flight of Birds)》를 썼음에도 불구하고, 새를 모방해 설계했던 그의 비행 기계는 하늘을 날지 못했죠.

17세기에 이르러 이탈리아의 과학자 조반니 알폰소 보렐리(Giovanni Alfonso Borelli)는 생물역학(生物力學)의 관점에서 동물의 근육, 골격과 비행의 관계에 관해 연구했고, 인류는 조류의 가벼운 골격, 발달한 가슴근육과 유선형 몸통을 갖지 못했으므로 새처럼 날개를 움직여 비행할 수 없다고 지적했습니다. 보렐리의 결론에 따르면 조류의 비행을 모방하려는 인류의 시도는 모두 실현 불가능했습니다. 이런 연구 덕분에 인류는 역학, 기압, 부력을 보다 체계적으로 이해하기 시작했습니다. 그로부터 200년간 비행과 관련된 모든 성과는 다양한 열기구 개발에 집중되었습니다. '어떤 산에 올랐다면 그 산의 노래를 불러야 한다'는 건 이런 의미입니다. 그 시대의 사람들은 하늘을 날기 위해 비행기가 아니라 열기구를 제작해야 했죠.

하지만 비행기를 만드는 건 여전히 인류의 꿈이었습니다. 19세기에는 역학과 기계 제작에서 놀라운 발전이 이뤄져 증기선이나 기차처럼 기계로 구동하는 교통수단들이 발명되었습니다. 새 시대에 맞춰 영국의 조지 케일리 경(Sir George Cayley)은 다시 비행기를 연구하기 시작했죠. 중국의 전통 장난감 대나무 잠자리를 본떠 헬리콥터를 설계했고 새처럼 날개를 위아래로 퍼덕이는 비행기도 시도했으나 모두 실패로 돌아갔습니다. 케일리 경은 비행을 위한 이론적 바탕이 아직 부족하다는 점을 깨달았습니다. 그는 다시 원점으로 돌아갔고 비행에 필요한 양력(揚力)을 연구하기 시작했죠.

케일리 경은 조류의 비행과 날개의 형태를 연구한 결과, 날개가 동력뿐 아니라 (특수한 모양으로 인해) 양력도 제공한다는 점을 깨달았습니다. 그는 (위아래로 퍼덕이는 날개가 아닌) 고정된 날개를 통해 양력을 제공하는 방식을 고안해내면서 공기역학(空氣力學)의 발전에 크게 공헌했습니다. 훗날 케일리 경은 '공기역학의 아버지'라고 불렸습니다.

공기역학 이론의 발전은 비행기를 만들기 위한 선결 조건이었습니다. 이 이론을 적용해 처음으로 비행을 실현한 사람도 역시 케일리 경이었죠. 1849년, 76세의 케일리 경은 날개가 세 개 달린 글라이더를 발명했습니다. 그는 열 살 소년을 그 위에 앉게 한 후 언덕 위에서 끈으로 잡아당기는 형식으로 최초의 유인 글라이딩을 성공시켰죠. 4년 후인 1853년에 케일리 경은 조종이 가능한 글라이더를 발명했습니다. 이번에는 성인인 그의 마부를 설득해 글라이더에 태웠고 실험에 성공했습니다. 당시 비행시간과 비행거리에 대해서는 구체적인 기록이 남아 있지 않지만, 마부가 실험 직후 사직한 것을 보면 꽤 위험했던 실험으로 추측해볼 수 있습니다.

케일리 경은 이 글라이더의 설계도와 당시의 비행 기록을 바탕으로 논문을 써서 그 시절 유일한 항공학회였던 프랑스항공학회에 보냈습니다. 덕분에 1971년, 영국 공군 조종사이자 글라이더 애호 가였던 데렉 피고트(Derek Piggot)가 케일리 경의 글라이더를 복제해 제작할 수 있었습니다. 그는 시험 비행에 성공하며 케일리 경의 계산과 실험을 증명했습니다.

케일리 경은 유체역학 이론 연구 및 비행 실험 모두에 천재적인 인물이었으나 불행히도 시대를 잘못 타고났습니다. 당시 가장 강력한 동력원은 증기기관이었는데 지나치게 무겁고 효율이 낮아 비행기의 동력원으로 사용하기에는 부적합했습니다. 케일리 경의 꿈이었던 자체 동력 비행은 실현될 수 없는 운명이었습니다. 1857년에 케일리 경은 이미 85세의 고령이었는데요. 그는 여생을 경량 증기기관 설계에 매진했지만 끝내 성공하지 못했죠.

그러나 한편으로 그는 행운아였습니다. 공기역학의 선구자가 되었을 만큼 '이른 시대'에 태어났고, 동시에 고전 물리학이 막 연구되기 시작했던 '늦은 시대'에 태어났기 때문입니다. 또 얼마 지나지 않아 내연기관이 출현한 덕분에 그의 논문 〈공중 비행에 관하여(On Aerial Navigation)〉 가운데 공기역학 이론을 증명할 수 있었습니다.

케일리 경의 이론을 증명하고 생전에 이루지 못한 뜻을 실현한 사람은 미국의 윌버 라이트(Wilbur Wright)와 오빌 라이트(Orville Wright)였습니다. 1903년 12월 17일에 그들은 자체 동력 항공기로 유인 비행에 성공했죠. 1912년에 오빌은 그들의 성공이 케일리 경이 남긴 이론 덕분이었다며 이렇게 말했습니다.

"조지 케일리 경이 제시한 비행의 원리는 전무후무한 겁니다. 19세기 말까지 출간된 자료에서도 오류를 찾을 수 없었습니다. 이것은 과학 역사상 가장 위대한 공헌입니다."

윌버도 다음과 같이 말했습니다.

"우리는 케일리 경의 정교한 계산법에 따라 비행기를 설계했습니다."

라이트 형제는 비행기 개발 역사상 가장 운이 좋았던 인물이었습니다. 그들은 비행기가 아직 발명되지 않은 '이른 시대'이자, 케일리 경이 비행 이론을 정리하고 독일의 테슬라가 내연기관을 이미 발명했던 '늦은 시대'에 태어났기 때문입니다.

좋은 시대에 태어나는 것은 한 사람의 인생에 큰 행운이죠. 오늘을 사는 사람이라면 모두 좋은 시대를 산다고 말할 수 있습니다. 국내와 해외 모든 곳에 좋은 기회들이 많습니다. 이 시대에 태어난 우리는 시대에 부합하는 일을 해야 합니다.

조조도 그랬습니다.《삼국지》에서 한나라의 허소(許劭)는 조조를 '치세의 충신, 난세의 간웅(奸雄)'이라고 평가했는데 조조는 이 말을 듣고 매우 기뻐했습니다. 이는 그의 향후 행보를 증명하기도 합니다. 조조는 난세를 만나 간웅의 길을 택했습니다. 만약 조조가 100년 일찍 태어났다면, 한나라 광무제 시대를 살며 충신의 길을 걸었을지도 모릅니다. 왜냐하면 당시 간신이 되는 건 죽음을 자초하는 일이었기 때문입니다.

몇 년 전에 지인이 저를 찾아왔습니다. 그는 아들이 지금 고등학생인데 귀신에 홀린 것처럼 매일 컴퓨터와 UI(사용자 인터페이스) 디자인에 매달려 있다면서 도움을 요청했습니다. 저는 그 앳된 얼굴의 학생과 만나 무엇을 하고 싶은지 물었습니다. 그는 매사추세츠 공과대학교(Massachusetts Institute of Technology, MIT)에서 공부한 후 창업하는 게 꿈이라고 했습니다. 저는 그가 한 작업들을 살펴보고는 부모에게 이렇게 말했습니다.

"지금은 역사상 그 어떤 시대보다 창업이 성공할 가능성이 많은 시대죠. 물론 실패율이 여전히 높지만요. 어린 학생이 컴퓨터에 이렇게 깊이 몰두하니 그냥 원하는 대로 성장하도록 내버려두세요."

2년 후 그는 과외활동에서 높은 점수를 받아 MIT에 합격했습니다. 비록 아직 갈 길이 멀긴 하지만 시작이 나쁘지 않았죠.

그렇다면 창업하기에 적절하지 않은 시대는 언제였을까요? 예를 들어 중일전쟁 시기는 적합하지 않았습니다. 그 시대에 실업구국(實業救國)을 외쳤던 사람들은 모두 실패했고 전쟁터에 나가야만 미래가 있었습니다. 반대로 지금 이 시대에 '나폴레옹'이 되려는 사람이 있다면 잘못 생각한 걸 겁니다.

전문성은 영원합니다

똑같은 환경에서도 사람들의 운명은 천차만별입니다. 방향을 잘못 잡기도 하고 제대로 일하는 방법을 몰라서 다 된 죽에 코를 빠뜨리기도 합니다. 우리는 라이트 형제의 작업 방식을 통해 어떻게 일해야 좋은 운이 따르는지 배울 수 있습니다.

라이트 형제가 살던 시대에는 최초로 비행기를 발명하고자 했던 사람들이 많았습니다. 최초 유인 동력 비행의 성공에 가장 가까이 간 사람은 독일의 오토 릴리엔탈(Otto Lilienthal)이었습니다. 그는 라이트 형제보다 약 스무 살 정도 나이가 많았고 비행기 제작도 일찍 시작했습니다. 그가 비행기를 연구했던 때는 니콜라스 오토(Nicolaus Otto)가 내연기관을 발명한 지 20년 정도 흐른 후였고, 다임러(Daimler)와 벤츠(Benz)도 내연기관을 이용해 초기 자동차를 개발해낸 후였습니다. 동력에 관련해서는 릴리엔탈과 몇 년 후의 라이트 형제가 비슷한 기술 조건에 있었다고 볼 수 있죠.

릴리엔탈은 비행기 발명에 적지 않은 공헌을 남겼습니다. 그는 세계 최초로 여러 차례 글라이딩에 성공한 인물이었습니다. 그러나 작업 방식의 문제로 비행기 제작에 실패했을 뿐만 아니라 글라이딩 실험 중에 목숨을 잃고 말았죠. 릴리엔탈의 작업 방식에는 세 가지 문제점이 있었습니다.

첫째, 이론적으로 계산이 정밀하지 못했죠. 라이트 형제는 후에 릴리엔탈이 양력을 60퍼센트나 더 많이 계산했다는 걸 깨달았습니다. 글라이더 시험비행은 이 정도 실수로도 치명적인 결과로 이어질 수 있었습니다.

둘째, 확신이 없는 상태에서 유인 시험비행을 진행한 건 굉장히 위험한 일이었습니다.

셋째, 비행기의 조향(操向) 문제를 해결하지 못한 채 새처럼 몸의 균형을 맞추는 식으로 방향을 조정하는, 비현실적인 방법을 택했습니다.

릴리엔탈은 비록 성공을 거두지 못했으나 그의 업적은 라이트 형제에게 큰 영감을 줬습니다. 라이트 형제는 기술이 아니라 작업 방식에서 릴리엔탈보다 뛰어났습니다.

먼저 라이트 형제는 비행기를 설계할 때 이론적 정확성을 매우 중시했습니다. 그들은 독학이긴 해도 공기역학을 체계적으로 공부하여 이론적 기초를 단단히 다졌습니다. 게다가 매우 신중했죠. 그들은 케일리 경의 공기역학 이론으로 릴리엔탈의 양력 계산에 오류가 있음을 발견하고 교정했어요. 무엇보다 비행 이론에 라이트 형제가 가장 크게 공헌한 부분은 바로 조향 문제를 해결한 겁니다. 그들은 중국의 연에서 영감을 받아 비행기의 균형과 방향을 통제하는 승강타와 방향타를 발명했습니다. 이렇게 비행기 발명의 관건이 되는 세 가지 기술 조건(양력, 동력, 조향)이 모두 갖춰지게 되었습니다.

또한 라이트 형제는 실험을 충분히 거치기 이전에 시험비행을 진행하지 않았습니다. 만약 우리가 당시 라이트 형제의 입장에서 릴리엔탈의 실패 원인을 발견했다면 어떻게 했을 것 같나요? 아마 비행기의 양력을 60퍼센트 증가시킨 후 바로 시험비행을 재개했을 겁니다. 하지만 라이트 형제는 그러지 않았습니다. 대신 비행 시의 기류 변화를 본뜬 풍동(Wind Tunnel)을 제작했고 실험을 여러 차례 진행했습니다. 200회 이상 날개 모형을 개선하는 시도를 했으며 수천 회 테스트를 했습니다. 비행기의 균형, 피치(pitch, 비행기의 앞뒤 기울기-옮긴이), 선회 등의 조향을 통제하기 위해 수많은 실험을 진행했고요. 그 결과 그들이 설계한 첫 비행기는 이미 조향 문제와 안정성 문제를 모두 해결한 상태에서 시험비행을 할 수 있었습니다.

마지막으로 시험비행 자체도 매우 신중하게 진행했습니다. 일반적으로는 지상에서 이미 풍동 실험을 충분히 했으니 이제 하늘에서 시험해볼 차례라고 생각했을 겁니다. 그러나 라이트 형제는 무인 비행부터 시작했습니다. 그들은 한 번에 모든 기능을 실험하지 않고 각각 나눠서 실험했습니다. 예를 들어 1902년에는 방향 전환을 위한 글라이딩 실험만 700회에서 1,000회를 거쳤고 방향타도 수백 회 실험했습니다. 그 결과가 반복적인 성공으로 돌아온 후에야 그들은 조향 기능을 완성했다고 확신했습니다. 이것은 비행 역사에 아주 중요한 이정표였습니다. 그 후 그들은 동력 비행기 개발에 집중했죠.

이렇게 신중한 태도로 임한 라이트 형제는 마침내 성공을 거뒀고 인류는 '비행 시대'를 맞이했습니다. 동시대에 비행기 제작을 연구했던 다른 연구자들은 라이트 형제에 비해 준비가 부족했죠. 라이트 형제 이후 10년간 세계적으로 많은 발명가가 비행기 제작을 연구했으나 여전히 많은 희생이 따랐습니다. 안타까운 실패는 대부분 기술이 아니라 작업 방식 때문에 발생했습니다. 사람들은 완벽한 준비 없이 성급하게 시험비행을 시도하다가 목숨을 잃었습니다. 그들은 단지 재수가 없었던 게 아니라 운명이 나빴던 것이며, 일을 주도하는 사고방식과 방법이 그 운명을 결정했던 겁니다.

일하는 방식에는 전문적인 방식과 비전문적인 방식이 있습니다. 라이트 형제가 풍동 실험부터 자신들의 가설을 체계적으로 증명해나간 것은 전문적인 방식입니다. 똑같은 조건과 환경 아래 누군가는 일을 이뤄내고 누군가는 좋은 기회를 놓치고 맙니다. 어떤 민간 과학자가 풍동 실험을 했으며, 어떤 비행기 제작자가 체계적으로 관련 이론을 공부했나요? 아마추어는 수준이 아무리 높아도 결국 아마추어일 뿐입니다.

사람들이 저에게 투자 방법을 종종 묻는데, 저는 전문성이 관건이라고 생각합니다. 아마추어들도 투자에 몇 차례 성공할 수 있지만 체계적으로 안정적 수익을 얻지는 못합니다. 무슨 일을 하든지 반드시 전문적이어야 합니다. 그렇지 않으면 운명은 나아질 수가 없어요.

고대 그리스의 철학자 데모크리토스(Democritos)는 "한 사람은 같은 강을 두 번 건널 수 없다"라고 했습니다. 흘러간 과거는 영원히 다시 돌아올 수 없음을 뜻합니다. 그러나 세상에는 분명 영원한 것들이 존재합니다. 세상에 대한 믿음, 시대에 맞는 일을 하는 것, 그리고 전문성 말입니다.

작은 손해에 연연하지 않습니다

사람은 살면서 좋은 운도 만나고 나쁜 운도 만납니다. 일반적으로 한 번의 행운이 운명 전체를 바꾸지는 못하죠. 그러나 한 번의 불운으로 인해 오랫동안 고통을 받는 사람들은 있습니다. 불운이 나비효과로 확대되어 재앙으로 이어지기도 하고요.

캐나다 밴쿠버에는 빅토리아라는 작은 섬이 있습니다. 빅토리아는 태평양에 인접하고, 동쪽으로는 밴쿠버와 바다를 사이에 두었으며, 남쪽으로는 미국 시애틀과 마주하고 있습니다. 캐나다 서부 연안에서 유명한 관광지인데 경관이 매우 아름답습니다. 이 섬에는 페어몬트엠프레스호텔(Fairmont Empress Hotel)이라는 유구한 역사를 지닌 5성급 호텔이 있습니다. 호텔 1층에는 장미 수천 송이가 피는 정원이 있었고, 호텔 내부에서도 가까운 항구의 절경을 즐길 수 있었습니다.

2001년 한 남자가 이 호텔의 블랙리스트에 올랐다가 17년이 지난 후에야 이름을 지울 수 있었습니다. 대체 이 남자가 무슨 행동을 했던 걸까요? 간단히 말하면 그는 너무나도 운이 나빴습니다.

그는 캐나다 동부 출신으로 이름은 닉 버첼이었습니다. 2001년에 버첼은 캐나다 서부로 출장을 떠났습니다. 그는 고향 사람들에게 부탁을 받아 현지에서 유명한 페퍼로니를 조금 샀습니다. 출장 여정 동안 페퍼로니를 여행 가방에 넣어둘 수밖에 없었고요. 빅토리아에 도착한 그는 페어몬트엠프레스호텔에 투숙했습니다. 그는 호텔 방에서 가방에 든 페퍼로니를 꺼내 말리기로 했죠. 마침 4월이었고 빅토리아의 봄 날씨는 제법 쌀쌀했습니다. 버첼은 창문을 열어 페퍼로니를 다 말린 후 밖에 나가서 네다섯 시간 산책을 하고 다시 방으로 돌아왔습니다.

방 안의 광경을 목격한 버첼은 그 자리에서 굳어버렸습니다. 갈매기들이 떼로 들어와 페퍼로니를 먹고 있었습니다. 그의 기억대로라면 갈매기는 대략 40마리 정도 되었고 방 안은 갈매기의 배설물과 깃털, 페퍼로니 조각들로 엉망진창이었습니다. 게다가 갈매기들이 날개를 퍼덕이는 바람에 전등이 엎어졌고 커튼도 떨어졌습니다. 버첼은 화가 머리 꼭대기까지 나서 갈매기를 창밖으로 몰아냈습니다. 일부 갈매기는 밖으로 도망갔지만 일부는 다시 돌아왔죠. 그는 구두 한 켤레를 벗어 갈매기를 내리쳤고 목욕 수건을 던졌습니다. 그런데도 마지막 한 마리가 페퍼로니에서 떨어지려 하지 않아 버첼은 갈매기를 목욕 수건에 싸서 창밖으로 던져버렸습니다.

당시 호텔 1층 정원에서 애프터눈 티를 즐기던 손님들이 이 광경을 목격하고 말았습니다. 하늘에서 갈매기 몇 마리가 떨어지더니 구두 한 짝이 날아왔습니다. 잠시 후에 큰 목욕 수건이 떨어졌는데 그 수건에서 갈매기가 퍼덕거리면서 날아올랐고 애프터눈 티 시간은 엉망이 되었습니다.

한편 갈매기를 다 몰아낸 버첼은 곧 중요한 행사에 참여해야 한다는 사실이 떠올랐습니다. 신발이 한 켤레밖에 없었기 때문에 서둘러 아래층으로 향했어요. 내던졌던 신발 한 짝을 찾았지만 온통 진흙투성이였습니다. 버첼은 방 안으로 돌아와서 신발을 물에 깨끗이 헹궜죠. 그러나 물에 젖은 신발은 색깔이 다른 한 짝에 비해 너무 진했습니다. 행사장에 각각 색이 다른 신발을 신고 갈 수는 없었죠.

버첼은 헤어드라이어를 신발 안에 꽂아서 빨리 말리려고 했습니다. 그때 전화기가 울렸습니다. 그는 드라이어 전원을 끄지 않은 채로 옆방에 달려가 전화를 받았습니다. 그 사이에 신발에서 미끄러진 드라이어가 세면대에 빠져 합선되면서 호텔의 여러 방이 정전되고 말았습니다.

이후에 버첼은 만약 그때 자신이 조금만 더 침착했다면 젖은 신발을 말리기보다 마른 신발을 물에 적시는 편을 택했을 거라고 회고 했습니다. 시간이 촉박했던 버첼은 호텔 리셉션에 전화를 걸어 방 청소를 부탁했습니다. 그는 훗날 이렇게 말했죠.

"저는 아직 그 (청소) 직원분의 표정을 기억합니다. 저는 그때 무슨 말을 해야 할지 도무지 몰라서 그냥 '죄송합니다'라고 말하고 행사장에 갔죠."

그가 밤이 되어 다시 돌아왔을 때 방은 깨끗하게 정리되어 있었습니다. 그런데 그의 물건들이 없었습니다. 그는 호텔 측에 문의한 후에야 그의 짐이 수화물 보관소에 옮겨져 있음을 깨달았습니다. 호텔 측은 더 이상 그를 고객으로 맞지 않겠다는 의사를 전했습니다. 17년이 지난 후, 버첼은 호텔 측에 편지 한 통과 페퍼로니를 보내며 양해를 구했습니다. 17년 동안 죗값을 치른 셈 치고 그만 자기를 블랙리스트에서 내려달라고 부탁했습니다. 호텔 측은 그의 편지를 읽고 그 요청을 승낙했습니다. 오래 근무한 직원이 그를 기억하고 있다며 다시 방문해달라는 말도 남겼습니다.

버첼이 이 이야기를 소셜 미디어에 처음 올렸을 때는 아무도 믿지 않았습니다. 후에 언론이 호텔 측에 확인하면서 버첼의 이야기가 사실이었음이 알려졌습니다. 저도 처음에 이 이야기를 듣고는 농담이라 생각했는데 영문 기사들을 찾아보니 확실히 진짜였죠. 제대로 처리하지 못한 불운 하나가 다른 사건들로 줄줄이 이어져 재앙이 되는 과정을 잘 보여주는 일화입니다. 또 이런 이야기도 있습니다.

"말발굽에 못이 하나 박혀 발굽이 상했습니다. 손상된 발굽 때문에 말의 다리가 부러졌고, 절름발이 말 때문에 장군이 떨어져서 다치면서 그 군대는 전쟁에서 지고 말았습니다."

삶 속에서 우리는, 버첼처럼 연이어 실수하고 작은 실수를 메우기 위해 더 큰 손해를 만드는 사람들을 목격합니다. 아침에 늦게 일어나 회사에 지각하지 않으려고 과속하다가 경찰에게 걸려서 벌금을 물고 더 많은 시간을 낭비하는 사람, 또는 시험에서 죽어도 못 푸는 문제 하나 때문에 나머지 문제를 전부 망치는 사람 말입니다. 작은 문제가 하나씩 이어지면서 불운의 연결고리를 형성하죠. 버첼의 경우 불운을 끊어낼 기회가 네다섯 번 정도 있었습니다. 하지만 그는 손해를 끊는 게 아니라 메우려고만 했고 결국 그 구멍은 점점 커졌습니다.

만약 그가 페퍼로니를 바로 버렸다면 친구들의 원망 몇 마디를 듣고 끝났을 겁니다. 만약 갈매기들이 페퍼로니를 먹는 것을 발견했을 때 즉시 포기하고 냉정하게 대응했더라면, 갈매기를 1층 아래로 내던져 사람들을 혼비백산하게 만드는 일은 없었을 테죠. 만약 그가 신발을 행군 후에 신발 한 짝은 진한 색이고, 한 짝은 연한 색이 된 현실을 그냥 받아들였더라면, 드라이어로 신발을 말리려는 위험한 행동은 하지 않았을 겁니다. 그리고 만약 그가 급하게 전화를 받으러 가지 않았더라면 호텔 방들이 정전되지는 않았을 거고요.

마찬가지로 아침에 늦잠을 잔 사람이 지각할 거란 사실을 받아들였다면 시간을 맞추려 과속운전을 하지도 않았을 거고 경찰에 적발되지도 않았을 겁니다. 시험을 볼 때도 모르는 문제를 포기했더라면 1점을 더 받기 위해 시험 전체를 망치지는 않았을 겁니다.

불운의 연결고리를 끊는 방법은 무엇일까요? 아주 간단합니다. '손해 인정하기'와 '운명 받아들이기', 이 두 가지만 실천하면 됩니다.

우리는 그렇게 대단한 사람이 아닙니다

아무리 나쁜 일이 생겨도 우리는 운명으로 받아들여야 합니다. 손해를 만회하려고 몰두하지만 않아도 손실은 일부에 그칩니다. "둑 안에서 본 손해를 둑 밖에서 메꾼다"라는 태도는 손해를 점점 확대할 뿐입니다.

이를테면 어쩌다가 내림세에 있는 주식을 샀다고 합시다. 그 손실은 이미 정해져 있습니다. 그러나 사람들은 이렇게 생각합니다.

"지금 조금 더 사서 평균 매수 가격을 낮춰놓으면 나중에 더 쉽게 손해를 만회할 수 있겠지?"

하지만 주가는 그 이후에도 계속 떨어질 수 있습니다. 사람들은 전 재산을 털어 넣고도 손해를 만회하기 위해 대출까지 받죠. 결국은 평생 모은 돈까지 잃고 빚더미에 올라 시장에서 퇴출당하고 맙니다. 주변을 돌아보면 이런 사람들이 생각보다 많습니다.

역사적으로도 많은 인물이 손실을 받아들이지 못해 치명적인 결과를 얻었습니다.

> 화이하이 전투(淮海戰役, 중국 국민당과 공산당 사이에서 벌어진 국공내전 중 1948년 11월부터 두 달 동안 벌어진 전투로, 공산당이 승리하는 데 결정적인 역할을 했다–옮긴이) 전에는 국민당과 공산당 양측 모두 국민당의 주력 군대가 이렇게 완패하리라고는 생각하지 못했습니다. 그들은 먼저 44군대를 구하기 위해 황바이타오 군단을 보냈고, 황바이타오 군단을 구하기 위해 황웨이 군단을 보냈습니다. 그리고 황웨이 군단을 구하기 위해 또다시 두, 츄, 순의 세 군단을 더 보냈죠. 그리고 그들을 구하기 위해 투입한 리, 류의 두 군단이 다시 처참하게 패배했고요. 몇 개월간 국민당은 장강(長江) 이북의 전 지역을 잃었습니다. 물론 다양한 이유가 있겠지만, 마치 눈사태처럼 이어진 국민당의 실패는 손해를 아쉬워하는 태도와 관련이 깊습니다.

많은 사람이 운명을 인정하지 않고 손해를 끊으려 하지 않습니다. 이런 태도는 사실 뼛속 깊이 자기 자신을 과대평가하기 때문이에요. 사람들은 자기 능력뿐 아니라 지위와 권세도 과대평가합니다. 능력을 과대평가하면 언제든지 자기가 상황을 역전시킬 수 있을 것 같고, 지위나 권세를 과대평가하면 모든 게 자기 것 같아서 아무것도 놓을 수가 없습니다.

만약 스스로를 평범한 사람이라고, 내가 가진 작은 것들은 하늘의 선물이라고 생각한다면 어떨까요? 무엇을 얻으면 즐겁고 무엇을 얻지 못해도 그만입니다. 쉽게 손을 뗄 수 있어 손실을 더 키우지도 않고요.

사람은 언제나 좋은 운만 만나지도, 나쁜 운만 만나지도 않습니다. 그러나 잘못된 마음가짐은 불운을 점점 키웁니다. 그리고 많은 경우에 마음가짐이 운명을 결정합니다. 불운을 만나더라도 당황하지 말고 손해를 제한시키며 눈덩이처럼 불어나는 재앙을 막는 것이 지혜로운 행동이죠. 손실을 끊어내고 운명으로 수용하는 태도에는 자기 성찰과 운명에 대한 경외가 고스란히 들어 있습니다.

변화를 꿈꾼다면 힘을 빼세요

낯선 휴양지에서 중요한 회의를 여는 기업들이 많죠. 회삿돈을 낭비하기 위해서가 아니라 새롭고 편안한 환경에서 다른 방식으로 업무를 돌아보는 게 도움이 되기 때문입니다. 같은 환경에 오래 있다 보면 사고가 정형화되는데, 왜 그럴까요?

동일한 환경에서 인간의 생각은 연속성을 갖습니다. 어제 일어난 일과 오늘 일어난 일이 크게 다르지 않으므로 오늘도 어제의 경험을 사용할 수 있죠. 이렇게 시간이 지나면 인간의 대뇌에는 지식, 경험, 관념, 작업 방식 등 기초적인 인지 요소와 프로세스가 형성됩니다. 이들은 장기적으로 광범위하게 작용하기 때문에 우리는 매일 다른 일을 맞닥뜨리게 돼도 고정된 사고방식에서 벗어나기가 쉽지 않아요.

심지어 외부환경이 완전히 변해도 과거의 사고방식을 그대로 유지하는 사람들이 있습니다. 명나라의 유학자 왕양명(王陽明)은 "산을 무너뜨리기는 쉬우나 마음을 무너뜨리기는 어렵다"라고 했고, 청나라 말 중화민국 초기의 학자 고홍명(辜鴻銘)은 "내 머리의 변발은 자를 수 있어도 마음속의 변발은 자를 수 없다"라고 했는데 모두 같은 뜻입니다.

물론 고정관념은 사고의 기초이므로 전부 부정할 필요는 없습니다. 그러나 고정관념으로 인해 곤경에 빠지면 그것의 단점이 장점을 넘어섭니다. 이것은 변화가 불연속적이든 연속적이든 과거와 다른 방향으로 진행될 때 발생합니다. 〈그림 2-1〉의 세 경우를 살펴보면 이해하기 쉬울 겁니다.

왼쪽의 그림은 정상상태(Steady state)를 의미합니다. 이런 환경에서는 고정관념도 문제가 없죠. 예를 들어 포드 모델 T의 출시 초기에는 공급이 수요를 따라가지 못했습니다. 공장은 생산효율을 높이고 생산원가를 낮춰 문제를 해결했고요. 그 후에는 이 사고방식에 따라 모든 문제에 대응하게 되면서 고정관념이 형성되었습니다.

중간 그림은 불연속적 변화가 일어나는 상황입니다. 증기선이 범선을 대체하고 자동차가 마차를 대체하는 상황을 생각해볼 수 있죠.

이때 우리는 과거의 사고방식대로 일을 해결하려 하기보다 잠시 멈춰 생각해봐야 합니다. 매슈 볼턴(Matthew Boulton)은 제임스 와트와 함께 증기기관의 발전에 크게 공헌한 인물입니다. 그는 업무

<그림 2-1〉 변화의 세 가지 형태

시간 외에 사람들과 교류하고 생각하는 시간을 통해 비약적인 발
전을 이뤘습니다.

볼턴은 원래 금속 공장의 사장이었습니다. 산업혁명 시대에 금속
사업은 점점 도태되는 추세였죠.

운 좋게도 볼턴은 루나 소사이어티에 가입했고 와트, 찰스 다윈의
할아버지, 도자기로 유명한 J. 웨지우드(J. Wedgwood), 기체 화학의
아버지 조지프 프리스틀리(Joseph Priestley) 등 당시의 유명 과학자
들과 교류했습니다.

달이 밝은 밤이면 매일 그들은 버밍엄에서 만났죠. 물론 그들의 대
화는 금속 사업과는 관련이 없었습니다. 볼턴은 자유로운 대화 속
에서 와트가 만능 증기기관을 연구한다는 것을 알게 되었고, 증기
기관이 미래 산업에 엄청난 영향을 미치리라고 생각했습니다.

그래서 볼턴은 자기 사업을 과감히 정리했고 와트의 차세대 증기기관 발명을 도왔습니다. 물론 와트와 볼턴은 그 덕분에 엄청난 부를 얻었습니다. 만약 볼턴이 매일 열 시간 이상 금속 사업에 몰두했다면 그의 길은 점점 좁아졌을 겁니다.

오른쪽 그림은 역변화 과정입니다. 이 과정은 비록 연속적이지만 과거의 고정관념은 더 이상 통하지 않습니다. 그렇다면 과거에 잘 적용했던 방법이 왜 통하지 않는지 궁금할 수 있습니다. 바로 추세가 반대 방향으로 바뀌었기 때문입니다. 〈그림 2-2〉는 최근 10여 년 동안의 글로벌 디지털카메라 판매량을 보여줍니다. 이전 몇 년간 높은 판매 증가율을 보였음에도 불구하고 2010년부터 판매량이 급격히 감소했습니다. 급변하는 시대에는 이런 역변화 현상이 흔하죠.

이런 변화를 맞닥뜨렸을 때는 잠시 멈춰 생각해봐야 합니다. 이때 무턱대고 더 열심히 노력하는 것은 좋은 방법이 아니에요. 그랬다간 목표에서 점점 더 멀어지게 될 수도 있습니다.

　기업들이 휴양지에서 회의를 여는 전략을 다시 이야기해볼까요? 바로 모두가 지금까지의 방식을 철저히 잊고 일상의 루틴에서 벗어나 새롭고 편안한 환경에서 업무를 돌아볼 기회를 갖기 위해 변화를 주는 겁니다.

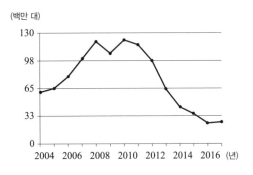

<그림 2-2> 최근 10여 년간 글로벌 디지털카메라 판매량

물론 이런 위기나 극단적인 변화는 자주 찾아오지 않습니다. 하지만 누구에게나 곤경에서 빠져나올 길을 찾지 못하고 헤매는 경우가 생길 수 있습니다. 이때 정형화된 사고방식에서 벗어나는 가장 좋은 방법은 일을 내려놓고 쉬는 겁니다.

3장

속도와 리듬

삶을 나의 속도와 리듬에 맞게
꾸릴 준비가 되었나요?

좋은 리듬을 확보하는 것은 인생에서 매우 중요합니다. 사람은 바쁠 때 처음의 목적을 잊기 쉽고 심지어 목적에서 점점 멀어지기도 하죠. 바쁜 일상에서 한 걸음 물러나 처음의 목표를 돌아보세요. 쓸데없는 생각과 행동, 불필요한 번거로움이 줄어들면서 오히려 목표가 선명해지고, 목표에 더 일찍 도달하게 됩니다.

당신은 지금 너무 급히 걷고 있습니다

현대인은 모두 자신이 바쁘다고 생각합니다. 그리고 각자 바쁜 이유가 있습니다. 미혼 청년들은 직장에서 자리를 잡아야 하고, 결혼 문제도 해결해야 합니다. 자녀를 가진 부모는 주택 대출금도 갚아야 하고, 승진도 해야 하며, 자녀들이 더 좋은 조건에서 출발하도록 도와야 합니다. 요즘 아이들은 바쁠 이유가 더 많습니다. 지금도 학교 가랴 학원 가랴 이것저것 공부하느라 바쁜 아이들의 향후 수십 년은 지금보다 훨씬 바쁠 겁니다.

열심히 산 만큼 좋은 결과가 따를까요? 그건 아무도 모릅니다. 보통 바쁜 사람이 한가한 사람보다 잘 사는 것처럼 보여도 꼭 그렇지는 않죠. 때론 마음을 천천히 다잡는 시간 동안 더 많은 것을 얻기도 합니다. 사실 바쁨 자체보다는 바쁜 것을 처리하는 방식이 더 중요합니다.

몇 년 전, 제 큰딸이 미국 대학입시를 위해 SAT를 준비하고 있었습니다. SAT는 학생들의 읽기, 쓰기, 수학 능력을 테스트합니다. 대학들이 적극적으로 보는 참고 자료라서 아시아 학생들은 만점을 받아야만 명문 대학교의 눈길을 끌 수 있었죠. 사실 중국 입시보다 난도가 높은 것은 아닌데 만점을 받기는 쉽지 않습니다. 완벽이란 건 원래 어려운 일이죠. 당시 제 딸의 실력으로 풀지 못할 문제는 없었습니다. 하지만 모의고사를 볼 때마다 매번 몇 개씩 오답이 나왔어요. 아마 대다수 학생이 이런 경험을 했을 겁니다. 시험마다 아는 문제를 틀려서 몇 점을 잃는 경험 말입니다. 어떤 학생들은 그 몇 점 때문에 몇 년을 방황하기도 합니다.

시험이 겨우 일주일 정도 남았는데 딸은 여전히 이 문제를 개선하지 못하고 있었습니다. 저는 딸에게 모의고사가 어땠는지 묻고, 틀린 문제들도 쭉 훑어보았습니다. 오답 대부분이 너무 급하게 풀다가 틀린 것들이었습니다. 문제를 제대로 이해하지 못해 틀린 경우도 더러 있었고요. 주어진 시간이 충분했는데도 말입니다. 이런 실수는 사실 간단하게 해결할 수 있습니다. 저는 딸에게 문제를 읽은 후 5초간 기다렸다가 (1부터 5까지 센 후) 풀라고 했습니다. 딸아이는 제가 알려준 방법대로 다시 모의고사를 봤고 결과는 만점이었습니다. 진짜 시험에서도 이 방법을 사용해 만점을 받았죠. 이 5초는 언뜻 낭비되는 시간으로 보일 수도 있지만 여기에 문제를 다시 한번 생각해보고 실수를 줄이는 비결이 있습니다.

우리는 너무 서두르다가 실수를 하고 일을 망칩니다. 속도를 줄이고 생각을 다듬는 시간은 이런 실수를 줄이는 데 도움이 됩니다.

저는 여러 나라 사람들과 교류해봤는데 중국인은 그중 확실히 성격이 급한 편입니다. 아마 사회 환경과 관련되어 있을 겁니다. 지난 40년 동안 중국은 고속 성장을 이뤘죠. 이런 환경에서 바쁜 것은 자연스러운 사회 현상이 되었습니다. 바쁨은 사회 가치의 실현이고 그 반대는 발전이 없는 부끄러운 상태를 의미했을 정도입니다. 그래서일까요. 우리 주변에는 자기가 얼마나 바쁜지 자랑하는 사람들로 가득하죠. 하지만 물질적 측면을 제외하고 바쁜 하루를 살게 된 우리가 과연 과거보다 훨씬 나아졌을까요? 쉽게 대답할 수 없는 부분입니다. 사람들은 너무 바빠 이런 문제를 고민할 시간이 없습니다.

역사를 되돌아봐도 바쁨과 좋은 삶이 정비례하지는 않았습니다. 헨드릭 빌럼 판론(Hendrik Willem van Loon)이 쓴 《인류 이야기(The story of Mankind)》에 따르면 인류는 과거 수만 년을 구속받지 않고 자유롭게 살았습니다. 농업사회에 진입하기 전까지만 해도 걱정 없이 산과 들판을 뛰어다녔고 사냥을 했습니다. 그 외의 시간은 먹고 마시기, 연애, 놀이, 햇볕 쬐기에 썼습니다. 전염병에 걸리지만 않으면 60세까지 즐겁게 살 수 있었죠. 그러나 농업사회에 진입한 이후부터 인류는 논밭에 파묻혀 온종일 바쁘게 일해도 살기 힘들어졌습니다.

인류가 먹고사는 문제를 해결한 것은 산업혁명 이후였습니다. 노동생산성의 급격한 향상 덕분에 마침내 생계 걱정을 덜었고 개인의 부(富) 또한 극대화했습니다. 그런데 삶도 더 여유로워졌을까요? 아니었습니다. 오히려 자유롭게 살던 나날에 작별을 고해야만 했을 뿐입니다. 달빛 아래 모닥불을 피워놓고 춤추던 날들, 미식과 낭만을 즐기던 날들은 역사 속으로 사라졌어요. 단순히 GDP를 비교하면 현재의 중국은 송나라(北宋) 때보다 훨씬 부유합니다. 하지만 집 문제로 고민하는 현대인들과 달리 송나라 무대랑(武大郎,《수호전[水滸傳]》과《금병매[金瓶梅]》의 등장인물-옮긴이)은 부침개를 팔아 먹고살던 소시민이었음에도 이 층짜리 단독주택에 살았습니다. 비록 무대랑이 살던 칭허(清河) 현은 시골 마을이긴 했지만, 멜대 메고 부침개를 팔던 그에게는 나쁘지 않은 조건이었습니다.《동경몽화록(東京夢華錄)》에 따르면 북송의 수도 카이펑(開封, 당시의 벤량[汴梁] 또는 동경[東京]-옮긴이)은 현재의 대도시에 못지않게 풍부한 여가 생활과 높은 생활수준을 자랑했죠. 구정, 정월대보름, 추석 등 명절이면 밤새 관등 축제가 열렸고요. 즉 수천 년의 기술 진보가 우리에게 전례 없는 신문물을 허락하긴 했지만 더 많은 휴식을 가져다주지는 못했습니다.

아마 지구상에서 인류만이 쉬지 않고 일하는 동물일 겁니다. 어떤 사람들은 문명의 진보가 이러한 휴식 없는 노동의 대가로 만들어진 것이며, 그 덕에 물질적으로 풍요한 사회를 이룩했다고 말합니다. 인류는 조금 더 편하게 살기 위해 일을 도와줄 수많은 기계를 발명했습니다. 그러나 중대한 과학적 진보를 이룩할 때마다 더 많은 부가 소수에게 집중되었고 나머지 사람들의 삶은 더 어려워졌습니다. 카를 마르크스는 이런 현상을 '생산물로부터의 소외(혹은 '노동의 소외'에서 첫 번째 단계)'라고 불렀습니다. 기계의 주인이어야 할 우리가 기계에 종속되었다는 뜻이죠.

바쁨이 삶의 기조가 되어 빠져나올 수가 없다면 이 곤경을 다른 각도에서 바라봐야 합니다. 왜 어떤 사람은 기계의 주인이 되고 (아마 우리를 포함해) 어떤 사람은 기계의 노예가 되는 걸까요? 속도를 늦추고 지금까지 해왔던 일들을 곰곰이 돌아봅시다. 사실 우리는 정신없이 움직이는 다른 사람들을 따라 목적조차 생각해보지 않은 일들에 쫓기듯 살아갑니다. 이 과정에서 물욕과 권력욕은 우리의 발걸음을 더욱 재촉하고요. 빨리 갈수록 더 빨라지고 멀리 갈수록 더 멀어집니다. 그 발걸음 하나하나가 모두 가치 있게 느껴질 수도 있지만 잠깐 멈춰 돌아보면 우리는 또다시 원점에 와 있습니다. 마치 SAT 시험에서 문제도 제대로 이해하지 않고 성급히 풀던 제 딸처럼요. 일이라는 시험에서 우리에게 부족한 것은 시간이 아니라 사고력과 효율입니다. 휴대전화를 보느라 두 시간씩 낭비하는 사람들은 시간 부족을 탓할 자격이 없습니다.

대체 어떻게 해야 더 잘 살고 일도 더 효율적으로 할 수 있을까요? 제 방법은 천천히 하는 겁니다. 레바논의 시인 칼릴 지브란은 이렇게 한탄했습니다.

"우리는 왜 출발했는지 잊을 만큼 너무 멀리 왔다."

출발했을 때의 목적을 떠올리는 가장 간단한 방법은 일을 시작하기 전에 먼저 청명한 하늘을 한 번 바라보고, 침묵을 통해 마음의 목소리를 듣는 겁니다.

제가 자신에게 늘 되새기는 말이 있습니다. 무슨 일이든 세 박자 느리게 하자는 거죠. 때로 주변에서 제게 빨리 결정해달라고 요구하면 저는 이렇게 말합니다.

"지금은 머리가 더 이상 안 돌아가네요. 내일 답변을 드려도 되겠습니까?"

저는 성급하게 결정하는 것을 좋아하지 않습니다. 실제로 다음 날이면 더 자세히 들을 여유도 생깁니다. 천천히 내린 결정과 성급히 내린 결정의 결과는 다릅니다. 당연히 후자가 더 낫죠.

몇 가지 일을 시작했는지는 중요하지 않습니다. 몇 가지 일을 마무리했는지가 중요합니다. 일을 시작만 해놓고 끝마무리는 흐지부지하는 사람들이 많은데요. 많은 일을 하려는 마음은 인간의 탐욕과 관련이 있습니다. 인간이 자기 욕심을 외면하기는 매우 어렵죠. 제가 성 프란치스코(Franciscus Assisiensis, St.)에게 탄복하는 부분이 바로 이것입니다. 그는 숭고한 박애 정신을 지닌 인물로 세속의 권세를 떠나 건강하고 소박한 삶을 살았습니다.

저는 스스로 성 프란치스코처럼 청빈한 삶을 살 수 없음을 잘 알기에 남들에게도 쉽게 그런 삶을 권하지 못합니다. 우리는 성자가 아니니까요. 그러나 우리 역시 성 프란치스코처럼 대자연과 여유로운 생활 자체에서 무궁한 즐거움을 찾아야 합니다. 우리가 일을 천천히 하고 시행착오를 줄이며 더 많은 시간을 낭만에 투자할 때, 더 참신한 아이디어가 샘솟고 지식과 예술의 바다에서 헤엄칠 수 있을 겁니다. 우리는 분명히 해낼 수 있습니다.

《구약성경》의 시편 46장 10절에는 이런 구절이 있습니다.

"너희는 가만히 있어 내가 네 하나님인 것을 알라."

우리는 신도 아닌데 왜 쉬지 않고 바쁘게 살까요? 모쪼록 쓸데없이 바쁜, 더 나아가 가난할수록 바쁘고 바쁠수록 가난해지는 악순환의 굴레에서 벗어납시다.

'적극적인 폐인' 모드에서 벗어나세요

"내가 이렇게 노력하는데 왜 안 되는 거지?"

이렇게 말하는 사람이 참 많죠. 사실 하늘은 진정으로 노력하는 사람을 모른 척하지도 않지만 '가짜 근면'을 동정하지도 않습니다.

저는 구글과 텐센트에서 좋은 고과를 받는 직원과 평범한 직원을 비교하는 일에 참여했습니다. 직원 교육 전문가들의 의견을 들어보니, 바쁜데도 고과가 나쁜 사람들에게는 거짓 노동 외에도 세 가지 문제점이 있었습니다.

하지 말아야 할 일은 하지 않습니다

저에게는 '일 중독자'라고 부를 만한 여자 동료가 한 명 있었습니다. 동료가 도움을 요청하면 그녀는 언제나 시원하게 승낙했고 하루를 온통 그 일에 쓰는 것을 아까워하지 않았습니다. 그 결과 퇴근 시간까지도 그날의 자기 업무를 끝내지 못해 매일 야근을 했습니다. 그녀는 회사에 가장 일찍 출근해 가장 늦게 퇴근하는 모범적인 직원이었지만, 자기 업무는 매번 마감이 임박해 겨우겨우 끝내다 보니 고과가 좋지 못했습니다.

그녀는 우리에게 고통을 호소했고 우리는 그녀에게 하지 말아야 할 일은 하지 않는 게 좋겠다고 조언했습니다. 그러나 잘못된 행동은 이미 습관으로 굳어져 하루 이틀 고쳤다가 다시 원래로 돌아가곤 했죠. 몇 년 새에 다른 직원들은 직급에서 그녀를 추월했습니다.

이 동료처럼 쓸데없이 바쁜 사람들은 어떤 일을 해야 하고 어떤 일을 하지 말아야 하는지 구분하지 못해 애를 먹습니다.

여기서 저는 친한 친구가 부탁하는 경우에 대해 짚어보려 합니다. 평소 뚜렷한 원칙과 판단력으로 타인의 비합리적인 부탁에 시간을 낭비하지 않는 사람들이 친한 친구의 부탁 한 번에 그 원칙을 까맣게 잊기 때문입니다.

저는 친한 친구의 부탁을 두 가지 척도에 따라 판단합니다.

첫째, 원칙을 거스르거나 제 능력으로 돕지 못할 부탁은 거절합니다. 후자의 경우 상대방에게 최대한 빨리 알려서 비합리적인 기대로 일이 지체되지 않도록 합니다. 둘째, 친구 스스로 해결해야 할 문제가 무엇이고, 제 도움이 필요한 문제가 무엇인지 확실히 구분합니다. 예를 들어 저는 예전에 중국과 미국을 자주 왕래했고 친구도 많다 보니, 물건을 사다 달라는 부탁이 끊이지 않았습니다. 저는 사다 줄 수 있는 물건과 그럴 수 없는 물건을 확실하게 구분했습니다. 예를 들어 새로 나온 아이폰을 중국에서 살 수 없을 때는 사다 줬습니다. 우선 아이폰은 작고 휴대가 편리하고 가격이 비싸서 한 번쯤 사다 줄 만한 가치가 있죠. 그리고 휴대전화는 보통 2~3년에 한 번 바꾸니까 자주 사다 줄 필요도 없었습니다. 그러나 미국 아몬드, 기저귀, 분유 등을 부탁하면 바로 거절합니다. 아몬드 1파운드(0.45킬로그램)를 가져와봤자 절약할 수 있는 금액은 몇 달러뿐이고, 기저귀나 분유는 소모품이라 끝없이 가져다 줘야 하기 때문이죠. 따라서 이러한 경우엔 거절했습니다. 저는 상대에게 더 큰 가치를 주고 싶을 뿐 짐꾼이 되고 싶지는 않습니다.

일부 독자가 제게 이런 글을 남겼습니다. 회사에서 동료들의 부탁을 모두 들어주었더니 매사에 도와달라고 하면서 이용한다는 하소연이었죠. 정작 본인 업무는 할 시간이 없어서 사장님도 불만이라고 했습니다. 제가 그 사장이었더라도 분명 불만이었을 겁니다. 회사에서는 다른 사람을 돕는 것보다 자기 일을 잘하는 것이 우선입니다. 해야 할 일을 잘 구분하지 못하면 가난할수록 바쁘고 바쁠수록 가난한 악순환에서 벗어나지 못합니다. 우리는 '예스맨'이 아니라 유용한 사람이 되어야 합니다.

동시에 많은 일을 하지 않습니다

사람들은 동시에 많은 일을 진행하기를 좋아합니다. 이런 작업 방식을 영어로 멀티태스킹(Multitasking)이라 하죠. 컴퓨터는 뛰어난 계산 능력과 넓은 대역폭 덕분에 다중 작업, 병행 처리가 가능합니다. 그러나 사람에게 다중 작업이란, 그저 한눈팔기나 다름없습니다.

연구원에서 투자가로 전향하고 책도 몇 권 출간하고 나니 사람들은 제가 어떻게 멀티태스킹을 하는지, 또 어떻게 그렇게 다양한 영역을 넘나드는지 궁금해했습니다. 솔직히 말해 저는 한 번에 한 가지 작업만 합니다. 늘 단일 작업 상태이며, 다중 작업 상태가 아니에요. 저도 젊을 때는 멀티태스킹으로 일을 더 많이 하려고 했는데, 결국 한 가지도 제대로 하지 못했습니다. 시간이 흐르자 제가 계속 낮은 수준에서 머물고 있더군요. 제 관찰에 따르면 절대다수의 사람은 멀티태스킹을 할 능력이 없습니다. MIT에서도 실험을 통해 인간의 뇌가 동시에 사고하는 능력이 매우 한정적이라는 것을 증명했습니다. 2009년에 발행된 〈MIT 테크놀로지리뷰(MIT Technology Review)〉 중 한 논문에 따르면 인간 뇌의 대역폭은 인터넷 대역폭의 10만분의 1에 불과한 초당 60비트라고 합니다. 제가 본 자료 가운데 가장 높은 예측치도 초당 수천 비트에 불과했습니다. 이 속도로 휴대전화에서 사진 한 장을 보내려면 한 시간이 걸릴 겁니다. 생물학적 한계로 인해 인간은 한 시점에 소량의 정보만을 처리할 수 있습니다. 만약 한눈을 판다면 더 많은 일을 하기는 커녕 일과 일 사이를 왔다 갔다 하느라 업무 효율도 낮아지고 실수도 계속 나올 겁니다.

그리스의 아폴로 신전에는 유명한 말이 새겨져 있어요. 바로 "너 자신을 알라"입니다. 이는 신에게 가르침을 구하러 온 사람들에게 선사하는 말이죠. 자기 자신을 알기란 말처럼 간단하지 않습니다. 대뇌가 더 많은 일을 할 수 있을 것처럼 우리를 속이기 때문이죠. 자신의 진정한 능력을 이해하기 전까지 잠재의식은 우리에게 그럴 만한 힘이 있으며 동시에 여러 가지 일을 할 수 있다고 믿게 합니다. 그러나 헛된 소원에 불과합니다.

뇌에 너무 많은 임무가 쌓이면 처음에는 작은 실수만 생길 뿐 큰 문제가 생기지는 않습니다. 그러나 한정된 뇌의 능력이 멀티태스킹의 야심을 따라가지 못한 채 임무가 점점 많이 쌓이면서 큰 문제가 생기기 시작합니다.

미국의 한 보험사에서 근무하던 허버트 윌리엄 하인리히(Herbert William Heinrich)는 하인리히 법칙을 고안했습니다. 하인리히는 심각한 사고 한 건의 배후에 약 30건의 경미한 사고와 300건의 잠재적 사고, 그리고 수천 건의 잠재적 원인이 있음을 발견했습니다. 큰 문제가 발생하지 않았다고 해서 그 방법이 옳은 건 아니죠. 이를테면 운전하면서 휴대전화로 문자를 보내는 행위는 수천 건의 잠재적 원인 중 하나이며, 그래서 다른 사람이 경적을 울렸다면 이미 잠재적 사고로 발전한 겁니다. 여전히 주의하지 않으면 경찰에게 적발되거나 사고로 이어질 수도 있습니다. 공부나 일도 마찬가지로, 계속 작은 실수가 반복된다면 좋은 결과를 얻기 어렵습니다.

지름길은 없습니다

세상은 사실 꽤 공평합니다. 불공정한 거래는 매우 희소하고 존재하는 시간도 매우 짧은데, 그런 기회가 있으면 사람들이 즉시 발견해 모여들고 그로 인해 보상이 급격히 감소하기 때문입니다.

많은 사람이 제게 어떤 전공을 택하면 소득도 높고 편한 일을 할 수 있는지 묻습니다. 먼저 자기 자신에게 물어보면 어떨까요. 과연 이 세상에 그런 직업이 존재하는지를요. 고생스럽고 보상이 낮은 직업은 많아도, 편하면서 보상이 높은 직업은 거의 없죠. 요령을 배워 쉬운 길로 가려는 마음은 세상 이치에 대한 도전이나 다름없습니다.

지름길에 대한 숭배는 쓸데없이 바쁜 사람들의 특징입니다. 그들은 침착하게 한 걸음씩 발전하는 대신 남들이 모르는 지름길을 찾을 수 있다고 믿습니다. 예를 들어 영어 말하기 실력을 늘리고 싶다면서 우선 학원 속성반에 등록하고 휴대전화에 소위 '영어 쉽게 배우기' 같은 앱을 깔죠. 노력 없이는 어떤 방법도 시간 낭비일 뿐인데 말입니다.

언어 분야에 재능이 뛰어난 친구 한 명은 영어, 독일어, 스페인어 등 다양한 언어에 능통합니다. 제가 그 비결이 무엇인지 묻자 그녀는 인내심이라고 대답했습니다.

독자 중에 제 책에 바로 적용할 수 있는 내용이 없다고 불평하는 분이 있는데요. 이 또한 지름길로 가려는 생각 탓입니다. 정말 노력이 필요 없는 지름길이 있어서 모두가 쉽게 얻을 수 있다면, 곧 희소성이 떨어져 더 이상 지름길이라 부를 수 없을 겁니다. 일할 때 속도 늦추기, 먼저 생각하고 일에 착수하기, 가능한 일과 아닌 일 구분하기, 불가능한 일은 리스트에서 지우기, 순서대로 차근차근 진행하기, 득실과 효과를 평가해 장래에 참고하기 등을 실천하며 차분히 가는 수밖에 없습니다. 그러다 보면 효율도 자연히 올라가고 성과도 따라올 겁니다.

가난할수록 바쁘고 바쁠수록 가난해집니다

사람들은 골프를 칠 때, 첫 번째 공을 잘 치지 못한 경우 두 번째 공을 잘 쳐서 만회하려고 합니다. 그런데 이렇게 절박한 마음은 자세를 무너뜨려 두 번째 공도 망치게 하고, 결국 끊임없는 불운의 연결고리에 빠지게 합니다. 이 상황에서 벗어나는 방법은 매우 간단합니다. 첫 번째 공을 망쳤을 때 이를 현실로 받아들이고, 두 번째 공은 원래 치던 대로 치는 거죠. 그래야 불운의 연결고리를 끊을 수 있고 나쁜 영향력이 퍼지는 것도 막을 수 있습니다.

가난할수록 바쁘고 바쁠수록 가난한 악순환에 빠진 사람은 먼저 그 연결고리를 끊어야 합니다. 자기도 모르게 적극적인 폐인이나 거짓 노동을 하는 사람이 되지 않도록 속도를 늦춰야 해요. 그후 스스로를 돌아보며 자기가 바쁜 이유를 알아내야 합니다. 우리는 남들에게 밀릴 때마다 멀티태스킹을 통해 더 많은 일을 하려 합니다. 하지만 그러면 실수를 연발하게 되고, 결국 더 뒤로 밀려나고 맙니다. 이때 잠시 멈춘 후, 불필요한 일들을 리스트에서 지우는 실천이 필요합니다. 소득 없는 일에 과도하게 몰두하다 보면 인생이 무너지기 쉽거든요.

과거에 사용했던 방법이 타당하지 않았고 욕심이 지나쳤다는 사실을 인정하려면 열린 마음이 필요합니다. 가난할수록 바쁘고 바쁠수록 가난해지는 악순환에서 빠져나온 사람들은 과거의 득실을 돌아보고 새로운 사고방식을 기꺼이 받아들일 줄 압니다. 그러나 어떤 사람들에게는 절대 쉽지 않은 일이죠. 우리는 노인들을 보수적이라고 생각하는데요. 새로운 사물을 받아들이거나 시도하기를 꺼리기 때문입니다.

그런데 청년 중에도 그런 사람이 많습니다. 그들은 '젊은 노인'과 다름없습니다. 이들은 과거와 다른 새로운 관념을 만나면 곰곰이 생각해보거나 이해하려 하기보다 관성적 사고에 머무릅니다. 한번 자기 관점이 형성되면 그에 부합하는 생각만 철저히 신뢰하고 반대 생각에는 본능적으로 반박합니다. 소셜 미디어의 댓글 창에서 이런 경우를 자주 목격할 수 있죠. 그들의 반박에는 아무런 논리가 없습니다. 단지 상대방과 관점이 다를 뿐입니다.

우리가 어떤 사고방식에 익숙해지는 이유는 뭘까요? 아마 편안해서 또는 옳다고 믿어서 그럴 겁니다. 어쩔 수 없이 새로운 사고방식을 받아들일 때는 최소한 한 번은 자신을 부정해야 하는데, 이를 원치 않는 경우가 많습니다.

사람들은 이런 식으로 생각합니다.

"안 먹어도 살이 안 빠지네. 먹는 양을 더 줄여야겠어."

"매일 야근하는데 연봉도, 직위도 그대로네. 아직 노력이 부족한 탓이겠지. 야근해야겠어."

만약 이들에게 노력의 방향이 틀렸다고 말하면 아마 곧바로 반박할 겁니다.

"이렇게 야근해서 버는 게 이 정돈데 일을 덜 하면 더 적게 벌지 않겠어요?"

그들은 적당히 먹고 꾸준히 운동하는 것이 다이어트에 더 유익하다는 조언도, 일을 잘하기 위해서는 야근보다 업무 효율을 높이는 편이 낫다는 조언도 듣지 않습니다. 사람들이 새로운 정보를 받아들이거나 오래된 습관을 바꾸는 걸 꺼리는 이유는 기존의 방식에 길들고 자잘한 성과가 주는 쾌감에 익숙해진 탓입니다. '전술적 부지런함'으로 '전략적 게으름'을 숨기는 격이죠. 하지만 방향을 잘못 잡았다면 노력할수록 목표에서 멀어질 겁니다.

곤경을 만났을 때 우리는 먼저 속도를 늦추고 불운의 고리를 끊어야 합니다. 그리고 목표를 재정비하고 불필요한 부분은 덜어내며 결과에 집중해야 합니다. 그래야만 가난할수록 바쁘고 바쁠수록 가난해지는 굴레에서 벗어날 수 있을 겁니다.

잘 쉬는 법을 터득해야 더 잘 살게 됩니다

우리는 일 말고 무엇을 해야 할까요? 잘 쉬어야 합니다. 의미 있게 쉬어야죠. 휴식할 줄 모르는 사람은 일과 공부의 의미도 잘 알지 못합니다.

사람들은 너무 바빠서 긴 휴가를 내는 건 사치라고 생각합니다. 퇴근해서도 일을 손에서 놓지 못합니다. 업무 관련 메일에도 바로바로 반응하지 못하면 기회를 잃을 것만 같죠. 계속 그렇게 긴장 상태를 유지하다가는 정신이 버티지 못할 겁니다.

이 세상에 어떤 사람이 없다고 일이 안 돌아가는 경우는 없습니다. 절대다수의 사람들이 매일 하는 일들, 꼭 필요한 일로 생각하는 것들 중에도 막상 안 해도 되는 일이 많습니다. 저 역시 연말마다 1년간의 프로젝트를 돌아보면, 하지 않아도 되는 일, 필요하긴 했으나 이상적인 결과를 얻지 못한 일들이 많았습니다.

휴식은 일과 삶의 균형을 맞춰주고, 효율을 높여주며, 건강을 돌보게 해줍니다. 생물학자들이 몸이 건강한 젊은 청년들로 한 조를 구성해 화물선에 쇳덩이를 옮기는 실험을 한 적이 있습니다. 연속으로 네 시간 일한 결과, 총 운반량은 12.5톤이었습니다. 다음 날에는 같은 조건에서 26분 일한 뒤 4분씩 휴식하도록 했죠. 그 결과 총 47톤을 운반했습니다. 노동 효율성이 크게 향상된 겁니다. 이 실험은 도끼를 가는 시간이 장작 패는 시간을 지체시키지 않음을 보여줍니다.

휴식의 의의는 이뿐만이 아닙니다. 대학교수들은 모두 안식년을 받죠. 미국에서는 7~10년마다 월급이 전부 나오는 반 년짜리 휴가를 떠나거나 월급을 50퍼센트만 받는 1년짜리 휴가를 쓸 수 있습니다. 특수한 상황에서는 2년짜리 무급휴가를 받기도 합니다. 그동안 교수들은 방문 교수나 기업 고문이 되기도 하고, 세계를 여행하기도 합니다. 또한 집에서 아무것도 하지 않아도 괜찮습니다. 교수들에게 이렇게 긴 휴가를 주는 이유는 무엇일까요? 휴가가 교수들의 시야를 넓힐 좋은 기회이며, 그 경험은 다시 학교의 이익으로 돌아오기 때문이에요. 게다가 이 시기는 종종 그들의 연구 수준이 도약하는 기회가 되기도 합니다.

그렇다면 어떻게 쉬는 게 좋을까요? 휴식에는 두 종류가 있습니다. 첫 번째는 수동적 휴식으로, 자거나 간식을 먹거나 TV를 보는 것 등이 있습니다. 수동적 휴식은 필수적입니다. 단시간에 기운을 바짝 충전할 수 있습니다. 그러나 너무 오래 취하면 정신이 잘 차려지지 않죠. 자면 잘수록 졸린 때를 생각해보세요.

두 번째는 능동적 휴식입니다. 이를테면 운동, 여행, 유학 등이 여기에 속하죠. 사람마다 흥미나 취미가 다르고 신체 조건도 다르니, 적절한 휴식 방법도 다를 수밖에 없습니다. 어떻게 쉬든지 간에 에너지를 회복하고 자신감을 끌어올리며, 이전의 시스템에서 빠져나올 수 있다면 좋은 휴식이죠.

휴식의 본질은 외부로부터 정보와 에너지를 얻는 겁니다. 자기만의 폐쇄된 굴레에서 빠져나오는 게 우선이죠. 역사적으로 많은 예술가가 환경을 바꾸고 예전에 생각하지 못했던 일을 함으로써 영감을 얻었습니다. 예를 들어 고갱은 타히티에서의 경험을 통해 불멸의 명작 〈우리는 어디에서 왔는가? 우리는 누구인가? 우리는 어디로 가는가?(Where do we come from? What are we? Where are we going?)〉를 창조했습니다.

휴식의 가치를 알아야 인생을 더 즐길 수 있습니다. 이를 통해 일상생활의 고단함을 풀고 다양한 사람들과 교류하며 행복감을 느끼고 에너지를 얻어야 다시 효율적으로 일할 수 있습니다.

사랑하고, 즐기고, 보답하고, 남겨주세요

만약 제게 평생 꼭 해야 할 일이 무엇이냐고 묻는다면 현재까지의 경험과 지식을 바탕으로 다섯 가지를 추천하고 싶습니다.

첫째, 연애, 결혼, 자녀 양육

연애, 결혼, 자녀 양육은 모두 인간의 본능에 속하기 때문에 원래는 전혀 어려운 일이 아니었죠. 그러나 문명의 혜택을 누리는 오늘날에 이르러 난제가 되었습니다. 요즘은 서른 살이 될 때까지 연애 경험이 없는 사람도 많죠. 바쁜 대학생들은 아예 이런 문제를 생각할 겨를이 없습니다. 일본은 이미 '성욕 없는 사회'에 진입했고요. 일본 국립사회보장·인구문제연구소의 보고서에 따르면 34세 남성의 36퍼센트, 여성의 39퍼센트가 성 경험이 없었습니다.

아직 일본만큼은 아니지만 중국 대도시에서도 이러한 추세가 나타나기 시작했습니다. 많은 사람이 연애를 포기하고 허구 세계에 깊이 빠지는 현상이 심화하고 있습니다. 그러나 저는 진정으로 성공하거나 행복한 사람이라면, 반드시 현실에서 성공하고 현실에서 행복해야 한다고 생각합니다. 그래서 저는 대학생들에게 재학 시절에 한 번쯤 연애를 제대로 해보라고 조언합니다. 사람의 성장에 꼭 필요한 경험이기 때문입니다.

물론 일이 바빠 연애나 결혼을 생각할 겨를이 없고 아이를 낳을 에너지나 돈도 없다고 말하는 사람이 있을 겁니다.

그러나 인생 전반을 봤을 때 대다수가 하는 일은 생각만큼 중요하지 않으며 삶의 행복과는 비교조차 할 수 없습니다. 절대다수의 일은 내가 안 하면 남이 할 거고, 심지어 남이 나보다 잘할지도 모릅니다. 그러나 우리 각자의 삶은 유일합니다. 남이 살아줄 수도 없고 나중에 보충할 수는 더더욱 없습니다. 사람들은 미래에 시간이 날 거라고 하지만 이 말은 사실 영원히 시간이 없다는 뜻입니다.

2003년에 작은딸이 태어났습니다. 저에게는 캘리포니아 노동법에 따라 한 달의 출산휴가가 주어졌습니다. 그러나 당시 다니던 회사는 규모가 아직 작을뿐더러 직원 각자가 맡은 일도 너무 많았죠. 집에서 일주일 정도를 바쁘게 보내던 어느 날, 저는 조금 한가한 틈을 타 회사로 향했습니다. 밀린 일을 좀 해보려는 심산이었습니다. 그런데 미국 동료들은 제게 일할 시간은 앞으로도 넘칠 테지만 아이의 어린 시절은 아주 짧다며 저를 집으로 돌려보내더군요. 이것이 미국인들이 가정을 대하는 태도입니다. 사람들은 흔히 미국인이 중국인만큼 가정을 중시하지 않는다고 오해합니다. 하지만 미국인들과 생활해보면 표현하는 방식이 다를 뿐 그 마음은 절대 부족하지 않다는 걸 알게 됩니다. 훗날 저는 중국에서 일하면서 부하 직원이 결혼해 아이를 낳거나 집에 큰일이 있으면 반드시 휴가를 주었죠. 저는 그들에게 회사에 사람 한 명 없다고 해서 문 닫을 일은 없으니 걱정하지 말라고 했습니다. 그 순간에는 가정이 일보다 더욱 중요하다고 말입니다. 제게 부하를 너무 느슨하게 관리한다는 사람들도 더러 있었지만, 저는 언제나 직원들의 생활 속 근심 걱정을 해결해주지 않으면 장기적인 성과가 나오기 어렵다고 응대했습니다.

저는 종교가 없지만 신에 대한 경외심은 충만합니다. 신이 인간을 남녀로 나눴고 서로 사랑하게 했다면 이것은 우주의 섭리이며 인생에서 가장 아름다운 일일 겁니다. 결혼과 출산 또한 하늘이 사람에게 내려주신 권리이자 행복의 뿌리일 테죠. 연애에서 결혼, 그리고 자녀 양육은 모두 본능의 결과입니다. 우리가 신이 아닌 이상, 자연의 섭리를 거스르지 말아야 합니다.

사람들은 연애의 즐거움은 원하지만 결혼의 의무는 원하지 않습니다. 부담이라고 여기기 때문이죠. 하지만 결혼 후에만 얻을 수 있는 행복이 따로 있습니다.

크루즈 여행을 좋아하는 저는 선상에서 결혼 50주년, 60주년을 맞는 노부부를 많이 만났습니다. 저는 그들의 장수와 건강에 감탄했는데요, 대화하면서 장수의 비결 중 하나가 결혼이었음을 깨달았습니다.

결혼하면 보통 아이가 생깁니다. 많은 젊은이가 아이를 갖기 전에는 아이가 얼마나 좋은지 잘 모릅니다. 저도 그랬었고요. 그러나 아이가 생기자 예전에는 상상도 못 했던 행복을 얻었습니다. 중국인은 아이를 자기 소유물로 생각하는 경우가 많습니다. 그러나 서양에서는 아이를 하늘이 주신 선물로 생각합니다. 소유물이라면 제가 원하는 대로 처분할 수 있지만 선물이라면 보호하고 존중해야 하죠. 저는 미국에서 아이를 키웠으니 서양 문화의 영향을 더많이 받았을지 모르겠습니다. 아이들의 성장 과정을 즐길 뿐 아이들이 어떤 사람이 되기를 원하지는 않았습니다. 그래서 아이들이 자랄 때 진심에서 우러나는 행복을 느낄 수 있었습니다.

둘째, 좋아하는 일 시도해보기

현대인은 생활을 위해 연봉이나 업종의 인기도에 따라 직업을 결정할 수밖에 없죠. 오직 소수만이 자기가 좋아하는 일을 하며 삽니다. 그러나 최소한 평생 한 번은 자기가 좋아하는 일을 해볼 필요가 있습니다.

지금 당장 퇴사하고 창업하라는 말은 아닙니다. 단지 한번 시도해보라는 거예요. 특히 실패의 대가가 크지 않은 젊은이들이라면 말입니다.

제 작은딸은 특별히 관심 있는 분야가 없었습니다. 공부 쪽 재능도 없어 보였고 자기 언니가 좋아하는 일에도 관심이 없었죠. 학교에서 다양한 그룹 활동에 참여했지만 모두 중간에 그만두었고 합창단에서는 입도 뻥긋하지 않았습니다.

훗날 성악 선생님 한 분이 딸에게 성악 쪽으로 재능이 있다는 말을 했습니다. 저와 아내 둘 다 처음에는 믿을 수가 없었습니다. 그런데 딸이 오페라를 조금 배우더니 정말 재능을 보였습니다. 그 후 딸은 노래를 좋아하게 되었고 그때부터 성악을 열심히 공부했죠. 3년도 지나지 않아 딸아이는 카네기홀과 링컨센터(Lincoln Center)에 초청받아 네 차례나 공연하기에 이르렀습니다.

신은 사람들에게 다양한 재능을 주었지만 우리는 대부분 그 재능을 잘 깨닫지 못합니다. 물론 대부분의 사람들이 생계 부담으로 인해 좋아하는 직업을 갖지 못하는 입장도 이해합니다. 하지만 최소한 취미는 가질 수 있어요.

제가《구체적 생활(具體生活)》(저자 우쥔이 2018년에 쓴 책으로 자신의 취미생활을 소개하는 에세이. 여행, 박물관 탐방, 독서, 음악, 사진, 와인, 명품에 관해 썼다-옮긴이)을 쓴 이유를 궁금해하는 사람이 많은데요. 아마 이 책의 주제가 저의 다른 책들과 완전히 다르기 때문일 겁니다. 저는 우리 모두가 재미있는 사람이 되어야지 돈 버는 기계가 되면 안 된다고 생각합니다. 재미는 흥미에서 시작하죠.《구체적 생활》은 제가 흥미를 키우는 과정을 담은 책입니다.

그 외에 흥미는 자신을 고양하는 효과도 있습니다. 자기의 흥미나 취미를 더 높은 수준으로 끌어올리는 과정에서 승화를 경험할 수 있어요. 무엇에도 관심이 없다면 아직 시야가 조금 편협한 건지도 모릅니다.

셋째, 사회에 환원하기

우리가 이 세상에 온 것은 기적입니다. 삶이 우리를 이렇게 다정히 대해주었으니 우리도 시간, 에너지, 힘들게 번 돈을 들여 삶에 보답해야죠. 특히 우리를 도와줬던 사람들에게 감사해야 합니다. 그 외에도 도움이 절실한 사람들을 도울 수 있어요. 환원은 우리 마음에 만족감을 줄 뿐 아니라 누군가의 삶을 실제로 변화시킵니다. 우리 이웃들이 더 잘 살면 더불어 우리도 더 좋은 환경에서 살게 됩니다.

환원에는 여러 방식이 있습니다. 효도도 일종의 환원이에요. 그러나 단지 내 부모, 은인, 친구, 모교 등으로 대상을 한정하지 말고 전체 사회를 포함해야 합니다.

사람들은 스스로 너무 바쁘거나 가난해서 시간이나 돈을 들일 여력이 없다고 말합니다. 사실 환원에 많고 적음은 중요하지 않습니다. 지금부터 실천하는 것이 중요하죠.

세계 최고의 자선사업가는 존 록펠러일 겁니다. 추정에 따르면 그는 평생 5.5억 달러를 기부했는데 현재 가치로 환산하면 약 1,000억 달러에 해당합니다. 또한 그의 도움으로 설립한 존스홉킨스 공중보건대학은 현재 미국 최고의 대학교로 인정받고 있습니다. 그는 중국에 셰허(協和)병원을 설립하기도 했습니다. 그 외에도 8천만 달러라는 거액을 출자해 시카고대학교가 세계 일류로 발돋움하는 것을 도왔죠. 록펠러의 기부 명단에는 하버드대학교, 예일대학교, 컬럼비아대학교, 브라운대학교, 웨슬리대학(Wellesley College) 등 여러 명문 대학교가 올라 있습니다. 그뿐 아닙니다. 록펠러 재단은 페니실린을 연구하던 영국 과학자 폴 플로리(Paul Flory)의 미국 방문과 합동 연구를 도와 약용 페니실린의 탄생을 촉진했습니다.

록펠러는 부자가 된 후에 자선을 시작하지 않았습니다. 16세에 첫 직장에서 받은 수입의 6퍼센트를 기부한 것을 시작으로 평생을 사회에 환원했어요. 2018년에는 모교 존스홉킨스대학교에 18억 달러를 기부해 과거 마이클 블룸버그(Michael Bloomberg)가 보유했던 세계 교육기관 대상 단일 기부금 최고 금액을 경신했습니다. 그러나 그의 첫 기부는 학교 졸업 후 첫 직장에서 일할 때 시작되었습니다. 비록 5달러였지만 말이에요.

시간이 없다는 말도 핑계입니다. 저도 바쁘기로 둘째가라면 서러운 사람이지만 매주 월요일과 수요일에 시간 맞춰 어머니를 뵈러 갑니다. 제가 시간을 쪼갤 수 있다면 아마 99퍼센트의 사람이 가능할 거라고 생각합니다. 매번 어머니를 뵈러 갈 시간이 되면 회의 중이든 다른 업무 중이든 간에 양해를 구하고 자리를 떠납니다. 이런 실천을 계속했더니 주변 사람들 모두 제게 야근을 요구하지 않게 되었고, 퇴근 시간이 임박해 일을 가져오지도 않게 되었습니다. 2019년 초에 미국 정부가 30여 일 문을 닫은 적이 있는데요, 그런데도 사람들의 삶은 평소와 똑같았죠. 미국 정부의 대다수 기관이 하는 일조차도 사실 안 해도 크게 상관없는 일이라는 걸 보여주는 사례였습니다. 우리가 목숨 거는 그 일들은 사실 우리 생각만큼 중요하지 않아요. 다시 한번 강조하자면 일 때문에 시간이 없다는 말은 모두 핑계입니다.

넷째, 신앙 가지기

사람에게는 신앙이 필요합니다. 꼭 종교적 신앙일 필요는 없습니다. 자연에 대한 경외심, 꼭 지키고픈 양심도 우리가 방향과 원동력을 잃고 갈팡질팡할 때 길을 알려주는 이정표 역할을 해줍니다.

신앙의 힘은 이뿐만이 아니에요. 신앙이 있으면 의견 표현에도 과감해집니다. 당당하게 불공정함에 항의하고 내가 믿는 원칙을 외칠 용기가 생깁니다.

다섯째, 유산 남기기

우리는 모두 유산을 남기는 일을 고민해야 합니다. 물론 여기서의 유산이 재산만 가리키지는 않습니다.

행복학에 따르면 행복의 요소 중 하나가 유전자의 전승이며 대를 잇는 거라고 하죠. 자손이 바로 유산의 일부분입니다. 물론 짐승도 이런 유산을 남기므로 인류의 유산은 이보다 많아야 할 거예요.

제가 유산에 대해 처음 생각한 건 박사과정 때였습니다. 당시 옐리네크 교수님이 이렇게 말씀하셨죠.

"박사와 석사는 달라. 석사는 전문적 기능만 확보하면 충분하지만 박사는 인류의 지식체계에 공헌하는 부분이 있어야 해. 자네는 그동안 많은 일을 해왔지만 아무도 풀지 못했던 문제를 해결한 것은 없네. 후대에 의미 있는 작업 말이지. 그래서 아직 자네를 졸업시킬 수 없네."

저는 이 말을 듣고 기분이 매우 나빴습니다. 저보다 수준이 낮은 학생들도 이미 다 졸업한 후였기 때문이죠. 그러나 지금은 이 말씀에 매우 감사합니다. 그 덕에 결국 인류의 지식체계에 약간이나마 공헌할 수 있었고, 어쩌면 이것이 제가 세상에 남긴 유산일지도 모르니까요.

저는 클라이너퍼킨스(Kleiner Perkins)의 벤처 투자가 존 도어(John Doerr)에게서도 유산에 대한 영감을 얻었습니다. 그는 투자 시에 금전적 수익보다 세상을 바꿀 영향력을 최우선에 두었습니다. 이에 따라 구글, 아마존, 트위터 등 세상을 바꾼 많은 회사에 투자했습니다

다음의 질문을 자신에게 던져봅시다. '만약 내가 세상에 없어도 세상은 완전히 똑같을까?' 그렇다면 당신은 아무 유산도 남기지 못한 겁니다. 반대로 당신 덕분에 세상이 달라졌다면 비록 아무리 작고 보잘것없더라도 당신은 세상에 유산을 남긴 겁니다. 이 점을 이해하는 사람은 쓸데없는 일에 시간을 낭비하지 않습니다.

목적에 집중하면 행복해집니다

행복이야말로 삶의 목적입니다. 개인의 성공은 이 목적을 이루기 위한 수단일 뿐이에요. 제가 여러 번 이야기했던 부분입니다. 그러나 많은 사람이 부와 명예를 위해 행복한 삶이라는 목표에서 이탈하기 때문에 돈을 벌더라도 행복하게 살지 못하죠.

사람들은 부자가 되면 행복할 것 같아 복권을 삽니다. 언제나 운좋은 사람이 있으니 당첨되는 사람들도 있어요. 전 세계 복권 당첨자를 모두 모으면 꽤 큰 그룹이 될 겁니다. 하지만 유감스럽게도 행복은 당첨자 그룹 밖에 있으며 이들과 뚜렷한 교집합도 없습니다. 복권 당첨자들은 흔히 10년 이내에 원래의 삶으로 돌아간다고 하는데요. 반면 스스로 노동을 통해 부자가 된 사람은 돈을 잘 쓰는 법을 알아서 조금 더 행복할 수 있습니다. 그러나 부자라고 해서 반드시 행복한 건 아니죠. 가장 전형적인 예가 진 폴 게티(Jean Paul Getty) 가문입니다.

게티는 1940년대부터 1960년대까지 세계 최대 부호였습니다. 그는 중동에서 석유를 채굴해 막대한 부를 얻었어요. 빌 게이츠나 제프 베이조스의 자산이 주로 종이 위의 금융 자산이었던 데 반해 게티의 자산은 대부분 금은 등의 실물 자산이었죠. 훗날 사우디아라비아와 쿠웨이트가 돈을 떼먹고 유전을 회수해가지만 않았어도 지금 양국 왕실의 돈은 모두 그가 가졌을 겁니다. 그럼에도 게티의 부는 형용할 수 없을 정도로 많았습니다. 그런데 그와 자녀들의 삶은 행복하지 못했죠. 장남은 이 정도 규모의 재산을 관리할 능력이 없어 우울증을 앓았고 결국 자살로 생을 마쳤고요. 다른 가족들도 마약 중독에 빠지거나 성 추문으로 패가망신했고, 감옥에 가거나 돌봄을 받지 못해 요절한 사람도 있었습니다. 심지어 이 가문에 저주가 내렸다는 말도 돌았지만 사실 그런 저주가 어디 있을까요? 그저 게티 가문이 막대한 부를 획득하는 과정에서 뭔가를 놓쳤을 뿐입니다.

그렇다면 행복을 결정하는 요소에는 돈 말고 또 뭐가 있을까요? 이 분야를 전문적으로 연구하는 댄 뷰트너(Dan Buettner)의 의견을 들어봐도 좋을 겁니다. 뷰트너는 이 연구를 위해 전 세계를 돌아다녔습니다. 특히 행복 지수가 높은 나라에 방문해 행복의 원천을 탐색했어요. 그는 15년간의 연구 결과를 《블루존(The Blue Zones)》이라는 책에 담았고, 이 책은 베스트셀러가 됐습니다. 그는 같은 주제로 책 네 권을 더 썼죠. 블루존이란 인류학에서 쓰이는 단어로 세계에서 가장 장수하는 지역을 의미합니다. 즉 이 책의 제목은 명확하게 행복의 최고 경지를 얻는 법을 가리킵니다. 저는 자녀들이 다양한 시각에서 행복을 이해하길 바라는 마음으로 아이들과 함께 이 책을 읽었습니다.

뷰트너는 책에서 세 종류의 행복한 삶이 있다고 했습니다. 바로 코스타리카인이 가진 '기쁨'의 행복, 덴마크인이 가진 '목적'의 행복, 그리고 싱가포르인이 가진 '자긍심'의 행복입니다. 이 세 나라는 각각 미주, 아시아, 아프리카 대륙에서 행복 지수가 가장 높은 나라들입니다.

코스타리카인의 기쁨의 행복은 그들의 낙천적 성격과 물질에 집착하지 않는 태도에서 유래합니다. 코스타리카에서는 누구나 삶에 필요한 기본적 물품을 쉽게 얻을 수 있고, 교육과 의료가 보장돼 있으며, 거의 모든 국민이 취미 생활을 즐깁니다.

덴마크인의 행복의 원천은 삶의 의미를 실천하는 데 있습니다. 아리스토텔레스가 말했던 진정한 행복은 삶의 의미에서 오는데, 덴마크인들이야말로 이를 실천하는 사람들이죠. 물론 삶의 의미를 실천하려면 물질과 시간적 여유가 필요합니다.

코스타리카나 덴마크 사람들의 행복관은 우리들이 받아들이기가 쉽지 않습니다. 물질적 욕구를 내려놓아야 하니까요. 이에 비하면 싱가포르인의 자긍심의 행복이 우리에게 더 적합할 수 있겠네요. 스스로 노력을 통해 출세할 수 있다고 보기 때문입니다.

그렇다면 원하는 것은 같은데 왜 싱가포르인은 아시아의 어느 나라보다 행복할까요? 왜 중국보다 싱가포르의 행복도가 높을까요? 어떤 사람은 싱가포르가 돈이 더 많아서라고 합니다. 중국 전체와 싱가포르의 인당 GDP의 격차는 꽤 크지만 사실 중국 대도시의 소득 수준과 GDP는 싱가포르와 크게 차이 나지 않습니다. 싱가포르의 가장 큰 장점은 불확실성이 낮다는 겁니다. 학생 때 열심히 공부하고 명문 대학교에 입학하고 또 열심히 일하면 누구나 돈을 벌 수 있고 존중받을 수 있습니다. 이에 비해 우리의 노력은 보답받지 못하는 경우가 많죠. 불확실성으로 인해 우리는 희망을 품기 힘들고 행복을 얻기도 어렵습니다.

사실 어떤 행복관이든 네 가지 조건을 갖추고 있습니다.

첫째, 기본적인 생활 수준이 보장됩니다.

둘째, 미래에 대한 불확실성이 낮습니다. 특히 노력을 통해 원하는 결과를 얻는 게 가능합니다.

셋째, 개인이 꿈을 따를 기회가 존재합니다. 자기가 꿈꾸던 일을 이뤘을 때 인간은 자연히 행복해지니까요.

넷째, 개인의 인생 목표와 사회적 가치관이 일치합니다. 이 조건을 충족해야만 개인이 존중받을 수 있어요. 만약 싱가포르에서 하루에 14시간씩 일하는 돈 많은 초밥 가게 사장을 코스타리카나 덴마크에 보낸다면 행복하지 못할 겁니다. 열심히 하는 그의 모습을 보고 주위에서 별종이라 여길 테니까요.

이 네 가지 조건은 개인에 달린 부분도, 환경에 달린 부분도 있습니다. 물론 환경은 우리의 노력으로 개선할 수 있어요. 이를테면 앞서 언급한 세 나라의 국민 생활이 안정적이라면 그것은 환경 덕분입니다. 안정감을 주는 요소는 세 나라가 각각 다릅니다. 코스타리카는 암묵적 합의, 덴마크는 국민 소양, 싱가포르는 법률 시스템이 안정감을 제공합니다. 그러나 안정감을 이룰 수 있느냐가 구성원 한 사람 한 사람의 공헌에 달렸다는 점은 세 나라가 일치합니다.

환경적 요소를 빼면 행복은 스스로 통제할 수 있는 부분이 더 많죠. 기본적 생활수준(게티처럼 부자일 필요는 없습니다)을 제외하고 생각해봅시다. 행복은 먼저 현실적인 꿈을 가지는 것에서 시작됩니다. 그 꿈은 노력을 통해 실현할 수 있고 행동으로 옮길 수 있습니다.

세 나라의 행복을 세 단어로 나타내면 목적(Purpose), 기쁨(Pleasure), 자긍심(Pride)입니다. 이 중에서 인간이 평생 가장 중시해야 할 가치는 '목적'이에요. 스스로 정한 목적이라면 이를 향해 가는 길이 힘들어도 기쁠 겁니다. 그리고 자기 힘으로 그 목적을 실현하면 자연히 자긍심도 따를 겁니다.

게티 가문의 비극은 자손들이 스스로 목적을 정하지 못했던 데서 비롯됐습니다. 가문의 번영을 유지하기 위해 아버지가 정한 목적이었거나, 사회적 위치 때문에 어쩔 수 없이 정한 목적이었을 뿐이죠. 아버지가 사망한 뒤, 자손들은 남은 유산을 모두 팔아서 나눠 가졌습니다. 남은 돈은 원래 재산의 10분의 1도 되지 않았지만, 자식들은 그제야 비로소 아버지의 후광에서 벗어나 자기 인생을 살기 시작했어요. 좋고 나쁨은 스스로 느낄 문제겠지만 최소한 마음만큼은 분명 더 행복해졌을 거예요.

정신적 자유를 얻기 위해 책을 폅니다

2015년 중국 대학 입학시험의 지역 수석은 본인이 교양과목을 듣지 않은 걸 자랑스럽게 여긴다는 인터뷰를 했습니다. 남들이 교양과목에 들이는 시간을 모의고사 문제 풀이에 사용했고 그 덕에 지역 수석이 되었으니까요.

하지만 겨울방학마다 모의고사 36세트, 여름방학마다 144세트씩 문제를 풀어서 얻는 수석 자리에는 상당한 희생이 따릅니다. 예체능이나 교양과목을 포기해야 하니까요. 저는 어려서 중국에서 가장 가난한 농촌 마을의 삶을 경험했기에 시험을 통해 신분 상승을 이뤄야만 하는 궁핍한 시골 아이의 마음을 충분히 이해합니다. 그러나 대다수 중국 아이들에게 이 방식이 행복으로 가는 유일한 통로는 아닙니다. 중국 대학의 객원교수이자 미국 대학의 관리자로서 말해보면요. 중국과 미국의 교육제도에 다른 점도 많지만, 모의고사 몇 세트를 수백 번 반복해서 풀어 답을 맞추는 학생을 원하지 않는다는 점은 같습니다. 음악, 미술, 춤, 행사 진행, 올림피아드, 컴퓨터를 배우지 않은 게 아쉽기는커녕 자랑스럽다고 느끼는 사람이라면, 그 인생이 얼마나 다채로울 수 있을지 의구심이 듭니다.

현재 중산층 가정의 자녀들은 수많은 문제 풀이에 청춘을 낭비할 필요가 없습니다. 지금 아이들은 단순히 먹고사는 문제를 넘어 물질 외의 대상을 추구해야 해요. 중국의 중대형 도시에서 학부모들이 자녀들에게 예술을 통해서 미감을, 스포츠를 통해 페어플레이를, 봉사활동을 통해 또래와 사회를 이끌 리더십을 가르치는 건 주입식 교육을 보충하는 좋은 방법이에요. 아름다움을 알고 삶을 사랑하는 사람이야말로 다채로운 인생을 살 겁니다. 물론 교양 교육은 단지 음악, 미술, 컴퓨터 등에 국한되지 않습니다. 이는 모두 수단일 뿐이에요. 목적은 사회에 잘 적응하고 스스로 즐길 줄 아는 자유인을 양성하는 거예요. 교양 교육에는 다양한 방법이 있지만 고전 읽기도 그중 하나입니다.

사람들은 제게 고전이 무슨 소용이 있느냐고 묻습니다. 어쩌면 정말 소용이 없을 수도 있습니다. 그렇지만 인문 교육은 단 한 번도 이익이 목적이었던 적이 없죠. 비록 송나라 진종(眞宗)이 "책 속엔 황금으로 만든 집[黃金屋]이 있고, 아름다운 아내[顔如玉]가 있다"라고 했지만요. 저는 나이가 지긋한 중국 학자 중에서 부귀영화를 얻었다는 사람도, 미모의 여성을 만났다는 사람도 들어보지 못했습니다. 독서나 고전 읽기는 직접 돈을 벌어다 주지도, 청년들을 명문 대학교에 합격시켜주지도 못합니다. 그러나 고전이 정말 필요할 때를 만나면 소양이 부족한 걸 후회할 수밖에 없습니다.

책을 멀리하는 사람은 경제적으로 도약하기 어렵습니다. 사람들은 유리천장에 부딪힌 뒤에야 겨우 깨닫죠. 이런 원론적인 이야기는 미디어에 많으므로 더 이상 다루지 않겠습니다. 다만 실질적인 문제 하나는 짚고 넘어가고 싶네요. 책을 안 읽고 소양이 부족하면 좋은 짝을 만나기 어렵다는 겁니다. 독서를 통해 견문을 넓히고 교양을 쌓으면 가정이나 사업을 꾸리는 데 도움이 됩니다.

훌륭한 반려자를 만나는 건 청년들의 꿈입니다. 영국의 유명 작가 제인 오스틴은 경제적으로 여유 있는 사람은 나이가 차면 모두 결혼을 원한다고 했죠. 이론적으로 젊은이끼리는 서로 끌리기 마련이라 선남선녀들이라면 특히 어렵지 않게 짝을 구할 수 있습니다. 하지만 현실은 다릅니다. 딱 봐도 조건이 좋은 젊은이들도 짝을 찾지 못해 보다 못한 집안 어른들이 스트레스를 주기도 합니다. 조건이 좀 좋다고 이상적인 상대를 만날 수 있는 게 아니에요. 제 친구가 따라다녔던 사내 '여신'에 관해 이야기해보겠습니다.

여기서 말하는 여신은 미모만 뛰어난 존재가 아니에요. 독자들의 이해를 돕기 위해 예를 들어보면 미모와 지성을 겸비했던 린후이인(林薇因, 1904~1955, 건축가, 교수, 시인, 작가-옮긴이), 이방카 트럼프(Ivanka Trump)가 여신이라 부를 만하겠습니다. 하지만 현실 세계에서 이런 여성을 사로잡는 건 쉽지 않죠. 친구에게 일어난 일 역시 보기 드문 경우지만 남성에게도 교양이 중요하다는 교훈을 줍니다.

제 친구 A는 외모도 훤칠하고 공부도 잘했습니다. 사람도 좋고 중국 최고의 명문 대학교를 졸업했으니 빠질 게 없었죠. 그는 회사에서 감히 린후이인에 견줄 만한 여성 B를 만났습니다. B는 연예인들과 한자리에 있어도 먼저 눈에 들어올 만큼 예뻤죠.

B의 매력은 외모뿐만 아니라 재능과 됨됨이에 있었습니다. 《홍루몽(紅樓夢)》의 여주인공 설보채 같다고 할까요. 회사에서 B는 직원 수천 명 가운데 단연 뛰어났습니다. 나중에 사업적으로도 엄청난 성공을 거뒀죠. 회사에 이런 여성이 있으니 미혼 남성들의 가슴은 두근거릴 수밖에 없었고 심지어 유부남들까지 한두 마디 섞어보려 노력할 정도였습니다.

B를 따라다니는 남자들은 너무나 많았어요. 직접 고백하는 사람, 대신 말을 전하는 사람, 선물을 주는 사람, 알아서 일을 돕는 사람…. A도 마찬가지로 엄청난 정성을 쏟았습니다. A는 경쟁력이 있었는지 B와 꽤 가까워졌습니다. 하지만 B는 자기 조건이 좋다는 걸 스스로 알고 있었고 많은 남자들이 따라다녔지만 쉽게 응하지 않았죠.

회사에서 이런 여성은 질투의 대상이 되기 십상이지만 B는 설보채처럼 인간관계에도 매우 능했습니다. B는 딱 잘라 거절하지 않아 남들에게 좋은 인상을 주는 동시에 헛된 희망을 품지 않도록 거리도 잘 유지했습니다. 여자 동료들과도 사이가 좋아서 B를 질투하는 사람은 거의 없었습니다.

당시 많은 기업이 직원 간 교류를 위해 댄스파티를 열었습니다. 이런 파티는 젊은 남녀들이 만날 수 있는 좋은 기회예요. B는 어색하기도 하고 남자들이 귀찮게 할까 봐 거의 참여하지 않았습니다. 만약 가더라도 얼굴만 비추고 파티장을 떠났고요. 그러나 모든 일엔 예외가 있듯 어느 날 그녀가 댄스파티에 나타났습니다.

친구 A를 포함한 수많은 남자 직원이 B와 춤을 추려고 안달이었지만 그녀는 모두 거절했습니다. 예의상 잠깐 춤을 추고는 한쪽에 조용히 앉아 있었죠. 사람들은 B가 춤을 꺼리자 대화를 시도했습니다. 이때 회사에 들어온 지 몇 달 안 된 C가 B에게 춤을 요청했고 그녀는 두말없이 그에 응했습니다. 춤도 잘 추지 못하는 B가 C와 저녁 내내 춤을 췄으니 그 뒤의 일은 굳이 언급할 필요가 없을 거예요.

A는 포기하지 않고 B를 만나 C가 다른 사람보다 나은 점이 뭔지 물었습니다. B는 성실하게 답변해줬습니다. 처음 C를 봤을 때 이미 남다른 지성과 고상함을 느꼈다고 했어요. 몇 년 동안 대화가 통하는 대상을 만나지 못했는데, 그날 밤 마침내 그런 사람을 만났던 겁니다. A는 여전히 포기하지 못하고 어떤 이야기를 했는지 물었습니다. B는 그냥 가볍게 《홍루몽》, 《신곡》, 《파우스트》 등에 대해 얘기했을 뿐이라고 했습니다. 보통 고전을 이야기하면 지식 자랑에 그치는데 C의 통찰력은 B의 마음을 흔들기 충분했습니다. 그와 같은 통찰력

은 고전이 아니면 배울 수 없죠. A는 B의 답변을 듣고 깨끗이 물러났습니다.

오랜 시간이 지났는데도 A는 이 이야기를 하며 아쉬워했습니다. 저도 훗날 C를 알게 됐는데 과연 남다른 장점이 많더군요. 지성, 품격, 소양 면에서도, 리더로서도 부족함이 없었습니다.

우리가 해야 할 일은 싸우고, 정복하고, 남들보다 좋은 성적을 받는 게 아니라 유용한 사람이 되는 겁니다. 매일같이 남들과 경쟁만 하고 자기에게 아무 도움이 되지 않는 상대를 좋아할 사람은 없습니다. 또한 우수한 여성들은 지혜가 있어 남자의 조건만 보고 판단하지 않습니다. 똑똑한 여성은 외모, 학력, 집안, 재력만을 보지 않습니다. 무엇이 진정한 행복을 주는지 이해하고 있으며, 남자의 현재만을 보고 판단하지 않고 미래를 생각합니다. 여성의 이러한 마음을 꿰뚫어 볼 줄 아는 남자는 경쟁에서 우위에 있을 수밖에 없습니다.

교양과목, 또는 인문 과목을 영어로는 리버럴 아트(Liberal Arts)라고 합니다. 그리스어에서 유래된 말이에요. 아트는 예술에만 국한되지 않고 삶과 직접적으로 관련된 지식과 지혜를 포함하는 개념입니다. 리버럴이라는 단어는 원래 고대 그리스에서 자유민을 의미했어요. 그들은 도시의 중인 계급으로 자유의지를 가졌고 자기 삶을 결정할 수 있었습니다. 인문학은 자유민만이 배울 수 있었던 반면 기술은 노예와 자유민 모두가 배울 수 있었거든요. 따라서 인문교육은 자유민과 노예를 가르는 특징이었습니다. 물질적으로 풍부하지 않은 시대였기에 사람들은 생계를 위한 기본 물질을 구하는 데 시간을 쓸 수밖에 없었습니다. 인문 교육을 생각할 겨를이 없었습니다. 먹고사는 문제를 해결한 현대인들은 법률상의 자유인일 뿐 아니라 정신적으로도 자유인이 돼야 합니다. 따라서 인문 교육은 굉장히 중요합니다. 좋은 책을 한 권 펴들고 그 안의 내용을 찬찬히 음미해보세요. 그게 바로 자유인의 즐거움입니다.

4장

안목과 인연

나를 성장시키는 사람을
알아볼 수 있어야 합니다

저는 이런 질문을 많이 받았습니다.

"선생님은 좋은 스승과 친구와의 만남이 성장에 매우 중요한 요소라고 하셨습니다. 그렇다면 선생님의 성장 과정에 도움이 된 사람은 누구입니까? 어떤 일이 가장 기억에 남으시나요? 혹시 영향을 받은 역사 속 위인이 있나요?"

제가 순조롭게 성장할 수 있었던 건 분명 지혜로운 주변 사람들 덕분이었습니다. 이들 중엔 선생님, 직장 상사, 선배, 동료, 부하뿐만이 아니라 책을 통해 교감했던 과거의 인물들도 있었어요.

저는 현명한 사람들을 항상 존경해왔습니다. 그들의 행동 방식, 말 한마디에 항상 주의하면서 그들의 지혜를 내면화하기 위해 노력했죠. 또한 좋지 않은 사고방식과 습관을 조금씩 개선했습니다. 시간이 흐르자 저의 통찰력과 능력뿐 아니라 운까지도 한 단계 성장했음을 느낄 수 있었어요.

누가 나를 돕는 사람입니까

결혼은 한 사람의 평생 행복을 좌우합니다. 결혼 전에는 자기를 좋아해주는 사람과 자기가 좋아하는 사람 사이에서 고민하는 경우가 많습니다. 이런 선택지를 다양한 친구 관계로 확대하면 어떤 친구를 사귈지의 문제로 바뀌죠. 어떤 사람을 선택해야 할까요? 버핏이 주식을 선택했던 기준에서 영감을 얻어봅시다.

워런 버핏의 주식 선택 방법

버핏이 주식을 택하는 기준은 남달랐습니다. 2017년 4월, 그가 이끄는 버크셔해서웨이(Berkshire Hathaway)가 분기 보고서를 발표했습니다. 미국증권거래위원회(Securities and Exchange Commission, SEC)는 주요 자산을 모두 공시하도록 규정하고 있는데요. 그 분기 보고서에 따르면 애플 주식 보유량이 6,100주에서 1.33억 주로 두 배 이상 증가했습니다. 이 소식이 퍼지자 애플 주가는 자연히 상승했으며 애플의 주주인 버크셔해서웨이의 주식도 소폭 올라 모두가 기뻐했습니다. 물론 시장 조작 의혹을 피하려는 SEC의 규정에 따라 그들은 애플 주식 변동 사유를 제출해야 했지만요. 그 사유는 그동안 버핏이 입버릇처럼 해오던 말과 같았습니다. 첫째는 애플이 주요 사업 분야에서 발전 가능성을 보였고, 둘째는 애플을 보유할 가치가 있는 좋은 회사라고 판단했다는 이유였죠.

이 두 가지 이유는 모두가 아는 내용이라 사람들은 버핏의 말이 정보로서 별 가치가 없다고 여겼습니다. 좋은 회사가 아니면 한때 시가총액이 1조 달러까지 증가하진 않았을 거예요. 그러나 버핏에게 좋은 회사로 인정받는 일은 그리 쉽지 않습니다. 그가 회사를 판단하는 기준이 독특하기 때문이에요. 초기에 버핏은 IBM과 인텔이 좋은 회사라고 했습니다. 그러나 이 두 회사의 투자 수익률은 결코 높지 못해 대다수 사람에겐 좋은 회사로 여겨지지 않았습니다. 그렇다면 다른 투자자가 옳았을까요, 아니면 버핏이 옳았을까요? 이 문제는 좋은 회사를 어떻게 정의하느냐에 따라 달라지죠.

월스트리트엔 언제나 안목 좋은 사람들이 넘쳤습니다. 또 다른 전설적인 투자가 빌 밀러(Bill Miller)만 봐도 그렇습니다. 그는 야후, 아마존, 구글 등이 막 상장했을 때부터 상당한 주식을 사들였고 높은 수익을 올렸죠. 그러나 버핏은 이런 성장주엔 관심이 없었습니다. 심지어 그는 2008년 금융위기 전까지는 기술주에 손도 대지 않았습니다. 비록 훗날 기술주 투자를 시작하긴 했지만 남들 눈엔 모두 한물간 주식이었습니다. 물론 IBM과 인텔 모두 현금 보유량과 배당률이 높은 캐시카우(Cash cow)였어요. 버핏은 이 회사들을 보유함으로써 현금을 확보하면서 또 다른 캐시카우에 투자했습니다. 하지만 버핏이 2007년 아이폰이 갓 출시됐을 때 애플에 투자했다면, 2017년까지 동기간 버크셔해서웨이의 투자 수익률인 1.6 배보다 훨씬 높은 10배의 투자 수익률을 얻었으리라는 계산이 나옵니다. 그래서 버핏이 기술주를 보는 안목이 부족해 애플이 풋풋하던 시절엔 몰라보다가 다 익어서야 알아본 것 아니냐며 한탄하는 사람들도 있었죠.

버핏같이 뛰어난 사람이 왜 10년 전에 애플에 투자하지 않았던 걸까요? 사실은 버핏이 투자를 꺼렸던 게 아니라 10년 전의 애플이 버핏의 투자 기준에 맞지 않았던 겁니다. 당시 주식 초보도 모바일 인터넷 시대에 진입하면 업종 대표주인 애플 주가가 오를 거라고 예상했습니다. 하지만 현실이 꼭 그러리란 법은 없습니다. 예를 들어 휴대전화 칩을 생산하는 퀄컴은 아이폰이 출시된 뒤 인텔을 제치고 세계 시가총액 1위의 반도체 기업이 됐죠. 그러나 2007년에서 2017년까지 10년 동안 퀄컴의 주가는 50퍼센트 증가에 그쳐 시장 평균을 크게 밑돌았습니다. 반면 엔비디아는 모바일 단자칩 특허 소송에서 퀄컴에 패한 뒤 관련 시장에서도 퇴출당했지만, 주가는 그 뒤 여섯 배나 올랐어요. 하지만 버핏은 도박꾼이 아니었습니다. 그는 폭등할 수도 또는 폭락할 수도 있는 주식에 운명을 거는 대신 자신만의 원칙을 유지했습니다. 그 원칙은 무엇이었을까요? 간단히 말하면 투자자에게 좋은 회사를 고르는 거였습니다.

사업 발전 속도도 빠르고 직원 복지도 훌륭한 기업인데, 투자자를 '현금인출기'로 대하거나 우선순위에서 맨 마지막에 두는 경우가 있습니다. 개인 또는 기업마다 고유의 가치관이 있으니 잘못은 아니나, 수익 회수가 목적인 투자자는 회사의 가치관까지 이해할 필요가 있습니다. 버핏은 아무리 좋은 회사라고 해도 '투자자에게 좋은 회사'라는 원칙에 부합하지 않으면 투자하지 않았습니다. 실제로 미국에 상장된 중국 기업 중 다수가 투자자의 이익에 관심을 두지 않는 바람에 상장한 뒤 주가가 정체되거나 성장 면에서 시장 평균을 밑돌았죠. 이런 회사가 바로 '투자자에게 좋지 않은 회사'예요. 아무리 사업 면에서 훌륭해도 그 수익이 주주들에게 돌아오지 않으면 버핏 같은 사람이 투자할 이유가 없습니다. 미국에서 상장 폐지된 중국 기업들은 "미국 주식시장이 우리를 저평가했다"라는 이유를 댔지만 모두 핑계입니다. 진짜 이유는 주주들을 홀대하다가 결국 거꾸로 외면당한 거예요. 중국 기업인 넷이즈(Netease)는 장기간 흑자를 기록했고 현금 낭비가 없었습니다. 넷이즈 같은 회사들은 닷컴 버블 시기가 끝난 뒤 주가가 저점에서부터 수천 배나 올랐고 외면당하지도 않았죠.

버핏이 말하는 좋은 회사엔 세 가지 공통점이 있습니다.

첫째, 안정적인 배당금을 지급합니다.

둘째, 현금 잉여분이 있으면 자사 주식을 회수합니다(주가 견인 효과를 누릴 수 있습니다).

셋째, 많은 수익을 경영진이나 직원끼리 나눠 갖지 않고 투자 수익률로 되돌려주려 노력합니다.

한 기업이 이 세 가지 조건을 만족하려면 경영진이 성숙하고 사업이 안정될 때까지 시간이 필요합니다. 10년 전의 인텔과 애플은 이 조건을 만족하지 못했고요. 스티브 잡스는 회사 자체의 성장을 우선시했고 주주들의 이익은 뒷전이었습니다. 반면 팀 쿡은 주주들에게도 훌륭한 경영자여서 그가 애플을 넘겨받은 뒤로 배당이나 주식 재매입 등 지표가 꾸준히 개선됐습니다. 그제야 애플은 버핏의 조건에 들 수 있었습니다.

물론 버핏의 눈에 들었다고 해서 바로 투자로 이어지는 건 아니에요. 버핏은 한두 번의 고배당으로 이 회사가 좋은 회사인지 판단하지 않았습니다. 그는 이게 하나의 경영 문화로 자리 잡았는지 확인해야 했어요. 투자자를 중시하는 문화와 관행이 형성돼야만 투자자의 이익을 장기적으로 보장할 수 있기 때문이죠. 이를 위해 풋사과가 농익을 만큼 시간을 들였습니다. 그래서 버핏은 이미 고속성장 단계를 지난 기술주에 투자했으며, 이게 바로 그의 투자 방법이 남다를 수밖에 없었던 이유예요.

나를 좋아하는 사람 vs. 내가 좋아하는 사람

저는 사람을 판단할 때 버핏의 투자 방법을 자주 씁니다. 앞에서 언급했던 대로 우리는 종종 자기를 좋아해주는 사람과 자기가 좋아하는 사람 사이에서 고민에 빠집니다. 만약 두 조건이 양립할 수 없다면 이성적으로는 전자가 합리적이라고 여기면서도 감정적으로는 후자에 기우는 경우가 많아요. 사실 이건 개인의 판단이자 선택입니다. 하지만 저는 사람들이 자기를 좋아하지 않는 사람을 따라다니면서, 자기가 정성을 다하면 상대도 마음을 돌릴 거라고 생각하는 경우를 많이 봤습니다. 이는 너무나 순진한 생각이죠.

벤저민 프랭클린은 인간관계에 대해 날카롭고 철학적인 한마디를 남겼습니다.

"내가 도와준 사람이 아니라 나를 한 번이라도 도와줬던 사람이 또다시 나를 도울 겁니다."

우리는 수많은 짝사랑 이야기를 들었습니다. 자기를 소중히 여기지 않는 사람에게 아무리 정성을 들이고, 심지어 그 가족까지 챙긴다고 해도 마음을 얻진 못합니다. 우리는 '나를 도와줬던 사람'에 주목해야 해요.

물론 타인의 진심을 파악하기 위해선 시간이 필요합니다. 아무리 단기간에 자주 만났어도 마찬가지죠. 이렇게 시간과 비용이 많이 드는 일이기 때문에 평생의 반려자나 동업자를 만난 뒤엔 특별히 소중하게 여겨야 합니다. 버핏이 신중히 고른 회사들이 수익을 돌려주듯 이들도 우리에게 평생 힘이 돼줄 겁니다.

이건 직장을 고를 때도 마찬가지예요. 인기 많은 회사, 멋져 보이는 회사, 연봉을 좀 더 주는 회사를 고를 게 아니라 나에게 좋은 회사, 내 성장을 도울 회사를 우선시해야 해요. 저는 많은 젊은이가 장기적인 성장에 도움될 회사가 아닌, 연봉을 조금 더 주는 회사를 선택하는 걸 봤습니다. 이는 주식의 내재 가치는 따져보지 않고 현재 주가만 보고 매수하는 것과 다름없어요. 몇 년이 흘러 다시 그 젊은이들을 만나보니 그들은 이미 또 다른 회사로 이직한 상태였죠. 저는 애당초 그 회사는 왜 갔느냐고 물었고 그들은 졸업도 했겠다 돈을 좀 더 벌고 싶었다고 답했습니다. 버핏의 말처럼 '싸게 샀다고 생각했던 주식이 사실은 몇 모금 피면 사라져버리는 담배꽁초에 불과'했던 겁니다.

많은 사람이 훌륭한 직장에 취업하고도 그곳을 소중히 여기지 않습니다. 연봉을 약간 올리기 위해 이직하면서도 새 회사가 자기 발전에 도움될지를 궁금해하지 않습니다. 사람들은 몇 번 잘못 판단하다 보면 아예 판단력을 잃어요. 지능이 낮아서가 아니라 가치를 판단하는 방법이 철저히 잘못됐기 때문입니다. 어떤 사람이 주변에 두루 잘하는데 주변 사람들은 그를 홀대할 때 우리는 그가 운이 나쁘다고 여기죠. 반면 언제나 귀인을 만나 도움받는 사람을 보고 운이 좋다고 합니다. 사실 이 운의 배후엔 개개인의 가치판단

방식이 작동하고 있어요.

주식시장엔 너무 많은 주식이 있어서 제아무리 똑똑한 사람도 한눈에 좋고 나쁨을 판단할 수 없습니다. 그래서 버핏은 회사 하나하나를 연구하는 데 많은 시간을 들였어요. 그 과정에서 일부 회사의 급성장기를 놓치기도 했지만, 그가 신중히 선택한 기업들은 그 뒤 몇십 년간 안정적인 수익을 되돌려줬습니다.

우리가 평생 만나는 사람의 수는 상장 주식보다 훨씬 많죠. 또한 그들의 행동 또한 상장 주식보다 훨씬 복잡합니다. 나와 오래 교류할 가치가 있는 사람인지 판단하려면 버핏의 방법을 따라 이해해봐도 좋을 거예요. 이렇게 사귄 친구는 우리의 평생 자산이에요. 결혼 상대자라면 돈, 외모, 직업이 아닌 나 자체를 소중히 대해주는 태도를 봐야 합니다.

어떤 인생이든 귀한 스승이 있습니다

저는《대학의 길(大學之路)》이라는 책을 출간했는데요, 그 책에서 교육 이념을 다루며 교양 교육의 중요성을 강조했습니다. 그러나 학부모와 학생들을 대면하게 되면 교양 교육보다도 먼저 전문적인 기술을 익히는 게 중요하다고 말했습니다. 저의 경우 충분한 기술 덕분에 취업에 대한 걱정 없이 전공 외 공부에 시간을 투자할 수 있었기 때문입니다.

이론적 기초를 잡아준 스승

제게 기술을 처음으로 가르쳐준 사람은 칭화대학교 석사 시절의 왕쬒잉(王作英) 교수였습니다. 저는 칭화대학교에서 컴퓨터 전공으로 학부를 마쳤기 때문에 이미 컴퓨터과학 분야의 기초 지식을 섭렵한 상태였습니다. 그 상태로도 충분히 생계를 유지할 수 있었습니다. 사실 저는 학부를 졸업한 뒤 2년 동안 사회생활에도 잘 적응했습니다. 계속 그렇게 지냈어도 꽤 돈 잘 버는 사업가가 됐을 겁니다. 2년 뒤 제가 다시 공부하겠다고 하자 제 동업자들은 매우 아쉬워하더군요. 그러나 저는 그 변화가 결코 나쁘다고 생각하지 않았습니다. 당시 제가 깊은 지식을 쌓은 분야가 없었기 때문이에요. 제 일을 다른 사람이 했어도 결과가 같았을 거고요. 저는 오직 저만 할 수 있는 일, 다른 사람이 대체할 수 없는 일, 대체 불가능한 저를 드러내는 일을 추구했습니다. 그래야만 제 진가가 빛날 수 있다고 믿었습니다. 결국 저는 칭화대학교로 돌아갔고 왕 교수님 밑에서 석사과정을 밟았죠.

왕 교수님은 중국 최초의 언어 인식 전문가 가운데 한 분입니다. 일반적인 중국 공과대학 출신 학자들과 달리 왕 교수님은 수학에 매우 뛰어났죠. 또 러시아 유학파 출신으로 바우만모스크바국립공과대학교(Bauman Moscow State Technical University, 이하 바우만 공대)를 졸업했습니다. 이 학교는 중국의 칭화대학교에, 모스크바대학교(M.V. Lomonosov Moscow State University)는 베이징대학교(Peking University)에 비견되곤 하는데요. 왕 교수님은 바우만 공대뿐 아니라 모스크바대학교에서도 다양한 수학 과목을 공부했습니다. 그래서 다른 러시아 출신 학자들처럼 기본적인 이과 지식이 굉장히 튼튼했고, 이는 훗날 그가 다양한 난제를 해결할 때 이점으로 작용했죠.

당시 중국 공대는 연구 분야가 상당히 좁았습니다. 기술은 뛰어 났지만 이론적 기초가 부족했어요. 음성 인식 분야를 예로 들면 많은 학자가 복잡한 수학 모델을 응용할 수는 있었으나 개선하진 못 했죠. 그러나 왕 교수님은 달랐습니다. 수학 모델의 원리를 제대로 꿰뚫어 봤고 중국어의 언어적 특성에 맞게 모델을 수정했어요. 이 는 절대 쉽지 않은 일이었습니다.

진정으로 훌륭한 지도 교수를 만났으니 저는 운이 참 좋았습니다. 저는 칭화대학교에서 수학 분야의 큰 상들을 다수 수상했고, 그 뒤 구글에서도 기계 학습과 자연어 처리 분야에서 적지 않은 공헌을 했습니다. 이 모든 것은 왕 교수님이 저를 한 단계 발전시키고, 수학의 중요성을 일깨워주신 덕분입니다. 저는 이 시기에 수학적 인 방법으로 공학 문제를 해결하는 법을 배웠습니다.

제가 칭화대학교 전자과에서 유리했던 점도 있습니다. 제 학부 전공이 전자공학이 아니라 컴퓨터공학이었다는 점입니다. 약점이 될 수도 있었지만 저는 장점으로 만들었습니다. 선후배 중에 저만 큼 프로그램을 잘 짜는 사람이 없었으니까요. 비록 전공을 바꾸면 서 부족한 지식을 보충하느라 고생도 했지만, 노력으로 과거의 부 족함을 메울 수 있어 다행이었습니다. 사람들은 지금의 제가 크로 스오버에 능하다고 하는데 사실 저는 그때부터 학과 간 통합 연구 를 시작했습니다. 지금 돌아보면 제가 컴퓨터공학과에서만 쭉 공 부했었다면 컴퓨터엔 익숙했겠지만 이를 통해 어떤 문제를 해결해야 할지 몰랐을 거예요. 반대로 제가 처음부터 전자공학을 전공했다면 지금만큼 컴퓨터를 잘 알지 못했을 테고 좋은 아이디어가 있어도 실현할 수 없었을 거고요.

이론을 탄력적으로 적용하는 법을 알려준 스승

저는 존스홉킨스대학교에 온 후 지도 교수 네 명을 만났습니다. 브릴 교수는 제가 존스홉킨스대학교에서 처음 만난 지도 교수였습니다. 그는 원래 수학 전공이었으나 나중에 컴퓨터로 전과했습니다. 그의 특기는 복잡한 문제에서 실증적이고 간단한 해결책을 찾아내는 것이었습니다. 비록 이론적으로 꼭 아름답지는 않더라도 말이에요. 제가 존스홉킨스대학교에서 그와 함께 쓴 논문은 내용을 이해하기 쉽고 독창성도 뛰어나 20년이 지난 지금까지도 인용되곤 합니다.

브릴 교수는 빠르게 성과를 낼 수 있도록 이론을 탄력적으로 활용하는 방법을 가르쳐줬습니다. 그는 굉장히 선량한 사람이었고 저와 관계도 좋았으나, 마이크로소프트로 초빙되는 바람에 1년밖에 지도받지 못했죠. 마이크로소프트 부임 첫해, 그는 열 명이 달라붙어도 보통 2~3년 걸릴 일을 혼자 해냈습니다. 그래서 동료들이 그를 밀어내려는 시도를 하기도 했습니다. 그러나 마이크로소프트가 이렇게 뛰어난 브릴 교수를 내보낼 리 없었습니다. 대신 그를 위해 전담팀을 구성했어요. 브릴 교수는 마이크로소프트 최초로 검색 기술 책임자를 지냈고, 그 뒤엔 이베이(eBay)에서 최고기술경영자를 지냈습니다.

보고하는 법을 가르쳐준 스승

브릴 교수가 떠난 뒤 저는 새 지도 교수로 엘리네크 교수를 만났습니다. 엘리네크 교수는 1년 정도 제 논문을 직접 지도해줬지만, 너무 바빠져서 구체적인 논문 지도는 쿠단퍼 교수에게 일임했습니다.

쿠단퍼 교수는 컴퓨터과학자가 아니라 수학자이자 통계학자로서 이론적 완벽성을 매우 중시했습니다. 그러다 보니 저와 브릴 교수가 썼던 실용적 연구 방식이 그의 맘에 들 리 없었습니다. 저는 쿠단퍼 교수에게 적응하는 데만 1년이 걸렸지만 이 진통의 시간 덕분에 이론적으로, 특히 수학 분야에서 크게 도약할 수 있었죠.

훗날 제 졸업논문은 전체 연구센터에서 몇 년간 나온 논문 중 가장 훌륭하며 이론, 정리, 추론, 증명까지 극도로 정교하다는 평가를 받았습니다. 쿠단퍼 교수의 도움이 없었더라면 저는 절대 이런 논문을 쓰지 못했을 거예요.

쿠단퍼 교수는 학업 외에도 프레젠테이션하는 법을 가르쳐주었습니다. 엘리네크 교수는 제게 한 달에 한 번씩 연구팀 사람들 모두에게 프레젠테이션하도록 지시했는데 구체적인 방식은 쿠단퍼 교수의 지도를 받았습니다. 제가 삼십 분짜리 보고를 잘 마칠 수 있도록 쿠단퍼 교수는 대략 여덟 시간을 들여서 도와주었습니다. 원고 수정(당시의 시연 원고는 프로젝션 필름이라 수정이 쉽지 않았습니다)부터 한 줄 한 줄 읽는 연습까지 말이에요.

그는 작은 디테일 하나하나까지 교정해주었습니다. 예를 들어 각 슬라이드 한 장 한 장에서 말하는 속도, 멈추는 시간, 중요한 단어, 심지어 작은 농담까지도요. 나중에 제가 직업전선에서 제 이야기를 또렷하게 전달할 수 있게 된 건 이때의 가르침 덕분입니다. 쿠단퍼 교수의 가르침이 아니었더라면 불가능했을 거예요. 좋은 교육은 이처럼 전문 지식에 그치지 않고 학생이 평생 쓸 수 있는 각종 기능을 가르쳐야 합니다.

쿠단퍼 교수가 제게 가르쳐준 또 한 가지는 '세계 최고가 될 수 있다'라는 자신감이었어요. 쿠단퍼 교수는 언제나 제가 남들이 풀 능력이 안 되는 난제를 해결하길 원했습니다. 그래서 그의 제자로 사는 건 브릴 교수의 제자였던 때보다 훨씬 피곤했습니다. 그러나 졸업한 뒤엔 그 고생이 모두 가치 있게 쓰였죠.

복잡한 문제를 처리하는 법을 가르쳐준 스승

옐리네크 교수와 쿠단퍼 교수는 모두 존스홉킨스대학교의 컴퓨터 공학과 소속 교수였습니다. 그런데 저는 컴퓨터과학 학위가 필요했기에 컴퓨터과학과에서 선택과목과 학업을 지도해줄 교수를 따로 찾아야 했죠. 옐리네크 교수와 쿠단퍼 교수는 제 논문 지도 교수 역할만 할 수 있었습니다. 그렇게 저는 컴퓨터과학과 소속 데이비드 야로스키(David Yarowsky) 교수를 만나게 됐습니다.

야로스키 교수는 미국 컴퓨터언어학협회(ACL) 회원이었습니다. 가장 인상 깊었던 건 그의 언어 능력이었는데요. 그야말로 천부적인 언어 감각을 갖고 있었습니다. 야로스키 교수는 약 열네 종류의 언어를 읽고 예닐곱 종류의 언어를 구사했어요. 그는 언어에 대한 순수한 열정으로 자연어 처리를 연구하는 사람이었습니다. 저는 야로스키 교수를 만난 뒤에야 비로소 일반인이 범접할 수 없는 재능이 있다는 걸 믿게 됐죠.

브릴 교수처럼 야로스키 교수도 복잡한 문제에서 간단한 해답을 찾아내는 사람이었습니다. 또 그는 컴퓨터과학과에서 저를 따뜻하게 돌봐줬는데, 저에겐 큰 도움이 됐습니다. 당시 저는 컴퓨터공학과에서 연구하면서 컴퓨터과학과에서 학위를 받아야 하니, 그 가운데 곤란한 일들이 많이 생겼는데요. 야로스키 교수는 어려움에 빠졌을 때 언제든지 찾아갈 수 있는 사람이었습니다. 실제로 저뿐만이 아니라 그는 도움이 필요한 학생 모두에게 따뜻한 손길을 내밀었죠. 야로스키 교수의 영향으로 저도 언제나 젊은이들을 기꺼이 돕게 됐습니다.

우리는 평생 다양한 귀인들의 도움이 필요합니다. 제게는 쿠단퍼 교수처럼 학업을 도와주는 사람 외에도 야로스키 교수처럼 걱정과 근심을 덜어줄 사람이 필요했어요. 저는 야로스키 교수에게서 자기 부하 직원을 돌봐야 한다는 점을 배웠고, 직장생활 동안이 교훈을 실천했습니다.

시야를 넓혀준 스승

옐리네크 교수는 제 논문을 지도해줬고, 금기 사항을 알려주기도 했습니다. 무엇보다 세계 최고의 학자들을 학교에 꾸준히 초청했어요. 그들의 보고를 듣고 작업을 함께하며 학생 각자가 학술적 명성을 쌓도록 도왔습니다. 저와 기계번역 전문가 프란츠 오크(Franz Och) 박사와의 우정은 그가 구글에 오기 전, 이미 이때부터 시작됐습니다. 오크 박사가 지도 교수였던 헤르만 네이(Hermann Ney, 독일 기계번역 및 자연어 처리 분야의 최고 권위자)와 함께 존스홉킨스대학교에 교류하러 왔었죠. 구글에서 만났던 상사와 동료 중엔 당시 옐리네크 교수의 초청을 받아 학교에 왔던 사람들이 많았고, 심지어 몇 개월이나 일했던 사람도 있었습니다.

　제 순조로운 직장생활은 운 좋게 훌륭한 학습 환경과 연구 환경에서 성장했던 덕분이었습니다. 칭화대학교는 물론 존스홉킨스대학교 모두 그랬습니다. 그곳에선 한 명이 아닌 여러 명의 인재가 저를 도왔고, 각기 다른 각도에서 저를 성장시켜줬습니다. 처음

쿠단퍼 교수 밑에서 연구할 땐 그의 세밀한 요구사항이 너무 힘겨워서, 좀 편안한 교수를 만나 빨리 졸업하고 싶다고만 생각했거든요. 그러나 만약 그들이 억지로나마 제게 좋은 습관을 심어주지 않았다면, 저는 지금의 수준에 오르지 못했을 테고 평생 고생했을 게 뻔합니다. 그래서 제 행운을 꼽아볼 때마다 제 스승 다섯 분께 마음속 깊이 고마움을 느낍니다.

제 행운은 그들과의 만남에만 있지 않았습니다. 진심으로 그들의 지도를 수용했던 제게도 있었습니다. 아무리 좋은 지도 교수가 있더라도 거기서 얻는 가르침은 본인의 태도에 비례하죠. 만약 지도 교수를 직장 상사 정도로 생각한다면, 우리는 그들이 주는 일을 대충대충 해서 넘기는 데 주력할 테고 심지어 기 싸움을 할 수도 있습니다. 그러나 지도 교수를 길을 이끄는 인도자라고 여긴다면 그들의 미덕과 지혜를 적극적으로 배우려 할 거예요. 우리 자신을 발전시키고 더 나아가 그들을 뛰어넘을 수 있도록 말입니다.

타인만이 나의 관점을 넓혀줍니다

우리 주변에 지혜로운 사람은 많습니다. 단지 그들에게서 배우고자 하는 사람이 있고 아닌 사람이 있을 뿐이에요. 우리는 어떤 각도에서 보느냐에 따라 한 사업가를 평범한 동업자, 부자 또는 사기꾼으로 볼 수 있습니다. 물론 스승으로 볼 수도 있습니다. 제가 대학을 막 졸업하고 만났던 한 사업가는 스승이자 친구로서 제 격을 한 단계 끌어 올려줬습니다.

그는 홍콩 출신 사업가로, 이름은 장궈시안(张国贤)입니다. 저는 공식 석상에선 그를 장 선생이라고 불렀고 개인적으로는 영어 이름인 토머스라고 불렀죠. 장 선생은 제게 대범함이라는 지혜를 가르쳐줬습니다. 그에게서 세상 사는 법을 배우지 않았더라면 저는 일할 때 계속 소심하게 굴고 심지어 비굴해졌을지도 모릅니다. 저는 아직도 그에게 감사한 마음을 갖고 있습니다.

장 선생을 만난 일은 우연과 필연의 조합이었습니다. 저는 대학을 졸업한 뒤 당시 전자부(현 공업정보화부 소속) 산하에서 소프트웨어 국산화 작업을 하는 기업에 들어갔어요. 사실 좋게 말해 소프트웨어 국산화지 실제론 기술이 크게 필요하지 않은 작업이었고 저도 하고 싶지 않았습니다. 당시 중국은 IT 산업이 부흥하기 시작한 초기 단계로 사업만 하면 돈을 벌기 쉬웠습니다. 육 개월 정도 기술직을 하던 저도 영업에 뛰어들기로 마음먹었죠.

그 시절 중국 컴퓨터 거래의 절반가량은 중관춘(中關村, 중국 최초의 첨단 기술 개발구로 '중국의 실리콘밸리'라 불린다-옮긴이)에서 이뤄졌는데요. 주로 외국 기업의 대리상을 해서 돈을 벌었습니다. 제가 맡았던 브랜드 가운데는 이탈리아의 올리베티(Olivetti)의 판매량이 가장 높았습니다. 올리베티는 세계 최초로 개인용 컴퓨터를 발명한 회사 중 하나였고, 당시 이탈리아의 2위 기업이었습니다. 1위는 피아트(Fiat)였고요. 올리베티는 개인용 컴퓨터 외에 서버와 현금인출기도 생산했는데 한때 중국 시장점유율이 20퍼센트에 달했습니다.

올리베티는 이미 파산했기 때문에 요즘은 이름을 들어본 사람이 거의 없을 겁니다. 1990년대에 중국 본토에는 다국적 기업들의 대표처(代表處, 영리 업무는 불가능한 연락사무소-옮긴이)만 설립할 수 있었고 지사는 설립할 수 없었습니다. 대표처는 판매 계약을 체결하는 정도의 업무만이 가능하여 구체적인 영업은 우리 같은 대리상들이 맡았습니다. 올리베티도 아시아 지사는 홍콩에 있었고 이들이 파견한 대표 세 명은 모두 유럽과 미국에서 근무한 경력이 있는 홍콩인이었습니다. 그중에 장 선생도 있었죠.

그와 저의 경력 차이가 커서 우리의 만남은 순전히 우연이라고 볼 수밖에 없습니다. 그러나 우리가 친구가 될 수 있었던 데엔 필연적인 요소도 있었습니다. 장 선생은 매우 대범하고 신용을 중요시하는 사람이었어요. 당연히 저는 그와 함께 일하고 싶은 생각이 들었고요. 그때 우리가 관리하던 중관춘 전자상가는 '사기꾼 거리'라고 불리는 거친 곳이었지만, 장 선생을 따라 영업에 뛰어들었습니다. 그는 제가 만나본 최고의 영업 사원이었거든요. 저처럼 공대 출신으로, 비록 영업직이긴 했지만 상품의 특징을 철저히 이해하고 있었습니다. 이는 그가 기술을 잘 알기에 가능한 일이었죠. 그뿐 아니라 그는 제품 소개에도 능수능란해 비싼 가격이나 부족한 기능 등의 약점도 장점으로 바꿔 설명할 줄 알았습니다. 저는 그가 못 따낼 계약은 없다고 생각했습니다. 그래서 스승을 대하는 태도로 그를 대했습니다. 그렇다고 장 선생이 제게 으스댄 적은 없습니다. 저는 막 업계에 입문했고 인맥도 부족했는데 장 선생은 저를 믿고 일거리를 소개해주곤 했어요. 그는 제게 이렇게 말했습니다.

"자네는 기술력도 좋고 의사소통에도 뛰어나고 잠재력도 있으니, 열심히 하면 훌륭한 영업 사원이 될 거야."

그렇게 우리는 좋은 친구가 됐습니다.

당시 중국인의 월 소득은 몇 백 위안(몇 만 원)에 불과했는데 우리의 영업 소득은 그보다 훨씬 컸습니다. 제가 번 소득은 모두 국가로 귀속됐고 잘해봐야 보너스로 몇 위안(몇 백 원) 더 버는 게 다죠. 하지만 올리베티는 사기업이라 달랐습니다. 수익의 많은 부분을 대표들에게 나눠줬습니다. 그러다 보니 장 선생은 대략 제 수입의 백 배를 벌었습니다. 그는 베이징에서 가장 유명하다는 음식점에 저를 데려가곤 했는데요. 베이징에 새 음식점이 문을 열기만 하면 바로 갔으니, 우리가 식사하는 빈도가 베이징의 고급 음식점 개업 속도와 비슷할 정도였습니다. 음식은 정말 맛있었지만 일반 월급쟁이들은 감당할 수 없을 만큼 비쌌고요. 매번 제 한 달 치 월급을 먹어치웠습니다. 저는 배는 불렀지만 여전히 주머니가 얇았고 마음대로 돈을 쓸 수 없었습니다.

한번은 제가 농담 반 진담 반으로 장 선생에게 말했습니다.

"토머스, 제게 비싼 밥을 사주셔서 정말 고맙습니다. 그런데 저는 비싼 밥을 먹어도 여전히 돈이 없어요. 그냥 돈으로 주시는 게 나을 것 같아요."

장 선생은 진지한 태도로 제게 대답했습니다.

"내가 자네에게 밥을 사는 건 삶을 즐기는 법을 알려주기 위해서야. 자네의 시야를 넓히고 고급 생활양식을 경험하게 해주기 위해서지. 자네 능력이면 앞으로 나보다 사업도 더 크게 할 테고 더 잘 살 거야. 만약 내가 돈을 주면 자네는 그 몇 백 위안에 만족할 테고 격은 여전히 부족할 테지. 그렇게 적은 월급과 보너스에 만족하며 사는 사람이 되는 거야."

그리고 또 이런 말도 덧붙였습니다.

"자네도 중관춘 장사꾼과 꽤 교류해봤잖아. 그들은 컴퓨터 한 대 팔아서 천 위안 정도 남기면 만족하지(당시 컴퓨터는 이윤이 높았습니다). 또래들의 두세 달 치 월급이니까. 그들은 한 대 한 대 팔아나가는 것에 굉장히 만족하는데, 이렇게 계속하면 발전은 없어. 하지만 우리는 계약 한 건을 따내면 이윤이 수백만 위안이니 우리 한 건이 그들의 수십 건이나 마찬가지야. 물론 이런 사업은 매우 복잡하고 어렵지. 입찰에서 수출입 절차, 설비 인도, 훈련까지 제공해야 하니, 천위안에 만족하는 장사꾼들이 할 만한 일은 아니야. 절대다수의 사람은 평생 건당 수백만 위안짜리 사업을 할 능력이 없다네."

훗날 제 사업은 점점 커졌습니다. 중관춘의 장사꾼들은 여전히 컴퓨터를 한 대씩 팔았고 저는 백 대, 천 대 단위로 팔았습니다. 국영기업에 속했던 저는 어마어마한 보너스는 받지 못했지만 훌륭한 실적 덕에 월급은 괜찮았습니다. 모두 장 선생이 제 영업의 수준을 한 단계 업그레이드시켜준 덕분이었습니다.

사소한 부분에 머무르지 마세요

제가 다니던 회사와 장 선생의 회사 간엔 교류가 많지 않았지만 우리는 개인적으로 많은 일을 함께했어요. 어느 날 그가 말했죠.

"주문서 관리용으로 데이터베이스를 하나 만들어줄 수 있겠나? 당연히 인건비도 지불하고 올리베티 컴퓨터도 한 대 주겠네."

당시 직수입 컴퓨터 가격은 약 2만 위안이었습니다. 대학교수 연봉보다 높은 금액이어서 중국엔 개인용 컴퓨터를 가진 사람이 거의 없었습니다. 살 능력이 있는 졸부는 사용하는 법을 몰랐고(그때는 윈도 운영체제도 나오기 전이었고요) 쓸 줄 아는 사람은 살 돈이 없었습니다. 자기만의 컴퓨터를 갖는다는 건 꿈 같은 일이었기에 저는 당연히 수락했죠. 장 선생은 인건비를 계산해 알려달라고 했습니다. 작업량은 겨울방학 동안 충분히 끝낼 수 있는 분량밖에 안 됐지만 저는 상당히 높은 금액을 불렀어요. 거의 대학교수 네다섯 달 치 월급이었습니다. 그런데 장 선생은 두말없이 승낙했을 뿐 아니라 그 자리에서 외화로 지급해주었습니다. 당시에는 외화를 중국 돈으로 환전하면 프리미엄이 50퍼센트나 붙었습니다. 저는 장 선생이 얼마나 후한 사람인지 충분히 느낄 수 있었습니다. 저는 금세 소프트웨어를 완성했는데 검수 과정에서 생긴 작은 사건 하나가 아직도 기억에 생생해요.

당시 판매 계약서엔 조항마다 세부 설명이 있었습니다. 그런 설명 하나가 A4용지 삼 분의 일을 차지했고 나머지는 여백이다 보니 계약서 한 부가 굉장히 두꺼웠어요. 저는 소프트웨어를 설계하면서 세부 설명의 길이를 정교하게 계산했고, 짧은 조항 몇 개가 종이 한 장에 합쳐지도록 만들었습니다. 장 선생이 종이를 아낄 수 있도록 말이죠. 장 선생은 프로그램을 한 번 검수해보고는 제게 이렇게 말했습니다. 그리고 저는 이 말을 평생토록 기억하게 됐습니다.

"우쥔, 사무실에선 종이를 아끼지 말게."

장 선생의 말은 분명 종이를 낭비하라는 뜻이 아니었습니다. 종이처럼 사소한 걸 아끼려고 일의 완성도를 떨어뜨리지 말라는 의미였습니다. 그렇게 함으로써 부차적인 일에 대한 걱정을 덜고 핵심에 더 집중하라는 것이었습니다. 곰곰이 생각해보니 정말 그랬습니다. 계약서 한 부에 오가는 금액이 수십만, 수백만 위안인데 종이 몇 장을 신경 썼다니. 사람들은 대부분 가난한 습관을 버리지 못합니다. 성과를 원하면서 비용도 줄이기를 원하며, 두 마리 토끼를 잡을 묘책을 궁리하다가 작은 토끼만 잡고 큰 토끼를 놓치고 맙니다. 저는 늘 장 선생이 제 소득의 백 배를 버는 이유가 궁금했는데 모든 에너지를 일의 완성도에 쏟아부었던 것이 그 비결이었습니다.

저는 학생으로서도, 또 선생으로서도 언제나 다음과 같은 학생들을 마주쳤던 경험이 있습니다. 그들은 수학 또는 물리학 과제를 제출하거나 시험을 볼 때 제대로 된 연습장이 아니라 이미 글씨가 쓰여 있는 종이나 반쪽짜리 종이를 가져와서 답안을 썼습니다. 심지어 신문지 한쪽에다가 풀이하는 학생도 있었습니다. 이런 학생은 아무리 똑똑해도 성적이 오르기 어렵습니다. 수학 문제, 특히 어려운 수학 문제를 풀 때는 매우 명료한 사고 과정이 필요하니까요. 머릿속으로 대충 생각만 해서는 제대로 답을 정리하기가 어렵습니다. 종이에 쓰고 그리는 과정은 매우 중요해요. 이로써 문제 풀이 수준을 몇 배나 올릴 수 있습니다. 만약 글씨를 아무렇게나 쓴다면 나중에 의미를 파악하느라 시간을 많이 낭비하게 돼요. 쭈글쭈글한 종이나 낙서된 종이를 쓰는 건 자원 절약처럼 보일진 몰라도 사실은 좋은 성적을 받을 기회를 놓치는 겁니다. 이 학생들의 운명은 그 연습장 반쪽을 아끼는 순간 어느 정도 결정됐다고 말해도 무방합니다.

저는 〈구글 방법론〉 칼럼에서 연습장에 대한 생각을 나눈 바 있습니다. 그 뒤 독일에 사는 한 독자가 독일에서는 세밀한 격자가 있는 고품질 연습장을 쓴다는 글을 남겨줬습니다. 독일에 막 도착했을 때는 독일인들이 낭비가 심하다고 생각했는데 훗날 자기도 써보니 정말로 실수가 많이 줄었다고 하더군요.

미국에 오면서 장 선생과는 연락이 끊겼지만 제 성장 과정을 떠올릴 때마다 늘 고마운 마음입니다. 그분 덕분에 매일 자잘한 일에 연연하지 않고 더 큰 목표를 바라볼 수 있었습니다.

결국 내가 즐겁게 사는 게 중요합니다

만약 과거로 시간 여행을 할 수 있다면 저는 역사 속 지혜로운 인물들과 대화해보고 싶습니다. 그리스의 철학자 디오게네스(Diogenes)가 그중 한 명입니다.

디오게네스라는 이름이 낯설 수도 있고, 이름은 들어봤지만 어떤 인물인지 잘 모를 수도 있습니다. 혹시 고대 그리스의 한 철학자가 나무통 안에 살았다는 이야기를 들어봤나요? 그 괴짜 철학자가 바로 디오게네스예요.

고독을 개의치 않습니다

디오게네스는 그리스의 시노페라는 지역 출신이라 공식 석상에서는 '시노페의 디오게네스'라고 불렸습니다. 그는 고대 그리스의 귀족이었는데 당시 귀족들은 노예들을 부리며 탁상공론만 했죠.

어느 날, 디오게네스가 그의 노예들을 모두 풀어줬습니다. 사람들은 그에게 물었어요.

"노예 없이 어떻게 생활하려 하는가?"

디오게네스가 대답했습니다.

"노예는 주인 없이도 사는데 주인이 노예 없이 못 산다면 그게 더 이상하군."

또 한번은 어떤 귀족이 노예에게 돌봄받는 걸 보고 이렇게 말했습니다.

"노예가 코를 닦아줄 때 진정한 행복을 느끼는군. 하지만 그건 그대가 두 손을 못 쓸 때나 그래야 하오."

저는 대학 시절부터 디오게네스의 일화들에 영향을 받아 서서히 독립적인 사람으로 변할 수 있었습니다. 그전에는 집과 회사에 의존하는 경향이 있었고 혼자서 고독하게는 못 산다고 여겼습니다. 요즘 대학생들이 이런 생각을 하는지 모르겠으나 안 한다면 이미 저보다 훨씬 나은 거예요.

대학 시절에는 철학적인 문제들을 고민할 여유가 있었습니다. 심혈을 기울여 디오게네스의 말들을 제 것으로 만들고 나니 미래의 불확실성에 대한 불안감이 사라졌습니다. 사람이 하늘과 땅 사이에 있으면 반드시 빠져나갈 길이 있다고 하죠. 자신감이 생긴 저는 회사를 그만두고 다시 학교로 돌아가기도 하고, 퇴사 후 제 사업을 감행하기도 했습니다. 저는 소셜 미디어 프로필에 이렇게 썼습니다.

천 개의 산을 나 혼자 가니 (배웅할 필요가 없다)

千山我獨行 (不需相送)

이 말은 제 마음대로 가겠다는 뜻이 아니라 고독을 개의치 않고 대세를 따르지 않으며 제 뜻을 꿋꿋이 지키겠다는 뜻입니다. 이것이 디오게네스가 제게 가르쳐준 첫 번째 교훈입니다.

돈이 있든 없든 자기 능력을 갖추어야 합니다

디오게네스는 여행 중에 강도에게 붙잡혀 노예 시장에서 팔리는 신세가 되었습니다. 그를 노예로 산 주인이 그에게 할 줄 아는 게 뭐냐고 묻자 디오게네스는 이렇게 대답했습니다.

"노예로서는 없고 당신의 주인은 되어줄 수 있소."

상대는 이 말을 듣고 현자를 만났다는 생각에 머리를 숙였습니다. 그리고 디오게네스를 아들의 스승으로 삼았죠. 여기까지 읽은 저는 디오게네스의 진짜 재산이 그의 두뇌였음에 감탄했습니다. 저는 중국 전역을 돌아다니며 다양한 사람들을 만났는데요, 특히 저장(浙江, 중국 남동부 해안 지역에 있는 성으로 수공예품이 유명하다-옮긴이) 지역 사람들에게 공통적인 장점이 있었습니다. 바로 빈부에 상관없이 자기 손재주를 통해 생계를 꾸린다는 점이었죠. 저는 여기에서 성공한 기업가를 많이 만났습니다. 대부분 가난하게 시작했던 그들에게 윗세대가 남겨준 건 '누구든 진정한 능력을 갖춰야 한다'는 가치관 하나였습니다. 가치관은 도둑도 훔쳐갈 수 없고, 불에도 타지 않는 자산이죠. 올바른 가치관을 정립하는 것은 우리 삶에 매우 중요합니다. 그래서일까요? 저장 지역에는 소박하지만 돈 잘 버는 기업가가 참 많았습니다. 멍청한 부자가 강도를 만났다면 가진 걸 모두 탈탈 털렸겠지만, 디오게네스의 진정한 재산은 강도가 빼앗을 수 없었습니다. 이게 디오게네스의 두 번째 교훈입니다.

어떤 순간에도 자유로워야 합니다

사람은 세상에 우뚝 설 능력을 갖춰야 자유로워집니다. 그렇지 않으면 지위가 아무리 높아도 노예와 다름없죠. 훗날 디오게네스가 아테네에 도착했을 때 그는 이미 매우 유명해진 상태였습니다. 알렉산드로스 대왕은 그의 이름을 듣고 사람을 보내 대화를 청했습니다. 디오게네스는 이렇게 답했습니다.

"아테네에서 마케도니아(알렉산드로스가 있는 곳이었습니다)까지의 거리나 마케도니아에서 아테네까지의 거리나 똑같소."

이 말은, 대화하고 싶으면 대왕이 직접 아테네로 찾아오라는 뜻이었습니다. 이는 진정한 자유인의 생각이었죠. 돈과 지위 앞에서 노예의 마음을 버리고 자유인의 태도를 유지해야만 상대의 존중을 얻을 수 있습니다.

이러한 깨달음 덕분에 저는 이직을 할 때마다 새로운 회사와 이렇게 이야기하게 되었습니다.

"직원이 한 명 더 필요하시다면 그게 꼭 저여야 할 필요는 없습니다. 세상에 일 잘하는 사람은 많으니까요. 하지만 함께 일할 파트너가 필요하시다면 계속 이야기할 용의가 있습니다."

이렇게 태도를 분명히 밝히면 사람을 이용하는 회사들은 대부분 걸러지고 저를 진심으로 원하는 기업만 남습니다. 아무리 단기간이라도 함께 일하는 경우라면 쌍방은 반드시 평등해야 하죠. 기업들이 제게 강의나 고문 활동을 요청하면 저는 이렇게 말합니다.

"제가 있는 곳으로 와서 이야기하시겠습니까?"

이런 태도는 거들먹거리는 게 아닙니다. 만약 상대방이 저를 찾아오는 데 시간도, 에너지도 쓰지 않는다면 제 의견도 듣지 않을 가능성이 크죠. 따라서 조건이 아무리 좋아도 성의를 보이지 않는 사람과는 일하지 않습니다. 진정한 협력은 서로의 자유를 존중하는 데에서 시작됩니다.

어떤 친구들은 제게 이익을 위해 어느 정도 희생을 감수해야 할 필요가 있지 않냐고 묻습니다. 그러면 단기적으로는 쉽게 물질적 이익이 따를지 모릅니다. 그러나 명예와 실익만을 목표로 일하면 중첩적인 발전이 일어나지 않습니다. 사람은 평생토록 많은 일을 하지만 그 일들은 대부분 안 해도 상관없는 일입니다. 돈 외에(때로는 돈도 못 벌 때도 있습니다) 다른 영향력을 만들어내지 못하기 때문입니다. 그렇다면 어떤 기준으로 할 일과 하지 말아야 할 일을 구분해야 할까요? 제 기준은 앞으로의 성장에 보탬이 되는가입니다. 어떤 사람들은 대세에 따라 유명인이나 기업들을 따라가기 바쁜데요. 이런 행동은 허영심을 만족시키는 것 외에 유익한 점이 없습니다. 이게 디오게네스의 세 번째 교훈이에요.

과도한 물질 추구에서 벗어나세요

물질적 즐거움에 개의치 않았던 디오게네스는 나무통 안에서 자유롭게 살았습니다. 저는 돈이나 물질을 통해 더 나은 삶을 사는 것에 반대하지는 않지만, 부담될 정도로 과하게 추구하는 것은 반대합니다. 우리 인생에서 대부분의 물질은 사실 있어도 그만, 없어도 그만이죠. 물질 추구를 약간만 줄이면 훨씬 행복해질 겁니다. 이것이 디오게네스의 네 번째 교훈입니다.

　디오게네스가 코린토스에서 살던 시절에 마침 다른 성과 전쟁이 났습니다. 사람들이 다들 전쟁하느라 바쁜 와중에 디오게네스는 할 일이 없어 자기 집인 나무통을 언덕 위로 밀어 올렸다가 다시 굴려 떨어뜨리길 반복했습니다. 다른 사람이 왜 그러는지 묻자 그는 이렇게 대답했어요.

"다들 바쁜데 나도 뭐라도 해야 하지 않겠소."

사실 그는 전쟁에 바쁜 사람들을 풍자한 것이었습니다.

승패는 중요하지 않습니다

디오게네스의 이런 행동은 제게 전쟁의 필요성을 다시금 생각하게 했습니다. 저도 어릴 때 다른 남자아이들처럼 장군, 영웅, 나폴레옹이 되고 싶던 시절이 있었습니다. 하지만 어른이 된 후에는 대부분의 전쟁이 불필요하고 우스꽝스럽다고 생각하는 평화주의자가 되었습니다.

세계사를 살펴보면 문명의 진보야말로 인류의 주요 테마였음을 알 수 있습니다. 역사책들은 한 나라의 국운을 바꾼 큰 전쟁들을 기술하고 있으나, 백 년 후에 냉정하게 따져보면 전쟁의 승패가 해당 지역에 미친 영향은 한정적입니다. 1894년에 일어난 청일전쟁만 해도 일본의 완승, 중국의 참패로 끝났으나 120여 년이 흐른 지금, 일본이 그 전쟁의 승리로 어떤 이득을 누리고 있나요? 중국은 다시 일어서지 않았나요? 현재 중국의 GDP는 일본의 갑절인데, 이것은 40여 년에 걸친 중국의 안정적 발전과 문명의 진보 덕분에 가능했습니다. 독일은 70여 년 전에 전쟁을 일으켜 전 세계를 재앙에 빠뜨리는 우를 범했지요. 그들이 전쟁을 통해 얻으려 했던 것은 현재 유럽 통합으로 대부분 실현되었고요. 이것이 디오게네스의 다섯 번째 교훈입니다.

즐겁게 사는 것이 가장 중요합니다

결국 디오게네스는 알렉산드로스 대왕을 만나게 되었습니다. 이 위대한 대왕이 군사를 이끌고 아테네에 와서 흠모하던 철학자를 만났던 겁니다. 당시 디오게네스는 길거리에서 햇볕을 쬐고 있었습니다. 알렉산드로스가 그에게 물었습니다.

"내가 그대에게 무엇을 해주기 원하는가?"

디오게네스는 이렇게 대답했습니다.

"햇빛을 가리지 말고 비켜주시오."

알렉산드로스는 이에 감탄하며 말했습니다.

"만약 내가 알렉산드로스가 아니었다면 디오게네스가 됐을 거요."

디오게네스의 자유와 평등 의식은 알렉산드로스를 감동시켰습니다.

제가 이름이 조금 알려진 뒤부터 식사 초대로 호의를 표하는 사람들이 많았는데요. 저는 마음만 감사히 받겠다며 대부분의 초대를 완곡하게 거절했습니다. 제게 호의를 표하는 가장 좋은 방법은 제 시간을 빼앗지 않는 거니까요. 이것이 디오게네스에게서 배운 여섯 번째 교훈입니다.

사람은 누구나 두 가지 마음을 다 가지고 있습니다. 알렉산드로스 내왕이 되고 싶은 마음과 디오게네스가 되고 싶은 마음 말이에요. 인생은 이 두 가지의 균형이 잘 맞아야 하는데 보통 우리는 알렉산드로스처럼 되고 싶어하다가 다른 한쪽을 소홀히 하죠.

　만약 우리가 시야를 넓혀 개인적 행복, 영예, 성취를 매우 큰 시공간에 놓고 본다면 알렉산드로스의 업적도 사소하게 느껴질 겁니다. 사실 알렉산드로스 제국은 그의 사후에 빠르게 해체되었습니다. 그런데 그가 역사책에 단골로 등장하는 이유는 알렉산드로스 대왕이 그리스 문명을 세계 곳곳에 전파한 장본인이며, 덕분에 역사에 '그리스적 시대'가 존재할 수 있었기 때문입니다.

　우리는 디오게네스의 기이한 일생을 통해 또 다른 각도로 인생을 바라볼 수 있습니다. 핵심은, 인생은 결국 즐겁게 사는 게 가장 중요하다는 겁니다.

용기가 있어야만 꿈을 이룹니다

중국인들은 스스로를 근면하고 용감하다고 말하곤 합니다. 근면하다는 데는 동의하는데요, 용감한지는 잘 모르겠어요. 실제로 중국인은 연약한 면도 있고 문제에 휘말리는 걸 싫어하는 성향이 강하거든요. 하지만 고대 중국인은 달랐습니다.

고대 중국에는 명장들이 셀 수 없이 많았습니다. 손자병법의 손무(孫武)와 오기(吳起)는 물론이고 당태종이 추앙하던 '한백위곽', 즉 한신(韓信), 백기(白起), 위청(衛靑), 곽거병(霍去病)의 이름은 지금도 젊은 피들을 끓게 하죠. 당태종에 따르면 그가 아끼던 장군 이정(李靖)은 앞선 네 장군보다도 훨씬 뛰어났다고 합니다. 또한 당나라 시절에는 이하(李賀)처럼 문약(文弱)했던 시인들도 다음과 같이 호방한 시를 썼습니다.

남자라면 어찌 무기를 들고 관산 아래 오십 주를 정발하러 가지 않는가? 잠시 능연각에 올라보시게. 어느 서생이 제후가 될 재목인가?

男兒何不帶吳鉤, 收取關山五十州. 請君暫上凌煙閣, 若個書生萬

戶侯?

당나라 이후 비록 국력은 약해졌지만 문인들은 약하지 않았습니다. 송대에는 우윤문(虞允文), 명대에는 우겸(于謙), 왕양명, 노상승(盧象昇), 손전정(孫傳庭)이 있었으며, 청대에는 증국번과 좌종당(左宗棠)이 있었습니다. 그러나 중국 역사에서 제가 가장 아끼는 인물은 한나라의 반초(班超)입니다. 전적으로 따지면 반초는 중국 역사상 100위 안에도 못 드는 장군이지만 군사·외교적 수완이나 개인적인 지혜와 용기 면에서는 그를 능가할 인물이 없을 거예요.

반초는 학자 집안에서 태어났습니다. 아버지 반표(班彪)와 《한서(漢書)》의 저자인 형 반고(班固), 여동생 반소(班昭, '조대가[曹大家]'라고도 불리며 《한서》를 이어 썼고 궁중 후비[后妃]의 스승이었습니다) 모두 저명한 역사학자였습니다. 반초도 많은 책을 섭렵했지만 학문에 뜻이 없어 결국 군인의 길을 택했죠.

반초의 군인 생활은 길지 않습니다. 먼저 명장 두고(竇固)의 부하가 되어 북측의 흉노를 공격했는데요. 두고는 반초의 지휘 능력을 인정해 그에게 중책을 맡겼죠. 바로 군사를 이끌고 서쪽으로 가서 현지의 각국과 연합해 함께 흉노를 치는 것이었습니다.

반초가 갔던 첫 번째 나라는 선선국(鄯善國)이었습니다. 선선국

국왕은 처음엔 한나라의 사신들을 응대하는 데 매우 열정적이었지만 차츰 냉담해졌어요. 반초의 조사 결과, 선선국에 흉노의 사신도 왔고 이들을 두려워한 국왕은 양쪽 눈치만 살피는 중이었죠. 반초는 이때 지혜와 용기를 발휘해 유명한 한마디를 남겼습니다.

"호랑이굴에 들어가지 않고 어찌 호랑이 새끼를 잡을 수 있단 말인가."

그는 야밤에 부하 36명을 이끌고 흉노의 거처를 급습했고 선선국은 이튿날 바로 한나라에 복속됐습니다.

이후 10년 동안 반초는 군사 수백 명을 이끌고 서역을 종횡무진했습니다. 그는 걸출한 외교 수완과 동맹국의 군사력을 이용해 공격을 이어갔습니다. 그 결과 서역의 수십 개국(역사책에 따라 36개국, 50여 개국으로 다르게 기술합니다)이 모두 한나라에 귀속됐어요.

이 과정에서 반초는 한나라의 식량과 군대를 거의 소모하지 않았습니다. 중국의 역사상 이렇게 적은 비용으로 큰 전적을 달성한 장군은 반초밖에 없어요.

중국 역사를 돌아보면 승리한 전쟁도 국력 소모가 너무 심하여 백성들의 삶은 고통스러울 수밖에 없었습니다. 예를 들어 청나라 시대에 신장(新疆) 지역을 침공할 때도 걸핏하면 수십만 대군이 동원되었죠. 반초가 쉽게 해낸 것과는 분명히 달랐습니다.

청나라 학자 왕부지(王夫之)는 《독통감론(讀通鑑論)》에서 반초를 다음과 같이 평가했습니다.

"반초가 서역에서 이룬 일은 놀이처럼 쉬웠습니다. 그는 서른여섯 명의 군사를 거느리고 여러 나라를 누볐습니다. 그 나라의 군주를 죽이고 싶으면 죽였고, 잡고 싶으면 잡았죠. 고금을 막론하고 이렇게 똑똑하고 용감한 인물은 없었습니다."

중국 역사에는 이와 같이 총명하고 용감한 인물들이 많았습니다. 하지만 지금은 총명한 사람은 많아진 듯해도 용기 있는 사람은 줄어들었지요.

일반적으로 미국이라 하면 그들의 과학기술, 금융 또는 민주주의를 떠올립니다. 사실 이런 면에선 중국도 미국에 크게 뒤떨어지지 않습니다. 중국의 체제와 문화에도 고유한 특색과 장점이 있거든요. 최근 수십 년간 서서히 감소하고 있는 중미 간 격차가 이를 증명합니다.

그러나 오늘날의 중국인들에겐 미국인의 용기가 필요합니다. 미국은 무(武)를 숭상하는 나라로 군인들을 명예로이 대우합니다. 이런 전통은 현재까지 이어지고 있고요.

제2차 세계대전 이후의 미국 대통령 열세 명 중에 군 복무나 훈련 경험이 없는 사람은 빌 클린턴과 버락 오바마뿐입니다. 진주만 사건이 발생했을 때 당시 연방 하원의원이었던 린든 베인스 존슨(Lyndon Baines Johnson)은 전방 복무를 자원했고 태평양 전쟁에 참전했습니다. 그중 한 전투에서 그가 탄 전투기가 격침당했고, 그는 군인 여덟 명 중에 홀로 살아남았습니다.

존 케네디와 그의 형인 조지프 케네디 역시 태평양 전쟁에 참전했습니다. 형은 전사했고 동생의 군함은 일본군에게 격침당했습니다. 그는 다친 동료의 구명조끼를 입으로 문 채 열네 시간을 물속에서 버텼고, 끝내 무인도에 다다라 살아남았습니다.

조지 부시도 해군에 입대했고 대일본 작전을 쉰여덟 차례나 수행했으며, 마지막에는 겨우 목숨을 건져 미국으로 돌아왔습니다.

어떤 사람들은 용기를 모험이나 폭력 사용을 즐기는 것으로 오해합니다. 그러나 이는 진정한 용기가 아닙니다. 소식(蘇軾)은《유후론(留侯論)》에서 이렇게 말했습니다.

> "보통 사람이 치욕을 당해 칼을 뽑는 건 용기라고 할 수 없습니다. 용감한 사람은 갑작스런 일에도 놀라지 않고 이유 없이 해를 당해도 분노하지 않습니다."

용감함이란 위험이나 어려움을 두려워하지 않고 과감하게 행동하며 타인이 할 수 없고 하지 못하는 일을 해내는 겁니다.

제가 미국에 온 지 얼마 되지 않았을 때 용기가 뭔지 몸소 알려준 친구가 있습니다.

대학원생 휴게실에 있던 냉장고가 고장이 난 지 한참 지났습니다.

학생들이 학과 사무실에 알렸지만 학교에서는 관심이 없었고, 결국 고장 난 냉장고는 일부 학생들의 책장으로 쓰였죠.

저와 같은 학번인 레이철이라는 여학생이 자원해 학과 사무실에 찾아갔고, 도시락을 싸오는 학생들이 음식을 보관할 수 있도록 새 냉장고를 사달라고 요구했습니다. 그러나 학과 측의 반응은 미지근했습니다. 그러자 그녀는 사무실 입구를 가로막고 학과장에게 요구사항을 말하는 동시에 학생들에게서 인당 5달러를 모금받아 새 냉장고를 구매하려 했습니다. 결국 학과장은 학생들끼리 모금하는 상황에 민망해졌고 학과장 담당 펀드에서 냉장고 살 돈을 내어주었습니다. 그 뒤에도 몇 년간 불공평한 일이 생기면 언제나 레이철이 나타났습니다. 다른 사람은 보고하기 꺼리는 건의 사항도 그녀는 언제나 앞장서서 전달했죠. 어려운 일을 맞닥뜨렸을 때 한 여학생이 보여준 용기와 책임감, 과감한 행동력은 제가 용기 있는 사람으로 변할 수 있도록 도와주었습니다.

용기는 이처럼 삶의 작은 구석구석에서 드러납니다.

몇 년 전에 저는 고궁에 방문했습니다. 전시관마다 카메라 플래시를 꺼달라는 공고가 붙어 있었는데 지키는 사람이 아무도 없었습니다. 저는 주변 사람들에게 일일이 규정을 설명한 뒤 플래시를 꺼달라고 부탁했습니다. 관람객들은 규정을 잘 알고 있었고 다들 제 이야기를 따랐습니다. 진짜 잘못은 한쪽에서 방관하던 직원에게 있었죠. 저는 그녀를 불러 업무상 과실을 지적했습니다. 처음에 그녀는 그런 일은 꼭 관리하지 않아도 상관없다는 식이었습니다.

저는 상사를 불러오라고 했습니다. 세계적인 박물관에선 사진을 못 찍게 하면 찍지 않고 플래시를 쓸 수 없다고 하면 쓰지 않습니다. 전 직원이 규칙이 지켜지도록 최선을 다하고요. 저는, 상사는 관리에 소홀했고 부하는 직무에 소홀했으니 그야말로 배임 행위라고 말했습니다. 그들은 사과할 수밖에 없었고, 개선 의지를 밝혔습니다. 물론 돌아서자마자 이 일을 잊었을 수도 있어요. 하지만 용감한 사람이 많아지면 사회도 조금씩 더 나아질 겁니다.

용기는 사회에는 물론이고 우리 자신에게도 유익합니다. 앞으로 나아가는 힘을 주기 때문입니다. 아무리 똑똑해도 용기가 없으면 이룰 수 있는 일이 없다는 걸 기억하면 좋겠습니다.

5장

인생의 격차

누구나 한 차원 높은 삶에
다다를 수 있습니다

비슷한 환경 아래 자란 아이들은 가정 형편, 교육 수준이 비슷합니다. 부모의 수준이 대동소이하니 지능 면에서도 큰 차이가 없습니다. 그런데 어른이 되면 생활 수준, 개인적 성취, 가정 생활 등에서 큰 차이가 발생하죠. 성장하면서 각기 다른 경험을 하기 때문입니다.

성장에는 환경이 가장 중요합니다. 그중에서도 가정 환경과 친구 관계가 특히 중요하고 직장 환경과 분위기가 그다음이에요. 매일같이 모험적인 일을 시도한다면 실패의 쓴맛을 자주 맛보게 될 텐데요. 너무 많은 실패는 습관성 실패를 초래하기도 합니다. 그렇다고 언제나 편안한 환경에만 머무르면 발전할 수 없겠죠. 우리가 가진 능력의 한계 내에서 가능한 한 최고의 성과를 달성하는 걸 목표로 한 걸음 한 걸음 나아가며 실패보다 성공을 더 많이 경험하려 애써야 합니다.

마음속 슈퍼히어로를 떠나보내세요

십 대 남자아이들은 생리학적으로나 사회학적으로나 매우 특별합니다. 일반적으로 사춘기 소년이라고 부르죠.《호밀밭의 파수꾼》이라는 책은 애증이나 복수도, 아슬아슬한 서스펜스도 없지만 오랫동안 사랑받는 스테디셀러입니다. 사춘기 소년의 혼란을 잘 그려냈기 때문입니다. 소설 속 주인공은 어른들의 세계에서 아이들을 구출하는 꿈을 꿉니다. 결국 이 소년은 출구를 찾지 못하고 원래 사회로 돌아오죠.

요새 어린이들은 '호밀밭의 파수꾼'을 꿈꾸지는 않지만 영웅이나 초인이 되고 싶어 하는 것 같습니다. 판타지 드라마 속의 캐릭터들은 슈퍼히어로가 되고 싶은 어린이들의 꿈을 만족시켜줍니다. 영국의 〈해리포터〉 시리즈, 미국의 〈반지의 제왕〉, 〈아이언맨〉, 〈스파이더맨〉, 〈트랜스포머〉 시리즈에는 모두 슈퍼히어로가 등장합니다.

제가 어렸을 적에는 주변 남자아이들 모두가 손오공이 되고 싶어 했습니다. 손오공은 초능력으로 바람과 비를 부르고 하늘과 바다를 가를 수 있을뿐더러, 뭐든지 하고 싶은 대로 하고 말이 안 통하면 주먹을 날렸어요. 게다가 위험에 빠져도 지혜롭게 빠져나오곤 해서 당시 남자아이들의 마음을 만족시켜주었죠. 초등학교에서 〈삼타백골정(三打白骨精)〉(《서유기》에서 파생된 이야기-옮긴이)을 공연하면 모두가 손오공 역할을 원했고 저팔계 역할을 맡기 싫어했습니다. 못생기고 게으른 돼지 역할을 하는 건 사실 벌 받는 거나 다름없으니까요. 삼장법사는 선악도 구분하지 못하는 바보, 사오정은 있으나 마나 한 역할이었고요. 여학생들은 손오공 역할은 원하지 않았어도 미래에 손오공처럼 모든 일을 척척 해내는 짝을 만나기를 꿈꿨습니다. 본질적으로 손오공, 해리포터, 아이언맨, 스파이더맨은 동일한 캐릭터예요. 단지 최근에 나온 캐릭터들에 현대적 가치관이 좀 더 부여되었을 뿐입니다.

그러나 아이들은 고등학교에 입학하고 입시에 시달리며 손오공의 존재를 까맣게 잊습니다. 또한 더 이상 손오공을 귀엽게 느끼지 않죠. 젊은 층을 대상으로 한 온라인 조사에 따르면 젊은 여성들의 이상형이 무려 저팔계라고 합니다. 미녀를 좋아하고 달콤한 말에 능하며 기분도 잘 맞추는 데다가 가정적이고 집안도 좋으니 더 바랄 게 없답니다. 삼장법사도 뚜렷한 목표와 꿋꿋한 의지를 가졌다며 좋아합니다. 심지어 사오정마저도 믿음직스럽다고 여성들에게 인정받았는데, 이들 캐릭터가 조연인 점은 관계 없는 것 같았습니다. 어차피 모두가 주연이 될 수는 없으니까요.

꿈을 꾸는 건 미국 아이들도 마찬가지입니다. 그렇지 않으면 할리우드 영화에 그리 많은 슈퍼히어로가 나오지 않을 겁니다. 그들은 모두 미국 문화 속 손오공입니다. 중국 아이들이 길에서 나뭇가지를 주워 여의봉으로 삼듯이, 미국 아이들은 집 안 냄비뚜껑을 캡틴 아메리카의 방패로 삼고 목욕 수건으로 망토를 두릅니다. 미국 장난감 가게에는 슈퍼히어로 아이템 천지죠.

그런데 십 대가 되면 미국 아이들은 집 차고에 노점을 열어 그 장난감들을 팔거나, 지나가는 아이에게 그냥 나눠줍니다. 바로 미국식 손오공과 작별하는 거예요.

사람의 성장 과정은 사실 마음속의 슈퍼히어로를 서서히 떠나보내는 과정입니다. 환상을 버리지 못하면 앞으로 나아갈 수 없기 때문입니다. 자신이 쌓아올린 환상의 벽을 얼마나 빠르게 깨고 나와 현실과 마주하느냐에 따라 그 사람의 성장 수준이 달라집니다.

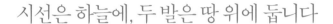

시선은 하늘에, 두 발은 땅 위에 둡니다

세대 차이는 어쩌면 사회학에서 가장 빈번하게 등장하는 단어일 겁니다. 그러나 어른들 대부분, 특히 십 대 자녀를 둔 부모들은 그 차이를 받아들이려 하지 않습니다. 흥미롭게도 부모와 세대 차이를 가장 크게 느끼는 자녀들의 연령대는 마침 십 대입니다. 그들은 부모와 의견 차이가 발생하면 옳고 그름을 따지는 대신 세대 차이라고 결론을 내버립니다. 마치 모든 문제가 이 단어로 덮어질 것처럼 말이에요. 하지만 그들의 부모는 그저 아이가 말을 안 듣는다고 생각합니다.

그렇다면 아이들이 틀렸을까요, 아니면 어른들이 틀렸을까요. 아이들이 성장한 걸까요, 아니면 어른들이 퇴보한 걸까요. 어른들은 아이가 너무 순진하고 어리석어 조금 더 커야 사리를 분별하리라고 생각합니다. 마치 '호밀밭의 파수꾼'이 되고자 했던 소설 속 주인공처럼요. 부모가 이런 생각을 가졌다면 청소년들과의 대화는 점점 어려워질 겁니다. 부모는 과거에 자신도 아이들과 같은 꿈을 꿨음을 기억해야 합니다. 시대가 변해 슈퍼히어로의 종류만 달라졌을 뿐이죠. 아이를 질책하기보다 부모 자신의 꿈이 어떻게 깨졌는지를 돌아볼 필요가 있습니다.

꿈이 깨지는 첫 번째 원인은 아이들이 비현실적인 꿈을 꾸도록 내버려두었기 때문입니다. 대부분 학부모는 아이들이 어릴 때 극도로 아름다운 미래와 비현실적인 인생을 설계해줍니다. 아이들에게 공부만 열심히 하면 출세할 수 있다고 이야기해주고요. 그러나 아이를 달래서 공부시키는 일은 쉽지만, 약속한 미래를 실현하는 것은 학부모나 선생이 할 수 있는 일이 아닙니다. 결국 아이가 얼마나 멀리 가는지는 부모의 약속과는 상관없으며, 아이가 얼마나 꿋꿋이 전진하기를 원하느냐에 달렸습니다.

미국에서는 많은 아이가 대통령을 꿈꾸다가 중고등학교에 들어가면 NBA 농구선수로 꿈을 바꿉니다. 하지만 실제로 NBA 스타가 되는 사람은 극소수에 불과하죠. 이러한 현실을 일깨워줘야 합니다.

미국에서도 아이들이 칭찬을 먹고 자란다는 말에 동의하지만 칭찬의 목적은 아이들의 동기를 이끌어내는 데에만 있어야 한다고 믿습니다. 아이들에게 과장된 칭찬만 남발하고 정작 실력을 쌓도록 돕지 않으면 아무 소용이 없습니다. 예를 들어 어떤 학생이 늘 60점을 받는데, 교사와 학부모가 입을 모아 네가 세상에서 가장 똑똑하다고 말한다면 아이에게 도움은커녕 해가 될 겁니다.

중국의 많은 초등학생 학부모가 자녀의 아이큐를 상위 50퍼센트로 가정하고 교육을 시키고 있습니다. 아이들을 억지로 올림피아드에 참여시키고, 특기 적성 학원도 여러 개 보냅니다. 하지만 아이들은 결국 영화 한 편에 주인공은 한 명뿐이며 조연만 해도 훌륭하다는 점을 알아야만 하고, 실제로 나중에 알게 될 겁니다.

이에 비해 유대인의 양육 방식은 훨씬 현실적이에요. 제 딸은 어릴 적에 집 앞 유대인 유치원에서 교육받았습니다. 놀랍게도 그 유치원에서는 아이들이 슈퍼히어로나 왕자, 공주 복장을 하는 것을 허락하지 않았습니다. 선생님은 아이들에게 어릴 때부터 세상에는 슈퍼히어로도, 동화 속 왕자와 공주도 없음을 알려주기 위해서라고 설명했습니다. 우리는 아이들에게 세상은 그들이 설계할 수 없으며, 앞으로의 모든 일은 자기 노력에 달렸다고 알려주어야 합니다.

어른들은 아이들이 슈퍼히어로를 믿게 내버려두면서 스스로는 믿지 않는 모순적 태도를 보입니다. 그 이유는 어른들 자신의 좌절감에서 비롯되죠. 우리 대부분의 성장 과정은 '호밀밭의 파수꾼'처럼 좌절의 연속이었습니다. 인간은 해결할 수 없는 문제와 좌절을 경험하면서 점차 운명을 받아들이고 원하던 것을 점점 더 많이 포기하기 시작합니다. 그에 비하면 알렉산드로스, 나폴레옹, 스티브 잡스, 일론 머스크 같은 '현실 세계의 영웅'들은 비록 좌절은 겪었지만, 이상과 포부를 여전히 유지하며 하나의 승리에서 다음 승리를 향해 뚜벅뚜벅 걸어갔습니다. 그래서 현실적으로 성공할 수 있었던 거예요. 따라서 어른들은 아이들이 마음속 슈퍼히어로를 천천히 떠나보내도록 기다려주는 동시에 현실적인 꿈을 심어주어야 합니다.

우리는 실패는 성공의 어머니라고 이야기하곤 하는데 제 생각에 이 말은 10퍼센트 정도만 맞습니다. '1+1'의 답이 3이 아니라는 걸 알았다고 해서, 곧바로 답이 2임을 알게 되는 건 아니니까요.

실패하지 않는 것만으로 만족하는 사람은 같은 실패를 반복하지 않게 된 것만으로도 만족하겠지만 성공의 경험이 실패의 교훈보다 훨씬 중요하죠. 너무 자주 실패하다 보면 실패가 습관이 됩니다. 성공이야말로 성공의 어머니임을 기억하세요. 실패하기는 쉽지만 성공하려면 온갖 어려움을 극복해야 합니다. 실패에도 물론 약간의 교훈은 따르겠지만 그건 너무 비효율적입니다. 게다가 실패를 너무 많이 하면 용기도 없어집니다. 실패에서 얻는 약간의 교훈보다 그 폐해가 훨씬 큽니다. 물론 하는 일마다 성공하기는 어렵겠지만, 실패하더라도 최선을 다하다가 실패해야 배우는 게 많습니다.

실패를 피할 수 있도록, 학부모들은 자녀에게 상상할 공간과 현실적인 목표를 함께 제공해야 합니다. 예를 들어 대학 진학 시에도 학부모가 아이의 선택에 지나치게 간여하면 결과가 어긋나기 쉽습니다. 그렇다고 목표만 높게 정해주고 방치하면 그 또한 결과가 좋지 못하죠. 자녀들이 결정적인 실수를 할 때 막아주지 않으면 아이들은 좌절하고 말 거예요. 어느 정도 우수한 아이들도 한두 번 좌절을 겪고 나면 경쟁에 응할 용기를 잃고 맙니다.

마지막으로 우리 대부분은 결국 마음속 손오공을 포기하고 슈퍼히어로가 되지 못했을 겁니다. 이것은 매우 정상적인 결과입니다. 담담하게 받아들이면 됩니다. 애플의 두 번째 CEO 마이크 마쿨라(Mike Markkula)가 바로 세계 최고의 부호가 될 기회를 포기하고 일반인의 행복을 택한 사람입니다. 일반인에게는 일반인으로서의 행복이 있기 마련이며, 슈퍼히어로의 결말이 항상 좋은 것만도 아니니까요.

따라잡을 수 없는 수준의 성과는
이렇게 만들어집니다

사람들은 제게 어떻게 동시에 그렇게 많은 일을 하느냐고 묻습니다. 사실 저는 하는 일이 그리 많지 않습니다. 다만 하는 일마다 영향력이 있고 성공률이 조금 더 높다 보니 눈에 띄었을 뿐이에요. 성과는 속도(또는 작업량), 영향력 및 성공률이라는 세 요소에 의해 결정됩니다. 이 요소들은 곱셈 관계에 있습니다.

$$성과 = 속도(작업량) \times 영향력 \times 성공률$$

다시 말해 아무리 많은 일을 해도 성공률이 낮고 영향력이 작으면 성과가 제한적일 수밖에 없습니다.

상술한 세 요소 가운데 작업 속도(또는 작업량)는 개선 폭이 크지 않습니다. 일터에서 남들보다 두 배 정도 효율적이라면 이미 정점에 가까워요. 인간의 노력에는 한계가 있기 때문입니다. 그러나 성공률이나 영향력을 높이면 몇 배, 몇십 배 차이가 나는 결과를 낼 수 있습니다. 이 두 요소는 차수(次數, Degree) 단위의 변화를 일으킬 수 있기 때문입니다.

차수에 관해 다루기 전에 '수의 단위'를 통해 제가 전하고자 하는 바를 좀 더 쉽게 설명해보겠습니다. 수는 단위가 하나 달라질 때마다 그 양이 열 배 달라집니다. 예를 들어 일, 십, 백, 천, 만이 바로 수의 단위입니다. 투자학과 거시경제학에서는 수의 단위를 중요하게 다루죠. 만약 어느 두 회사의 매출액이 두세 배 정도 차이가 난다면 그래도 서로 경쟁이 됩니다. 적어도 같은 수의 단위에 있으니까요. 그러나 두 회사의 매출액이 서로 열 배 이상 차이가 날 때는 더 이상 경쟁이 되지 않습니다. 수의 단위조차 바뀔 정도로 격차가 벌어진 거니까요.

차수는 이보다 더 큰 격차를 가져오는 개념으로, 수학과 컴퓨터 분야에서 많이 쓰입니다. 수학 시간에 배운 일차함수, 이차함수를 떠올려보면 쉽게 이해할 수 있을 겁니다. 일차함수는 '$y=ax+b$'처럼 x에 대한 일차식으로 표현되는 함수로, 직선 모양의 그래프가 나옵니다. 여기서 x의 차수는 1이죠. 그리고 x가 증가할 때 결과값인 y는 직선 형태로 커집니다. 한편 이차함수는 '$y=ax^2+bx+c$'처럼 x에 대한 이차식으로 표현되는 함수로, 곡선 모양의 그래프가 나옵니다. 이때 x의 차수는 2죠. x가 증가할 때 결과값인 y는 곡선 형태로 커지고요. x에 같은 값을 넣어보면 이차함수가 훨씬 큰 결과값을 냅니다. 그래프만 봐도 드라마틱하게 휘어 올라가는 곡선의 형태를 띠고 있죠. 바로 차수가 높기 때문입니다.

차수 차원의 변화가 거대한 차이를 만드는 이유는 증폭 효과가 크기 때문입니다. 규모가 작을 때는 사람들이 차수의 차이를 눈치채지 못하는 경우가 많습니다. 그러나 규모가 커지면 그 차이가 놀랍도록 커지죠.

작은 문제에 대한 해결 방식은 큰 문제에 적용하기에 적절하지 않습니다. 제가 오래전에 텐센트에서 근무하던 때 이런 일이 있었습니다. 기술 부서의 임원이 제게 효율성이 떨어지는 버블 정렬을 쓰는 엔지니어가 있다고 하소연했습니다. 그 엔지니어는 프로그램 수행 시간에 별 차이가 없다고 변명한답니다. 이런 상황은 사실 업무를 수행할 때 흔하게 발생합니다. 작은 수의 세계에 사는 우리는 큰 수에 대한 개념이 부족하기 때문입니다. 저는 그 임원에게 해당 엔지니어를 불러오라고 했고 우리는 셋이서 이야기를 나눴습니다.

그 임원을 앞에 두고 저는 엔지니어에게 말했습니다.

"만약 지금 우리가 한 반 학생들의 성적 순위를 매기는 중이었다면 효율이 조금 높거나 낮아도 계산상 고작 수천 회 정도밖에 차이가 안 날 겁니다. 그러나 수만 개의 숫자를 배열한다면 수백 배의 차이가 발생할 수 있습니다. 만약 중국 전체 인구를 배열했다면 수백만 배가 차이 났을 겁니다. 현재 빅데이터의 수는 중국 인구보다 훨씬 많으므로 잘못된 방법을 사용하면 그 차이가 걷잡을 수 없이 커집니다."

이 말은 들은 그 엔지니어는 매우 부끄러워했습니다. 저는 그에게 각기 다른 두 방법이 어떤 결과를 불러올지 알려면 경험과 통찰력이 필요하니 자책하지 말라고 위로했습니다. 하지만 우수한 엔지니어가 되고 싶다면 차수를 유의하는 습관을 길러야 한다고 조언했습니다. 컴퓨터과학에서 각각 다른 차수를 사용하는 알고리즘으로 하나의 일을 처리해보면 그 수행 시간이 사람의 인생만큼 길어질 수도 있고, 몇 분, 몇 초에 불과할 만큼 짧아질 수도 있다는 걸알게 됩니다. 차이가 이렇게 큽니다.

차수에 대한 감각이 조금 생겼다면 이제 어떻게 개인의 성과를 최대화할지 살펴봅시다. 성과를 결정하는 세 가지 요소 가운데 작업속도는 사람마다 최대 몇 배 차이밖에 나지 않습니다. 물론 몇 배도 상당하다고 생각할 수 있겠지만 문제는 성공률과 영향력, 두 요소가 차수 차원의 변화를 가져올 수 있다는 점에 있습니다.

먼저 성공률은 0에서 100퍼센트까지 다양하죠. 일반적으로 10과 1의 차이는 1과 0의 차이보다 크다고 생각합니다. 전자는 9, 후자는 1만큼 차이 나기 때문입니다. 하지만 한 가지도 성공하지 못해 성공률이 0이 되면 성과 역시 0이 됩니다. 앞서 말했듯이, 세 요소는 곱셈 관계니까요. 모든 작업을 0으로 만든다는 점에서 이 경우엔 1과 0의 차이가 10과 1의 차이보다 크다고 볼 수 있을 겁니다.

차수 차원에서 증폭되는 또 다른 요소는 영향력입니다. 시나웨이보(Sina Weibo)의 팔로워 수를 살펴보면 최소 몇 명부터 최대 1억 명까지 그 차이가 일곱 자릿수까지 납니다. 이것이 바로 차수의 차이예요. 물론 웨이보에서 팔로워를 많이 보유한 계정은 주로 연예인의 것입니다. 모든 정보 검색 분야에서 개인 홈페이지와 영향력 있는 미디어, 또는 전문 웹사이트는 검색량이 몇 자릿수가 차이 납니다. 똑같은 전문 웹사이트여도 일반 병원과 존스홉킨스병원, 매사추세츠병원의 검색량은 몇만 배 차이가 나죠.

영향력 차이는 인터넷에서뿐만 아니라 실물경제에서도 어마어마합니다. 전 세계 휴대전화 브랜드의 순이익을 살펴보면 2017년 세계 1위였던 아이폰 X는 10위였던 아이폰 SE의 약 38배였습니다 (각각 세계 휴대전화 브랜드 순이익의 35퍼센트와 0.9퍼센트를 차지했습니다).

비슷한 상황은 이 외에도 많습니다. 어떤 대학에서는 10년 이상을 투자해 클라우드와 인공지능 기술에 관한 논문을 수백 편 발표했지만, 그 영향력을 다 합쳐도 구글의 제프 딘(Jeff dean)이 쓴 논문 한 편의 영향력에 미치지 못합니다. 광둥산 전자시계 만 개는 파테크 필리프(Patek Philippe) 시계 하나 가격에 필적하지 못합니다. 전 세계 안드로이드 스마트폰에는 게임이 수백만 개 있지만 상위 100위 안에 모든 게임 사용자 수를 다 합쳐도 텐센트의 인기 게임 하나에 미치지 못하니 매출액은 말할 필요도 없을 겁니다.

우리도 마찬가지입니다. 평생 영향력 없는 많은 일에 분투하느니 어느 정도의 영향력을 가진 일 하나에 최선을 다하는 것이 낫습니다. 일부 게임 개발자들은 제게 한 달에 800달러밖에 못 번다고 하소연했습니다. 이 금액은 청소부 월급의 3분의 1 수준으로, 최저 생계비에도 미치지 못하죠. 그 이유는 간단합니다. 수백만 개의 게임을 만들어도 사용자가 없는 것처럼, 이러한 수준의 엔지니어가 업무에 미치는 영향력이 거의 제로에 가깝기 때문입니다. 반면 유명한 게임의 디자이너와 핵심 개발자들은 연간 수억 위안을 벌고 있습니다. 이는 해당 게임의 매출액이 연간 수십 억 위안이라는 뜻이에요. 작업량으로 승부하겠다고 죽도록 일해도 최대 두세 배 많은 게임을 만들어내는 게 고작입니다. 다시 말해 작업량의 증가는 최대 몇 배 성장을 가져오는 데 그치지만 일이 만들어내는 영향력은 차수 단위를 바꿔버리는 성장을 가져옵니다.

중국 내 스타트업들은 속도를 중시하기 때문에 엔지니어 한 명이 구글 또는 마이크로소프트 엔지니어보다 두세 배 분량의 코드를 만들어냅니다. 하지만 제가 관찰해보니 그런 코드는 대부분 3개월을 넘기지 못하고 쓸모없어졌습니다. 게다가 그들 외에는 사용자도 거의 없었고요. 이에 반해 구글에는 10년 이상 사용되는 코드들이 있으며, 프로젝트 대부분에 그 코드들이 여전히 사용됩니다. 어떤 쪽이 더 많은 성과를 냈을지는 상상할 수 있을 겁니다. 성과는 바쁘게 일한다고 얻어지지 않거든요. 오히려 영향력에 신경써서, 열심히 한 일들이 모두 좋은 결과로 돌아오도록 만들고 이를 미래의 더 큰 성취를 위한 기반으로 삼아야 합니다.

질 낮은 근면함을 버립시다

훌륭한 엔지니어는 언제나 차수를 높일 방안을 찾습니다. 이를 통해 수백 배, 수만 배, 심지어는 그 이상의 수확을 얻을 수 있으니까요.

우수한 전문가는 업무를 시작하기 전에 먼저 할 일 목록을 작성합니다. 중요성에 따라 할 일에 순서를 매긴 뒤, 모든 자원을 집중해 가장 중요하고 영향력이 큰 업무를 먼저 처리합니다. 긴요하지 않은 일은 아예 목록에서 제외하기도 합니다. 반대로 미숙한 사람은 오는 순서대로 일을 처리하며 영향력 없는 일에 과도한 에너지를 소모합니다.

짝퉁 상품을 제조하는 사람은 밤낮으로 원가를 줄일 생각만 합니다. 그의 목적은 정품보다 더 낮은 가격에 팔 수 있는 상품을 만드는 겁니다. 반면 뛰어난 제작자는 1퍼센트의 디테일로 상품 품질을 한 자릿수 이상 높입니다. 이를 통해 더 많은 이윤과 시장점유율을 얻을 수 있음을 알고 있죠. 예를 들어 애플 컴퓨터에 들어가는 망막 디스플레이는 원가가 일반 디스플레이보다 10달러 정도 더 높지만, 전자를 사용한 컴퓨터는 100달러 이상 비싸게 팔 수 있고 사용자 경험은 두 배 이상 증가합니다.

일의 가짓수를 늘려봐야 몇 배 수준의 성과 향상에 머무르지만, 업무 품질과 영향력을 높이면 몇 제곱 수준의 성장을 이룹니다. 이 점을 이해했다면 작업 방식을 바꿔 영향력 있는 일을 더 많이 하려고 시도하세요.

물론 걷지도 못하면서 뛰라는 뜻은 아니에요. 그러면 아마 성공률이 0에 수렴해서 아무 성과도 얻지 못할 테니 말입니다. 칭화대학교의 선배와 동년배들을 관찰해보니 평생 아무런 성과를 내지 못한 사람도 꽤 많았습니다. 그들이 간단한 일만 해서 성과가 없었던 게 아니었어요. 오히려 자신을 과대평가하는 바람에 작은 일부터 성실히 쌓아 올라가지 못한 탓이었습니다. 결국 그들은 자신의 재능을 꽃피우지 못했음을 하나같이 후회했습니다. 앞서 말했듯이 분수를 모르고 높은 곳만 바라보면 일의 성공률은 0이 되고, 0에 아무리 큰 수를 곱해도 결과는 여전히 0이므로 아무것도 이룰 수 없습니다.

사회생활 초반엔 누구나 작은 일부터 시작합니다. 아직 성숙하지 못해 작업 속도도 늦고 심지어 아주 작은 업무에서도 실패합니다. 하지만 그래도 괜찮습니다. 차수가 높은 함수의 결과값은 시간이 흐를수록 매우 커집니다. 사람도 마찬가지예요. 누구든 발을 땅에 굳게 딛고 성실하게 일하면 성공률과 효율이 점차 증가합니다. 어떤 사람은 나이가 들수록 더욱 성장하고, 어떤 사람은 서른 살에도 천장에 부딪히고 말죠. 성공은 더 많은 일을 하는지가 아니라 더 높은 차수로 도약할 수 있는지에 달렸습니다.

저는 앞에서 제게 사업을 가르쳐준 장 선생을 언급했습니다. 만약 장 선생 덕분에 차수의 힘을 깨닫지 못했더라면 저는 더 이상 도전하지 않고 안주하는 삶을 살았을지도 모릅니다.

삶에서 작은 부를 이룬 사람은 안주하기 쉽죠. 제 친구 K는 미국의 에인절 투자자입니다. 그는 과거에 링크드인(Linkedin) 투자로 높은 수익을 올렸으니 아마 성공한 사람이라 볼 수 있을 겁니다. 하지만 1970년대부터 에인절 투자를 시작했던 베테랑임에도 불구하고 그의 이름을 들어본 사람은 거의 없습니다. K의 투자가 지금까지도 10만 달러 규모에 머물러 있기 때문입니다. 다행히 링크드인이라는, 투자 수익률 50배 이상을 달성한 '홈런' 종목 덕분에 그의 투자 프로젝트당 총 수익률은 약 200퍼센트에 달합니다. 아마 이 정도 수익률이면 나쁘지 않다고 생각할 수 있습니다. 수치상으로 실리콘밸리 벤처 투자 수익률의 중간값이므로 확실히 나쁘진 않거든요. 하지만 투자 규모가 작으면 실제로 가져가는 이윤도 적을 수밖에 없습니다. 제 계산에 따르면 K의 연 소득은 약 20만 달러 수준으로, 구글이나 페이스북에 입사한 박사 졸업생이 받는 초봉보다 못했습니다.

K는 제게 자랑스럽게 이야기했습니다. 그가 처음으로 수표를 써 줬던 회사 중에 결국 상장했거나 인수 합병된 회사가 적지 않다는 거예요. 하지만 저는 속으로 안타까웠습니다. 마치 일평생 전쟁에서 싸워온 군인이 아직도 처음 자기 손으로 적을 물리쳤던 경험을 자랑하는 것처럼 보였습니다. 사실 이 친구 같은 사례는 실리콘밸리에서 아주 흔합니다. 반면 정말 성공한 투자자들은 초기 투자 결과는 평범했더라도 그 규모가 점점 증가해 수십만, 수백만, 수천만, 수억 달러가 되는 경우가 많습니다. 1억 달러에 수익률이 20퍼센트인 경우가, 10만 달러에 수익률 200퍼센트일 때보다 실제로 수중에 들어오는 돈이 훨씬 많죠.

차수를 높이려면 적절한 시기에 도약하는 것도 중요합니다. 친구 S는 중국에서 뛰어난 기업 교육 전문가였습니다. 그는 강의도 잘하고 사업적으로 남다른 관점을 가졌으며 인맥도 매우 넓었습니다. 그래서 S의 기업 교육 클래스는 처음부터 꽤 성공적이었습니다. 그런데 지난 몇 년 동안 뚜렷한 발전이 없었죠. 그는 사비를 털어 해외 연수도 다녀오고 새로운 비즈니스와 기술을 배워서 경쟁력을 높이려고 했으나 좋은 결과를 얻지는 못했습니다.

S가 원인 분석을 부탁하기에 저는 강사를 하든 사장을 하든 하나를 선택하라고 조언했습니다. 중국 교육 기업 신동방(新东方) 회장인 위민홍(俞敏洪)도 원래는 전문 강사였습니다. 그가 계속 강사로만 남아 있었다면 아무리 강의를 잘해도 다른 강사보다 훨씬 많

이 벌지는 못했을 겁니다. 그런데 위민훙은 강사에서 사장으로 변신했습니다. 덕분에 거대한 부와 자본시장의 인정을 얻고 새로운 사업을 이어갔죠. 이게 바로 인생의 격차를 돌파하는 방법입니다. 저는 S에게 변신에 성공하려면 강의 품질을 올리는 데만 노력할 게 아니라, 사장이 되는 법을 배워야 한다고 말했습니다. 그가 만약 1년 정도 시간을 내어 어떻게 훌륭한 관리자가 될 수 있는지를 공부한다면 사업은 더 순조롭게 성장할 겁니다.

저는 예전에 유명한 언론인들이 사업에 성공하지 못하는 이유를 분석해봤습니다. 중요한 원인 중 하나는 그들이 언론인에서 언론사 사장으로 제대로 변신하지 못했기 때문이었습니다. 다음 차수로 올라서지 못하면 결국 같은 수준에서 맴돌 뿐이죠.

투자나 창업에 관심이 없더라도 이러한 사례를 잘 이해해둬야 합니다. 영향력이 미미한 일을 거듭 반복하면 아무리 노력해도 큰 성공은 거두기 어렵습니다. 질 낮은 근면함으로는 성장할 수 없기 때문입니다.

인생의 격차는 세 가지가 결정합니다

우연한 성공 한 번은 그다지 어렵지 않습니다. 때로 운이 좋을 수도 있으니까요. 정말 어려운 건 체계적인 방법을 찾아 복제 가능한 성공을 이루는 겁니다. 근대 이후에 끊이지 않았던 창조와 발명 또한 성공의 체계적인 방법을 찾은 거나 다름없습니다.

제가 제시할 수 있는 가장 간단한 성공 방법론은 일의 기저선과 한계선을 명확히 파악한 후 시작점에서 한계점으로 향해 가는 길을 찾는 겁니다. 이 세 가지 요소를 이미지로 표현하면 〈그림 5-1〉처럼 알파벳 Z의 형태를 띱니다.

〈그림 5-1〉에는 위아래로 두 선이 있고 가운데 대각선이 그 선들을 연결합니다. 대각선의 하단은 두껍고 상단은 얇습니다. 이 선들의 의미를 조금 더 자세히 알아볼까요.

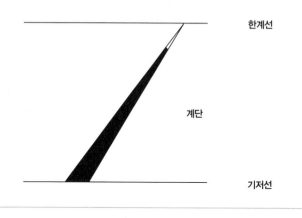

〈그림 5-1〉 성공의 3가지 선

기저선

저는 하단의 선을 기저선이라고 부릅니다. 이 선은 인류가 오늘날까지 이룩한 과학, 기술, 공학 및 기타 지식으로 이해할 수도 있고 어떤 일의 배경지식으로 이해할 수도 있죠. 이 선의 높이는 사람마다 각기 다릅니다. 전문가라면 높을 테고 입문자라면 매우 낮을 겁니다. 우리가 하는 모든 일은 이 선의 기초 위에서 하는 것이며, 절대 이 선 아래에서 시작하면 안 된다는 점이 포인트입니다.

우리는 TV 프로그램을 통해 개인 발명가 몇 명이 비행기나 자동차를 개발하는 이야기를 접하곤 합니다. 이들이 평생 공들여 만든 발명품이 비웃음만 살 뿐 실질적인 가치는 없는 이유가 무엇일까요? 이것은 그들의 기저선이 현 시대의 기저선보다 지나치게 낮기 때문입니다. 사람들의 동기를 유발하려는 프로그램의 목적은 훌륭할 수 있으나, 전혀 과학적이지 않은 엉터리 작업 과정은 잘못된 정보를 전달할 뿐입니다. 이런 방식으로는 시간과 돈을 낭비할 뿐 어떤 결과도 얻지 못합니다. 그들이 평생 전 재산을 들여 발명한 물건이 사회에 어떤 의미도 남기지 못한 셈입니다. 그 원인은 그들의 기저선이 너무 낮은 위치에 있었기 때문입니다.

만약 비행기를 개발하는 전문팀의 기저선이 어떤 건물의 3층에 해당한다면, 막 항공대학교를 졸업한 학생의 기저선은 평지, 개인 발명가들의 기저선은 지하 3층에 해당합니다. 따라서 가장 쉽고 빠르게 성공하려면 먼저 자기의 기저선을 끌어올려야 합니다. 최소한 지하 3층에서 시작하지는 말아야 합니다. 이를테면 열심히 공부해서 자기 수준을 항공대학교 졸업생 수준까지 높여야지, 평생 방에 혼자 틀어박혀 결과를 얻으려고 하면 안 됩니다. 그래봐야 겨우 평지 수준에 이를 뿐이죠.

우리는 대부분 개인 발명가가 아닙니다. 직장을 다니거나 자기 사업을 하죠. 하지만 사람들이 일하는 방식을 보면 그들과 크게 다를 바가 없으며, 하나같이 매우 낮은 기저선에 서 있습니다. 일을 잘 해내고 싶다면 이 기저선을 높이는 게 우선입니다. 전문가가 보기에는 상식에 속하는 지식, 즉 언제든 고민 없이 사용할 수 있는 지식이 아마추어에게는 그 깊이를 가늠할 수 없는 신개념이죠. 이들 가운데 누가 일을 더 잘할지는 쉽게 상상할 수 있습니다.

개인 투자자들도 비행기를 발명하던 개인 발명가들처럼 하나같이 지하 3층에서 시작합니다. 반평생 넘게 시장에 '투자 수업료'를 바치지만 결국 평지 수준에라도 도달할지 여전히 미지수죠. 그들은 주식시장에 수업료를 낼 게 아니라 정식 교육기관에서 훈련받는 편이 더 나을 겁니다.

기저선을 높이는 것이 교육의 목적입니다. 대학교 졸업생의 기저선은 당연히 고등학교 졸업생보다 높습니다. 대학교 졸업생들이 계속해서 훈련과 학습활동에 참여하는 이유도 기저선을 더 높이기 위해서죠. 제가 대학생들에게 학교를 그만두고 창업하라고 권하지 않는 이유도 그들의 기저선이 너무 낮기 때문입니다.

한계선

〈그림 5-1〉에서 가장 상단의 선은 이론적 한계선으로 절대로 돌파할 수 없습니다. 이것은 창조주가 우주를 창조하면서 남겨둔 것이라고도 볼 수 있죠. 빛의 속도, 절대 0도, 에너지 보존의 법칙 및 다양한 수학적 한계가 그 예입니다.

전문가와 아마추어의 차이는 바로 이러한 한계의 존재를 이해하느냐에 있습니다. 아주 간단한 예를 들어보겠습니다. 화력발전소나 선박에 사용되는 터보 증기기관의 최대 효율을 60퍼센트보다 더 높일 수 없는 이유가 무엇일까요? 기술이 아무리 발전해도 증기기관이 도달할 수 있는 최고 온도가 한정적이기 때문입니다. 열역학에서 나오는 카르노 정리(Carnot's theorem, 1824년 프랑스의 물리학자 카르노가 제창한 정리-옮긴이)가 증기기관의 열효율 상한선을 제시하고 있습니다.

이러한 이론적 기초를 가진 엔진 전문가라면 완전히 뜬구름 잡는 소리를 하거나 왜 증기기관 효율을 90퍼센트까지 올릴 수 없느냐는 바보 같은 질문은 하지 않을 겁니다. 그러나 카르노 정리를 모르는 아마추어는 불가능한 효율을 달성하려 계속 애쓸지도 모릅니다.

계단 오르기

기저선이 생겼고 한계선이 어디인지 알았다면, 이제 한 가지가 더 필요합니다. 바로 두 선 사이를 연결할 계단입니다.

다시 한번 공학 분야의 예를 들어보겠습니다. 2008년 베이징 올림픽 주 경기장 냐오차오(鸟巢)는 공학적으로 대단한 건축물이죠. 만약 기저선이 낮았던 20년 전에 냐오차오를 지으려 했다면 불가능했을 겁니다. 일단 그때는 초대형 철골구조를 시공할 수 있는 기술이 없었습니다. 베이징 올림픽을 앞두고 냐오차오를 건설할 건축적 기초가 세워졌으니, 기저선이 생겼다고 볼 수 있습니다. 그러나 냐오차오를 실제로 세우기 위해서는 이 기저선으로부터 한계선까지 이르는 계단을 하나하나 밟아가야 하는데 이게 건축 엔지니어의 역할이었습니다.

냐오차오의 책임 엔지니어 리쥬린(李久林) 선생의 말에 따르면 이 프로젝트는 결코 단순하지 않았습니다. 실행 가능하고 효율성이 높은 계획안이 필요했죠. 엔지니어는 건축 공정 심사, 구조설계, 시공 과정에서부터 시공 기술 관리, 기술 연구 관리의 모든 분야를 섭렵해야 했습니다. 이게 바로 〈그림 5-1〉에서 기저선과 한계선을 잇는 대각선으로 된 계단을 오르는 일이었습니다.

그렇다면 대각선의 아래쪽은 두껍고 위쪽은 가는 이유가 무엇일까요? 기저선에 가까울수록 시도하는 사람도 많고 실행할 방안도 많습니다. 그러나 위로 갈수록 목표의 난도가 점점 높아지기에 선택할 수 있는 방법이 많지 않은 데다가 스스로 길을 찾아내야 하는 경우가 많죠. 그래서 올라갈수록 도전자가 적어지고 선도 가늘어지는 겁니다.

저의 친구 L은 국내 투자업계에서 유명한 인물이었습니다. L은 재계에서도 꽤 유명했고 엔지니어들 사이에서도 인정받고 있었습니다. 그래서 그가 투자 사업을 준비하자 금융계의 많은 사람이 그와 함께 일하고 싶어 했죠.

L은 처음에는 매우 기뻐했습니다. 그런데 이야기를 한 차례씩 다 나눠보니 모두 그의 유명세를 빌려 다른 사람에게 융자받기를 원할

뿐 자기 돈을 투자하려는 사람은 없었습니다. 게다가 국내 투자자들은 나쁜 습관이 있었죠. 자기 주머니에는 1억 위안도 없으면서 꼭 10억 위안짜리 펀드를 하겠다고 했습니다. 몇 개월간 다양한 사람들을 만나 논의했지만 진척이 없었습니다.

이때 L은 무언가 잘못되고 있음을 느꼈습니다. 목적은 뚜렷했지만 도달할 방법을 몰랐고 울타리 밖을 배회하는 듯했어요. 그는 이후에 재계의 권위자를 찾아가 조언을 구했습니다. 노신사는 그에게 이렇게 말했습니다. 그가 현재 가진 경험, 영향력, 신망이 현재의 기저선을 형성했고, 사람들이 그의 이름을 빌려 융자받으려 하는 이유라고요. 하지만 그는 직접 펀드를 운용해본 경험도, 또 창업 경력도 없기에 탄탄한 투자자 입장에서는 자기 돈을 직접 관리하도록 넘겨주기는 꺼린다는 것이었죠. 문제의 핵심은 그에게 부족한 기초, 즉 기저선이었습니다.

L은 먼저 부족한 기초를 채워 기저선을 높이기로 했습니다. 다른 일은 일절 하지 않았고, 다른 펀드들이 아무리 달콤한 제안을 해도 모른 체했습니다. 결국 그는 자신의 특기와 영향력을 살려 금융계가 아니라 기술계 쪽에서 충분한 투자를 받을 수 있었습니다.

자금이 어느 정도 모집되자 L은 기술과 언론 계통에서 자기의 영향력을 이용해 청년들을 모았습니다. 그리고 꼭 필요하지만 대기업들이 꺼리는 프로젝트를 찾아 시도하기 시작했습니다. 이 프로젝트들은 금세 기술업계의 인정을 받았습니다. 이런 식으로 L은 과거의 천장을 현재의 기저선으로 바꿨습니다. 새로운 기저선이 생기자 많은 투자자가 실제로 돈을 들고 와서 투자하려 했습니다. 이때 L은 이미 자신의 기저선을 높였기에 머리 위의 한계를 더 가까이 바라볼 수 있었죠. 이 한 번의 문제 해결 경험, 특히 복제 가능한 성공을 통해 최근 10년 동안 사업을 점점 확장했습니다. 지금 그는 중국에서 가장 유명한 투자가 중 한 명입니다.

세 개의 선으로 성공 비법을 간략하게 설명했는데 어쩌면 지나치게 요약했을지도 모르겠네요. 하지만 핵심을 기억하고 실천하기에는 쉬울 겁니다.

일반적으로 전문가들은 양질의 교육을 받았기에 기저선이 꽤 높으며 한계선이 어디인지도 잘 알고 있습니다. 관건은 어떻게 계단을 오르느냐입니다. 꿋꿋이 위로 올라가는 것만이 답일 거예요. 저는 우리 모두가 전문가가 되었으면 좋겠습니다. 그래서 인생의 격차를 소유하고 최고의 나를 경험해보는 행운을 누렸으면 좋겠습니다.

좋은 친구와 함께 가야 합니다

인간은 사회적 동물이기에 친구가 필요합니다. 그러나 현실에서 우리는 다양한 이유로 인해 친구를 잃습니다.

친구를 잃는 이유에는 세 가지가 있습니다. 첫 번째는 삶이 변하면서 연락이 끊기는 경우입니다. 졸업 이후 점점 소원해진 대학 친구를 예로 들 수 있죠. 어차피 모든 사람과 오랜 우정을 쌓을 순 없습니다. 이런 경우 각자의 길을 향해 갈라지는 것이 자연스러운 일이라서 크게 아쉬운 일은 아닌 듯합니다. 두 번째는 상대가 진실성이 없는 가짜 친구였던 경우입니다. 이들은 잃어도 상관이 없고, 사실 처음부터 안 사귀었다면 더 나았을 겁니다. 세 번째는 관계를 잘 유지하지 못한 경우입니다. 이 경우는 나중에 뒤돌아보면 아쉽고 후회스럽죠. 우리가 할 일은 두 번째 친구와 깊이 교류하지 않고 세 번째 친구와의 관계를 잘 이어가는 겁니다.

친구의 종류는 다양하지만 가장 흔한 유형은 협력형, 의지형, 혼

합형입니다. 친구의 유형에 따라 기대도 달라야 합니다. 잘못된 기대를 품었다가는 친구를 잃을 수도 있기 때문입니다.

협력형 친구

대부분의 친구 사이는 모두 어느 정도 협력 관계입니다. 인류는 아주 옛날부터 협력하지 않으면 자연 세계와의 경쟁, 다른 인종(네안데르탈인 등)과의 경쟁, 부족 간 경쟁에서 살아남을 수 없었습니다. 그런데 협력하기 위해서는 우선 내어놓아야 합니다. 내 이익을 부분적으로 희생하며 최대한의 공동 이익을 추구해야 해요. 이런 유형의 친구 관계는 기여와 협력에 기초하고 있으며, 이것이 빠지면 관계가 유지될 수 없습니다.

협력형 친구 관계의 가장 전형적인 예가 동업자들입니다. 저는 2007년에 벤처 투자를 시작한 이래 동업자들끼리 사이가 틀어지는 광경을 매년 목격했습니다. 실제로 창업자 간, 창업자와 투자자 간의 갈등 해결은 투자사업에서 매우 중요한 부분입니다. 함께 어려움을 이겨낸 사이도 깨지기 쉽습니다.

어느 날 저는 외부 강연에 나갔다가 다른 귀빈과 저녁 식사를 함께 했습니다. 그는 성공한 기업가였죠. 술잔이 세 차례 정도 돌자, 그는 창업 시에 겪었던 슬픈 일을 이야기해주었습니다. 그의 이전 회사에는 그를 포함해 세 명의 창업자가 있었다고 합니다. 그 세 명은 함께 일한 지 10년, 알고 지낸 지는 20년 된 친구들이었습니다. 창업 초창기에는 상황이 매우 힘들어서 세 명이 함께 지하실에서 먹고 자며 4년을 견뎠습니다. 이 정도면 보통 이상의 우정을 쌓았다고도 말할 수 있을 겁니다. 그러나 회사 상장을 앞두고 세 명은 찢어졌습니다. 결국 한 명이 대출금을 반환하는 형식으로 나머지 두 명을 회사에서 몰아냈습니다. 그는 창업한 지 10년 동안 이자 조금 외에는 아무것도 받지 못했으나, 두 사람을 몰아낸 친구는 상장을 통해 수십억 위안의 현금을 손에 쥐었습니다. 마지막으로 그는 이렇게 말했습니다.

"1억 위안이면 평생 얼굴을 안 볼 수도 있나 봅니다."

저는 그를 위로하며 중국의 유명한 기업들도 창립 당시와 발전 후의 상황을 비교해보면 이러한 분열의 흔적들이 많이 발견된다고 이야기해주었습니다. 중국에서 상장된 사기업 중에 창업자 간, 창업자와 투자자 간에 분열이 없는 경우는 매우 드뭅니다. 젊고 경험이 부족한 창업자들뿐 아니라 사업 규모가 크고 산전수전 다 겪은 베테랑들도 뒤통수 맞는 일이 흔합니다. 심지어 같은 지역에 사는 사이에도 이익 때문에 친구 관계를 절연합니다. 이런 상황은 미국도 나을 게 없습니다. 페이스북이 바로 이런 식으로 경영권을 획득한 전형적인 예인데, 영화 〈소셜 네트워크(The Social Network)〉에 그 내용이 잘 나와 있습니다.

일반적으로 사업하는 사람들이나 이권 때문에 우정을 상하는 일이 생기지, 일반인들끼리는 그럴 일이 없다고 생각하는 것 같습니다. 하지만 협력적 요소가 조금이라도 있다면, 어떤 친구 관계에서든 문제가 발생할 수 있습니다. 단지 사업상 관계가 이해득실이 더 크고 관계도 더 빠르게 나빠지므로 눈에 잘 보일 뿐입니다. 이해득실 앞에서 정보다 이익을 택하는 것이 인간의 약점입니다.

협력형 친구 관계를 깨지 않는 방법

협력형 친구 관계를 잘 유지하는 방법은 두 가지입니다.

첫째, 하기 어려운 말일수록 먼저 해서 우정이 상할 일을 최대한 만들지 않아야 합니다. 제 10년간의 투자 경험에 따르면 훗날 내부 분열을 겪는 회사들은 창립 시에 이미 갈등의 씨앗을 묻어둔 경우가 많았습니다. 동업자들끼리 경영권이나 돈 이야기(이것은 창업자끼리만이 아니라 창업자와 에인절 투자자 사이에서도 마찬가지입니다)를 하면 감정이 상한다고 생각했거나, 대범한 척 경영권을 대충 나눈 경우가 그랬습니다. 이런 팀은 어려울 때는 오히려 큰 문제가 생기지 않지만, 거대한 이익 앞에서는 결별 절차를 밟곤 했습니다. 많은 사람이 회사에서 쫓겨난 후에야 애당초 제대로 수익을 나누지 못했던 것을 후회했습니다. 돈 이야기를 부끄러워할 게 아니라 돈 때문에 감정이 상하는 일을 만드는 걸 부끄러워해야 합니다.

가장 고전적인 예가 페이스북의 공동 창업자들과 초기 임원들 간의 갈등으로서, 마크 저커버그의 동업자 몇몇이 가졌던 지분이 심각하게 희석된 일이 있습니다. 그러나 이는 그들 스스로가 초래한 문제였죠. 회사에서 거대한 부를 보유한 사람이라면 자기 지갑을 잘 살펴야지 다른 사람이 마음대로 하도록 내버려두면 안 됩니다. 결국 저커버그도 승리자가 되지는 못했습니다. 그가 회사에 나쁜 유전자를 심었기 때문에 그 후의 투자자들도 각종 이유를 대며 그에게 도전했고, 그를 여러 차례 회사에서 밀어냈죠.

친구끼리의 동업은 결국에는 일도, 관계도 망치곤 합니다. 어느 한쪽이 비도덕적이거나 인품에 문제가 있어서가 아니라, "환란은 함께하기 쉽지만 부는 함께 나누기 어려워하는" 인간의 본성 때문입니다. 만약 친구를 잃고 싶지 않다면 일을 시작하기 전에 이해관계를 분명히 해야 합니다. 직장 동료 사이에서는 도울 수 있는 일과 없는 일을 확실히 구분해야 상대방이 적절한 기대치를 가집니다. 그렇지 않으면 관계가 깨지는 건 시간 문제입니다.

둘째, 선을 넘는 도움은 받지도 주지도 말아야 합니다. 친구끼리의 협력 관계에도 지켜야 할 선이 있는데, 이 선을 모르는 사람이 참 많습니다. 축구팀에서 만난 친구 사이라면 운동이 우선이며 서로 삶에서 돕는 것은 다음 문제죠. 자주 만나다 보면 관계가 깊어지고, 그러다가 같이 사업을 해보자는 말이 나오기도 할 텐데요. 동업하려다가 축구팀도 같이 못 할 수 있습니다.

저는 친구와 함께 사업한 적도 없고 친구 대신 재테크를 해준 적도 없습니다. 만약 제가 상대방에게 돈을 벌어줘도 그가 제게 감사하리라는 법은 없습니다. 반면 제가 상대방의 돈을 잃는다면 아마 친구 사이가 깨질 겁니다. 따라서 저는 제게 돈 관리를 맡기려는 친구들에게 이렇게 말합니다.

"미안하지만 그건 도와줄 수 없겠어. 너라는 친구를 잃고 싶지 않거든."

선을 넘어서 도와주려다가 친구를 잃는 예는 또 있습니다. 자기가 할 수 없는 일을 돕겠다고 하는 경우입니다. 못 도울 것을 분명히 알면서도 일단 하겠다고 대답해놓고, 결국에는 못 했다고 말하게 됩니다. 이러면 스스로 곤란해질 뿐 아니라 상대방에게도 피해를 주게 됩니다. 상대에게 가짜 희망을 주었기 때문입니다. 이런 일이 몇 번 반복되고 나면 친구를 잃고 맙니다. 그러므로 하기 어려운 말은 먼저 하는 것이 좋죠.

과거에는 제게 구글 취업을 부탁해오는 친구들이 많았습니다. 대부분 자기 지인들의 요청을 전달하는 경우였죠. 그 지원자들은 제가 잘 알지 못하는 사람들이었으므로 이력서에만 근거해 객관적으로 추천했습니다. 또한 하기 어려운 말을 먼저 했습니다.

"내가 이력서를 전달해줄 수는 있어. 하지만 구글은 정말 많은 이력서를 받아. 내가 아무런 도움이 되지 못할 수도 있어."

경쟁력이 없는 지원자에 대해서는 심지어 이렇게 말하기도 했습니다.

"이력서를 볼 때 가능성이 거의 없을 것 같아. 이력서는 전달해주겠지만 안 되더라도 나를 원망하지는 마."

제가 미리 이렇게 말해두었기 때문에 잘되었을 때는 다들 제게 감사했고, 안 되었을 때도 굳이 저를 원망하지 않았습니다.

의지형 친구

협력형 친구 관계는 보통 양쪽이 모두 적극적으로 관계에 기여하고, 또 협력할 여지가 존재할 때 오래 지속됩니다.

물론 나와 내 친구는 실리가 전혀 개입되지 않은 특별히 순수한 관계라고 생각하는 사람도 있습니다. 그런 사람에게 저는 이렇게 말하곤 합니다.

"당신이 말하는 특별히 순수하고 서로 아끼는, 아무 이해관계가 없는 우정 그 자체가 바로 실리입니다."

사실 제게도 아무 이해관계가 없는 친구가 있습니다. 서로 의지하는 사이로, 앞에서 언급했던 친구 유형 중 두 번째에 속합니다. 니체가 "신, 짐승, 철학자 외에 고독을 견딜 수 있는 자는 없다"라고 했듯이 인간은 고독을 견디지 못하죠. 고독에서 벗어나고자 친구에게 의지하고 싶어 합니다.

이 세상에는 '절친'이 있습니다. 그리고 제가 보기엔 절친에 진짜와 가짜가 있는 듯합니다. 한 연예인이 본인 생일 파티에서 절친들과 찍은 사진을 온라인에 자랑스레 게시한 걸 본 적이 있는데요, 그들은 그녀가 곤란한 일을 만나자 빠르게 사라졌습니다. 가짜 절친이었던 거죠. 하지만 진짜 절친도 분명히 존재합니다. 아무 조건 없이 좋은 관계를 유지하고 낙엽이 굴러가는 것만 봐도 함께 깔깔대는 그런 사이 말입니다. 이들은 실리의 유무를 떠나 오로지 서로 의지하는 관계입니다.

그러나 이런 친구 사이도 유지가 쉽지 않은데, 대부분 생활 환경 등 조건이 서로 달라지기 때문입니다. 10년 전에는 미국에 중국인이 그리 많지 않았습니다. 일부 마음씨 좋은 여학생들은 미국에와서 외로워하는 후배 여학생들을 자진해서 돌봐주었습니다. 어떤이들은 너무 친해지다 못해 둘이 한몸이 된 듯했죠. 그러나 곧 그들에게 차이가 발생하기 시작했습니다. 남자친구의 조건, 가정 환경, 취업 가능성 등등… 이런 차이에서 우위에 있는 쪽은 관계를계속 유지하고 싶어 했지만 자기가 뒤처진다고 느끼는 쪽은 마음의 문을 닫더군요. 이러한 차이가 친구 사이를 갈라놓았습니다.

이탈리아의 영화감독 파올로 타비아니(Paolo Taviani)는 〈굿모닝 바빌론(Good Morning, Babylon)〉에서 형제인 니콜라와 안드레아가 거장 그리피스 감독의 영화 촬영을 돕는 이야기를 그렸습니다. 그들이 이탈리아를 떠나기 전에 아버지는 "너희들은 언제나 동등해야 한다"라고 말했습니다. 할리우드에 도착한 두 사람은 일에서도 성공하고 행복한 결혼 생활을 하며 서로 완벽한 균형을 유지했죠. 그러나 니콜라의 아내가 난산 끝에 죽게 되고 두 사람은 더 이상 동등한 환경에 있을 수 없게 되었습니다. 그때부터 비극이 시작되었습니다.

의지형 친구 관계를 깨지 않는 방법

아무리 친해도 친구가 형제만큼 가깝지는 않을 텐데요(친형제라도 조건이 너무 다르면 관계에 틈이 벌어집니다). 친구끼리는 사회적 관계와 무관하게 서로 동등하게 대해야 합니다. 그렇지 않으면 한쪽이 잘하려고 애써도 관계가 이어지기 어렵습니다.

제 지인에게 매우 다정한 친구가 한 명 있었습니다. 남방에 사는 그 친구는 제 지인이 베이징에 방문할 때마다 자기도 휴가를 냈고 비행기를 타고 그녀를 보러 왔습니다. 제 지인을 맛집에 데려가고 함께 시간을 보내며 선물도 한가득 주었습니다. 몇 년이 지난 후 제 지인을 다시 만났을 때 이들은 이미 소원해진 상태였습니다. 경제적인 조건 차이로 인해 말로 설명하기 힘든 어색함이 생겼다고 했죠. 의지형 친구들은 양측이 동등한 입장을 유지해야 우정을 지킬 수 있습니다.

돈이 관계를 망치게 놔두지 마세요

친구 간 금전 거래는 관계를 망치는 지름길입니다. 이는 앞서 언급했듯 친구 관계에서 지켜야 할 선을 넘는 일이기도 합니다. 유럽이나 미국에서는 친구 사이에 큰돈이 오가는 경우가 매우 드뭅니다. 은행 대출이나 신용카드 등을 통해 쉽게 대출받을 수 있어서이기도 하지만, 서로를 잃지 않으려 노력하는 게 더 큰 이유죠. 만약 금전 거래가 생기더라도 계약서를 명확하게 작성하고 보증을 받습니다.

그러나 중국에서는 서로 돈을 빌리는 일이 흔합니다. 제가 관찰해보니 대충 차용증 한 장 쓰면 그만이더군요. 민망해서 정식 계약서를 쓰지도 않고, 중개인이나 변호사를 찾아서 공증받지도 않습니다. 그래야 할 필요를 못 느낄뿐더러 서로 감정이 상할까 봐 걱정하기 때문입니다. 결국 쌍방 간에 분쟁이 발생하는 경우가 많죠. 돈을 빌릴 때는 누구든 간절함을 표시합니다. 그러나 돈을 갚을 때가 되면 달라집니다. 어떤 사람들은 여유가 있음에도 돈 갚는 일을 우선순위에서 배제하기도 합니다. 갈등은 바로 이렇게 발생합니다.

누군가 '다른 사람에게 돈을 빌려줘도 되느냐'라고 제게 물으면, 저는 '일상생활에 영향이 없다면 빌려줘도 된다'라고 대답합니다. 하지만 통장에 오백만 원밖에 없는데 삼백만 원을 빌려달라는 부탁을 받았을 땐 신중하게 고민해야 합니다. 적은 금액을 돌려받지 못했을 때에도, 생계에 지장은 없겠지만 친구 관계에 금이 갈 수 있으니 주의해야 합니다.

친구가 급하게 삼만 원을 빌려갔다고 가정해봅시다. 일주일이 지났고 세 번이나 만났는데도 아직 갚지 않았고요. "아이고, 돈을 갖고 오는 걸 또 까먹었네. 미안해!"라고 말하기는 했지만, 제가 계속 달라고 하면 친구는 아마 삼만 원 가지고 속 좁게 군다고 생각할 겁니다. 삼만 원을 달라고 재촉하기도 조금 민망한 느낌이죠. 두 주가 더 흐르자 그는 이 일을 까맣게 잊어버립니다. 만일 제가 이 정도 금액에 신경 쓰지 않는다면 우정이 계속 유지될 수도 있습니다. 하지만 두 달이 흐른 뒤 그가 또다시 삼만 원을 빌리고 똑같은 과정을 반복합니다. 이럴 때 우정은 위태로워집니다. 이런 일이 여러 번 생기면 돈은 상관없어도 친구를 보는 눈이 달라져요. 생각이 바뀌면 태도에도 자연스럽게 드러나므로 두 사람 사이에 벽이 생깁니다. 아무리 장점이 많은 친구여도 한번 실망감을 느끼면 깊게 교류하기는 어려워지죠.

저의 친구가 돈을 조금 빌려 갔는데 떼먹을 의도가 전혀 없음에도 자꾸 갚는 것을 까먹고는 저를 만나면 굉장히 미안해했습니다. 저는 그 돈을 안 받아도 아무 상관이 없었는데, 시간이 흐르자 그는 저를 만나고 싶지 않아 했습니다. 훗날 생각해보니 제가 그 돈을 빌려주지 않았더라면 친구가 저를 피할 필요도 없었을 거란 생각이 들었습니다. 그 일 이후 소액을 빌리는 친구가 있으면 저는 이렇게 이야기합니다.

"혹시 기억할 수 있으면 이삼일 안에 계좌로 송금해주고 까먹는다면 그냥 갚지 마. 별로 중요하지도 않은 돈 때문에 만날 때마다 나한테 미안해하는 건 원하지 않아."

이렇게 말하니 모두가 제시간에 돈을 갚았습니다. 친구가 일주일이 지나서 갚으려고 하면 저는 꿋꿋하게 받지 않았습니다. 원칙을 보여주기 위해서이기도 했지만 사실 상대방이 제 말을 진지하게 들었기를 원했던 점이 더 컸습니다. 제게는 돈이 문제가 아니라 사람들이 제 말을 마음에 담아두었다는 점이 중요했습니다. 처음에 뒤늦게 돈을 갚으려던 사람들은 두 번째에는 바로 갚았습니다. 제가 한입으로 두말하는 사람이 아니라는 것을 깨달았기 때문입니다.

셰익스피어는 다음과 같이 말했습니다.

"친구에게 돈을 빌려주면 돈도 잃고 친구도 잃을 것이다."

기본적으로 친구 사이에 금전 거래는 하지 않는 게 좋습니다. 그러나 불가피하게 돈을 빌려주게 되었다면 저처럼 해보세요. 돈보다 귀한 친구를 잃지 않으시길 바랍니다.

6장

낙관의 지혜

현명한 사람은 언제나
긍정을 선택합니다

사람들은 왜 비관주의자가 될까요? 우선 비관적 사고방식은 비극이 우리에게 닥쳤을 때 충격을 덜어줍니다. 비관주의자들은 세상이 원래 엉망진창이라고 생각합니다. 이런 생각을 가지면 불운이 발생해도 그렇게 충격적이지 않죠. 이를 심리학에서는 '방어적 비관주의'라고 부릅니다. 하지만 비관주의가 고통을 줄여줄 수는 있어도 문제를 해결해주지는 못합니다. 비관주의가 발생하는 또 다른 이유는 미래에 대한 두려움 때문입니다. 사람들은 비관적 사고방식 덕분에 신중해지기도 하지만 지나치게 위축되거나 기회를 놓치기도 하죠.

우리가 사는 세계는 그렇게 어둡지 않아요. 좌절은 있지만 잠시일 뿐입니다. 적극적으로 성공을 향해 나아가고 기쁨을 누려야 합니다. 그것이 우리가 가져야 할 생활 태도입니다.

세상은 당신에게 빚진 게 없습니다

상황이 좋든 나쁘든 언제나 삶을 비관적으로 해석하는 사람들이 있죠. 미래에 대비하려는 생각은 훌륭하나 비관적인 태도로 살면 얻는 것보다 잃는 것이 훨씬 많습니다. 미래를 두려워하고 할 일에 집중하지 못하면 결국 성과를 낼 수 없으니까요. 현재는 불만족스럽고 장래는 암담하니 과거의 향수에만 빠져 사는 사람도 많아요. 하지만 그러다 어느 날 문을 열고 밖을 바라보면 세상은 완전히 달라져 있을 겁니다.

어느 해 여름, 가족들과 잘츠부르크와 베를린에 방문해 2주간 오페라를 포함한 다양한 연주회를 관람했습니다. 작은딸이 제게 물었습니다.

"아빠, 왜 오페라는 대부분 비극이에요?"

"비극이 주는 충격이 사람들 마음을 사로잡기 좋거든."

이는 사실 극작가들뿐 아니라 과학자들도 잘 알고 있는 이치입니다.

세상이 점점 좋아지고 있다고 이야기하면 사람들은 순진하고, 둔하고, 구태의연한 소리라며 비웃습니다. 1990년대의 유명한 경제학자 줄리언 사이먼(Julian Simon)은 '비관주의는 다 쓸데없는 걱정'이라고 주장했으나 사람들은 그를 멍청이, 고집쟁이 영감이라고 비난했죠. 이와 비슷한 사례는 셀 수 없이 많고요.

반대로 어떤 사람이 세계적 재난을 예측해내면 노벨 평화상을 받을지도 모릅니다. 사람들은 지구온난화에 대한 우려가 너무 과도하다는 지적엔 무식하고 무책임하다며 욕하고, 해수면 상승 현상이 심각하다는 걱정엔 양심적이고 고상하다며 칭찬합니다. 오스트리아 경제학자 프리드리히 하이에크(Friedrich Hayek)의 "진보적 선행에 대한 자신감이 오히려 마음속 천박함을 드러내는 징표가 되었다"는 말이 이런 세태를 설명해줍니다.

비관주의는 왜 성행할까요? 근본적인 이유는 인간의 지나친 자만과 그로 인한 현실과의 괴리 때문입니다. 여기까지 읽고 나면 과도한 자신감은 낙관론을 이끌어야 하지 않느냐고 반박할 수도 있습니다. 그러나 실제로 비관적 정서는 자기 능력을 과대평가한 탓에 정작 현실에서 원하는 것을 얻지 못할 때 발생합니다. 예를 살펴볼까요?

어떤 사회학과 교수가 이런 실험을 진행했습니다. 먼저 실험 참가자들에게 그리 복잡해 보이지 않는 기계장치를 하나 제공한 후,

설명서가 없어도 뜯었다가 다시 원래대로 조립할 수 있겠느냐고 물었습니다. 그리고는 예상 난이도를 점수로 매겨달라고 했죠. 참고로 이 실험은 교육 수준과는 크게 상관이 없었습니다.

실험 시작 전에는 참가자 대부분이 낮은 점수를 주었습니다. 어렵지 않게 다시 조립할 수 있을 것 같다고 생각한 거죠. 그러나 결국 극소수만이 기계를 원래대로 조립해냈습니다. 실험 전 자체 난이도 평가와 실제 조립 여부는 연관성이 매우 낮았죠. 다시 말해 자신감은 실제 일의 성취와 크게 상관없었다는 뜻입니다.

이어서 교수는 참가자들에게 과제의 난이도를 재평가하도록 했습니다. 처음에 조립할 수 있다고 자신했던 그룹은 조립 성공 여부와 무관하게 실험 전보다 훨씬 높은 점수를 매겼습니다. 실험 전후의 점수 차이는 사람들이 자기 능력을 과대평가하기가 얼마나 쉬운지를 보여준 동시에 현실과의 간극이 비관적인 정서를 불러일으킨다는 사실 또한 증명했습니다. 반대로 실제 조립 성공 여부와 무관하게 처음부터 기계 조립을 못할 것 같다고 예상했던 사람들은 두 번째 평가에서도 처음과 똑같은 점수를 매겼습니다. 즉, 본인 능력을 실제에 가깝게 예측한 사람은 실패해도 비관적인 감정에 빠지지 않았죠.

이렇게 우리는 내심 자신을 과대평가하는 경우가 많습니다. 어떤 독자가 제게 다음과 같은 질문을 남겼습니다.

"12년이나 힘들게 공부해서 대학에 진학했고 이제 졸업을 앞두고 있어요. 그런데 아무리 노력해도 '금수저'들을 앞설 수 없다는 점을 깨닫고 괴로워서 아무것도 할 수가 없어요. 저는 이제 어떡하죠?"

저는 《견식(见识)》(한국어판 《성장을 꿈꾸는 너에게》, 오월구일, 2021)이라는 책에서 '이 세상은 당신에게 빚진 것이 없습니다'라는 글로 이 질문에 답했습니다.

12년을 이 악물고 공부해서 좋은 대학에 진학한 게 대단한 일은 아니에요. '수능 만점자'라 불렸던 사람들 중에서 지금 이름을 말해 보라고 하면 생각나는 사람이 거의 없는데요. 12년 공부가 '인생의 자본'이 아니기 때문입니다. 아무 자본도 없는 상태로 상상보다 복잡한 사회를 맞닥뜨리니 자연히 '너무나 괴로워서 아무것도 할 수 없을' 겁니다. 세상과 미래를 비관적으로 바라보는 시각은 자기 능력에 대한 과도한 자신감이 만들어낸 상상과 현실 간 차이에서 만들어집니다.

계속해서 위로 올라가며 시야가 점점 넓어지면 자기 능력의 한계를 알고, 알면 알수록 더욱 겸손해질 수 있을 겁니다. 세상에 대한 경외심이 커지며 더 이상 비현실적인 욕망을 갖지 않죠. 그때 우리는 세상과 미래를 더 이상 비관하지 않게 됩니다.

비관주의는 그저 쉬운 선택지에 불과합니다

최근 20년간 여름만 되면 강과 하천이 크게 범람했다는 이야기가 보도되었습니다. 이에 따라 사람들은 자연스럽게 과거보다 현재에 자연재해가 빈번하게 발생한다고 생각하게 됐죠. 또한 지구온난화, 엘니뇨 현상, 황사로 인한 나비효과 등에 관한 각종 추측이 난무했습니다.

대홍수가 이렇게 자주 발생하니 비정상처럼 보입니다. 그러나 전 세계의 큰 강 100여 개 중에 20개가 중국에 있으니 3~5년마다 홍수가 발생하는 게 그리 이상한 일은 아닙니다. 이런 홍수는 과거에도 있었지만 통신 기술이 열악해 잘 알려지지 않았을 뿐입니다. 1970년대 발생한 화이허(淮河) 홍수의 사망자는 최근 40년간 홍수 피해 사망자를 다 합친 수(30만 명까지 추정)보다 많았으나, 아는 사람도 관심 있는 사람도 없었습니다. 당시에는 인구 밀도도 낮았고, 강 관련 기록도 많지 않았습니다. 해외도 마찬가지예요. 최근 몇십 년 동안 과거보다 자연재해가 더 늘었다고 볼 수 없습니다.

언론에서는 자동차 사고보다 비행기 사고를 훨씬 빈번하게 보도합니다. 이에 따라 비행기 사고에 대한 공포감도 확대되었습니다. 저는 비행기를 타자마자 온몸을 부들부들 떠는 소녀를 본 적이 있습니다. 아이 엄마에 따르면 TV에서 비행기 사고 장면을 본 후부터 아이가 비행기를 두려워하기 시작했다고 합니다. 실제로 전 세계 자동차 사고 사망자는 비행기 사고에 비해 수천 배나 많은데도, 자동차 타는 걸 두려워하는 사람은 거의 없죠. 언론에서 잘 다루지 않으니까요. 이것이 미디어가 우리에게 미치는 영향입니다.

학자들이 비관주의를 설파하는 이유는 무엇일까요? 간단합니다. 미래를 낙관하는 논문은 보는 사람도 없을뿐더러 심지어 발표조차 어렵기 때문이에요. 낙관적인 주장을 하는 사람은 학계에서 도태됩니다.

이러한 현상을 정보이론(Information theory)으로 설명할 수 있습니다. 정보이론에 따르면 남다르고 독특한 의견일수록 정보량이 훨씬 커집니다. 정보이론에서는 과거의 정보나 다 아는 정보를 반복하는 경우에 정보량을 0으로 봅니다. 모두가 아는 내용은 정보량이 매우 적기 때문입니다. 그러나 그 누구도 상상하지 못한 내용일 때는 정보량이 폭발합니다. 그래서 학자들은 충격적인 내용을 발표하려고 합니다.

그런데 남다르게 보이기 위해 일부러 틀린 말을 하는 교수가 학교에서 계속 살아남을 수 있을까요? 가능합니다. 학술계는 본래 토론의 장일 뿐 누가 절대적으로 옳은 공간이 아니기에 실수를 관용하는 정도가 상당히 높습니다. 세계은행에서 높은 직위에 올랐던 친구는 '경제학자는 자기만의 독특한 주장이 있어야 하며 그렇지 않으면 두각을 나타내기 어렵다'라고 하더군요. 경제학자가 어떻게 자기 관점을 뒷받침하는지에 대해 우리가 걱정할 필요는 없습니다. 그런 데이터는 끝도 없이 찾을 수 있으니까요.

제 친구 중 하나는 물리학계에서 양자홀(Quantum Hall)에 관한 논문을 많이 발표한 인물입니다. 그런 그가 제게 물리학계에서 유명해지려면 남들이 '하나'라고 말할 때 반대하며 '둘'이라고 주장해야 한다더군요. 제가 그러면 결론이 잘못되지 않느냐고 묻자, 그는 논리적인 근거가 타당해 보이면 아무도 모르니 상관없다고 답했습니다.

유명한 환경운동가이자 메릴랜드대학교 교수인 레스터 브라운(Lester Brown)는 2008년에 미래에 관해 비관하는 글을 발표했습니다. 그 내용은 다음과 같습니다. 중국인 한 명이 현재 미국의 종이 소모량에 따라 종이를 쓴다고 가정하면, 2030년에는 14.6억의 중국 인구가 세계 종이 생산량의 두 배를 소모할 것이며, 전 세계의 삼림은 모두 사라질 거라고요. 또한 만약 2030년에 중국이 미국처럼 4명당 3대꼴로 자동차를 보유하게 된다고 가정하면 중국에만 11억 대의 자동차가 필요하지만, 그때 전 세계에는 자동차가 8.6억

대밖에 없을 거라고 봤습니다. 도로와 고속도로, 주차장을 공급하기 위해 중국 전역의 농지 면적과 같은 크기의 땅에 시멘트를 깔아야 하고, 2030년까지 매일 9,800만 배럴의 석유가 필요할 거라고 전망했습니다. 당시 세계 석유 생산량은 일간 8,500만 배럴이었는데, 생산량을 이보다 더 높이는 것은 불가능하므로 전 세계 석유가 모두 고갈될 거라고 주장했습니다. 브라운의 관점은 제법 논리적으로 보이지만, 1970년대에 석유가 20년 내로 고갈될 거라고 주장했던 사람들도 똑같은 논리를 폈다는 걸 생각해볼 필요가 있습니다. 1990년대에 석유가 고갈되었나요? 자동차는 어떤가요? 전 세계에 운행 중인 자동차 총 대수는 2020년에 이미 14억 9천만 대를 돌파했습니다.

물론 브라운이 제시한 주장에 아무 의미가 없다고 볼 수는 없습니다. 학자가 계속해서 경고 메시지를 주는 것은 그 자체로 의미 있는 일이니까요. 그러나 그들이 경고하는 일들이 반드시 발생하지는 않았다는 점도 기억해야 합니다. 비관주의는 우리가 선택하기 쉬운 길이니까요.

미래를 어떻게 바라보느냐에 따라
결과도 달라집니다

보통 투자자들은 미래가 낙관적일 때는 투자를 대담하게 확대하지만, 미래가 비관적일 때는 자금을 빼내 안전한 자산으로 옮깁니다. 따라서 미래를 어떻게 보느냐에 따라 10년 후의 결과는 완전히 달라집니다. 이런 관점에서 보면 비관주의는 다양한 오판을 초래합니다.

현재 로스차일드 가문의 영향력은 19세기 초에 그들이 떨친 영향력의 1퍼센트에도 미치지 못하며, 그들이 관리하는 자산은 존슨 가문(미국에서 가장 부유한 가문 중 하나로, 1946년 에드워드 C. 존슨 2세가 금융 기업 피델리티를 설립했다. 아들인 에드워드 존슨 3세를 거쳐 손녀인 애비게일 존슨 대에 이르러선 피델리티 지분의 49퍼센트를 가지고 있다-옮긴이) 이 이끄는 피델리티 펀드의 1퍼센트에도 미치지 못합니다. 출발 지점에서 남들보다 크게 앞섰던 이 가문이 어쩌다가 이렇게 몰락했을까요? 히틀러의 유대인 박해 등 대외적 요인을 제외하면 아마 미국의 산업혁명에 편승하지 못했던 것이 가장 중요한 이유일 거예요. 남북전쟁이 끝난 미국의 남부 지역은 경제적으로 붕괴했고, 북부 지역은 흑인 노예들이 시민 자격을 얻으면서 큰 격동의 시대를 맞았습니다.

과거 200년간 미국(과거 북미 지역 식민지를 포함)을 지탱해왔던 앵글로색슨족의 청교도식 가치관은 전례 없는 도전을 받았습니다. 경제적으로는 가내수공업이나 소규모 공방 형식의 경제 체제가 무너지고 대형 기계로 물건을 생산하는 기업들이 발전하기 시작했죠. 새로운 공업시대는 환경오염, 도시 혼잡 및 범죄 등의 문제도 함께 가져왔습니다. 로스차일드 가문은 이런 변화를 바라보며 세상에 종말이 찾아왔다고 생각했습니다. 그들은 미국에서 완벽히 철수해 상대적으로 질서 있어 보이는 유럽으로 돌아갔어요. 그 후의 결과는 우리가 보고 있는 대로입니다.

미래를 오판할 때 우리는 방향을 잃고 기회도 잃습니다. 잘못 든 길은 다시 돌아오면 되고 잃은 기회는 다시 잡으면 그만이지만, 비관적인 사고방식의 폐해는 이보다 훨씬 큽니다. 사람들을 혼란에 빠뜨리고 사람과 세상을 철저히 오판하게 만들어, 결국 돌이킬 수 없는 결과를 가져오게 합니다.

기자, 심리학자, 경제학자들이 모여 "만약 내일 세계 종말이 온다면 무엇을 하겠는가?"라는 설문을 진행한 적이 있습니다. 가족과 함께 시간을 보내겠다, 가족과 작별 인사를 하겠다, 회고록을 남기겠다 등 다양한 의견이 있었지만 적지 않은 젊은이들이 다음과 같이 답했습니다.

- 번 돈을 다 써서 먹고 싶었던 것을 다 먹고 하고 싶었던 것을 다 하겠습니다.
- 숨겨뒀던 비밀이나 속마음을 상대방(또는 제삼자)에게 말하겠습니다.
- 좋아하는 사람에게 고백하겠습니다.

또 다른 설문조사에서는 이와 반대되는 질문을 던졌습니다. "만약 인간의 수명이 천 년이라면 어떻게 살 것인가? 어떤 태도로 일할 것인가? 어떤 일을 할 것인가?" 설문 응답자들은 일상에서 흔히 볼 수 없는 삶의 태도를 보여주었습니다. 첫째, 배우거나 투자할 때 더 인내심을 발휘하고, 리스크를 감수하는 일을 줄이겠다고 답했습니다. 둘째, (시간이 충분하므로) 더 위대한 일을 이루기 위해 야망과 포부를 키우겠다고 답했습니다. 이런 설문 결과를 보면 사람들은 미래를 낙관적으로 볼 때 훨씬 진취적으로 행동한다는 걸 알 수 있습니다.

회의주의는 비관주의의 쌍둥이 형제

비관주의는 사람을 회의주의자로 만들기도 합니다. 사실상 비관주의와 회의주의는 쌍둥이 형제나 마찬가지예요.

일부 고등학생, 대학생들은 일찌감치 공무원 시험 준비에 매진하거나, 학교에서 배우는 내용이 쓸모가 없는 듯한 회의감을 느낀다며 아예 퇴학하고 창업하겠다거나, 꼭 창업이 아니더라도 빨리 돈을 벌겠다고 합니다. 이러한 의심은 비관주의의 전형적인 양상이에요. 만약 이들이 정상적인 교육과정을 거친 후의 미래를 아름답게 그릴 수 있었더라면 이런 회의적인 생각은 하지 않았을 겁니다.

미래를 의심하지 않는다면 불안도 없을 겁니다. 청년들이 앞으로 노력을 통해 성장할 수 있다고 믿을 수 있을 테니까요. 수십 년 동안 돈 벌 날들을 생각하면 아직 학교에 재학 중인 학생들이 1~2년 학교에 더 다니는 건 일도 아닙니다. 학교에서 공부하는 소중한 시간을 이용해 기초를 확실히 닦아놓으면 더 높은 시작점(앞 장에서 언급했던 기저선을 의미합니다)에 설 수 있을 겁니다.

하지만 미래를 의심하면 지금 하는 공부가 헛것 같아서 학교에서 시간만 보내거나 성급히 창업하는 실수를 저지르게 됩니다. 사람들이 쓸데없는 일을 하는 건 정해진 경로에 대한 신뢰를 잃었기 때문입니다. 춘추시대의 정치가 오자서(伍子胥)가 남긴 "날은 저물고 갈 길은 멀어 뒤돌아 거꾸로 간다"라는 말처럼 퇴보하는 겁니다.

비관주의와 회의주의는 그 자체로 해롭습니다. 우리의 일상생활과 장기적인 업무 수행 방식에 영향을 끼치며, 우리의 영혼을 독살하죠. 율리우스 카이사르가 "용사는 단 한 번 죽지만, 겁쟁이는 쓰러지기 전에 이미 여러 번 죽는다"라고 했던 것처럼 말입니다.

과거에 머물러 있지 마세요

향수(鄉愁)란 참 낭만적인 단어입니다. 저만 해도 한가로운 겨울 오후면 벽난로에 불을 피우고 햇살이 비추는 거실 창가에 앉아, 갓 내린 커피 향을 즐기며 지난날을 떠올립니다. 그러나 이는 개인적 감상에 불과할 뿐입니다. 저는 과거가 절대 현재보다 나을 수 없으며 과거의 나날들은 영원히 지나갔음을 잘 알고 있어요. 그러나 모두가 저처럼 생각하지는 않습니다. 많은 사람이 과거가 현재보다 좋았다고 생각하며, 과거를 그리워하는 듯합니다.

"옛날이 좋았다"라고 말하는 사람들은 현대, 즉 산업화 이후의 시대를 문제투성이로 봅니다. 저 또한 환경오염, 도로 정체, 사회 불평등 같은 산업화의 부작용을 부정하지는 않아요. 하지만 이것만으로 과거가 현재보다 좋았다고 할 수는 없습니다. 어이없게도 지금 젊은이들은 어려운 시절을 겪지 않았으면서, 그 시절이 현재보다 나았다고 여기는 경우가 있더군요. 당시에는 사회 계급이 없었고 하층민들도 신분 상승의 여지가 더 많았기 때문이라는데요. 이런 생각은 모두 억측에 불과합니다. 그 시대에도 분명히 계급이 존재했고 신분 상승의 기회는 훨씬 적었거든요.

제이디닷컴(JD.com)의 설립자 류창동(劉强東)에 따르면 그의 초등학교 동급생 마흔 명 중에 중학교에 진학한 친구는 오직 두 명이었다고 합니다. 어떤 사람들은 과거에는 언제나 유기농 식품만 먹었는데 지금은 음식에 다 화학비료가 들어 있다고 불평하죠. 현재의 식품이 과거보다 덜 안전한지는 모르겠지만, 최소한 모두가 먹을 만큼 충분하지 않나요? 저는 쓰촨성 농촌에서 여러 해 살았기 때문에 당시 농민들의 생활상을 잘 알고 있습니다. 그때는 식품 안전이 문제가 아니라 배를 곯지는 않을지, 심지어 굶어 죽지 않을지가 문제였습니다. 그러니 무슨 신분 상승 기회를 논할 수 있었겠어요. 당시 우리 가족은 네 명이었고 부모님은 청화대학교에서 교편을 잡고 계셨습니다. 형편이 나쁘지 않은 축에 속했지만 그래 봐야 하루하루 겨우 버티는 수준이었습니다. 월급날이 가까워지면 빚을 내지 않을 수 없었죠. 감히 그때와 지금을 비교할 수는 없습니다.

연경팔경(베이징의 여덟 가지 명승고적-옮긴이) 중에는 계문연수(薊門煙樹)라는 관광 명소가 있었습니다. 안개 속에 울창한 나무들이 드러나는 풍경이라는 뜻을 가진 장소였지만, 실제로는 겨울철에 집집이 피운 연탄 연기가 앙상한 나뭇가지를 휘감은 모습에 불과했어요. 멀리서 보면 고목의 나뭇가지가 안개 속에 숨은 모습이 꽤 운치 있어 보였죠. 지금은 이 현상을 지칭하는 전문적인 과학 용어가 생겼죠. 바로 사람들이 치를 떠는 스모그입니다.

과거를 그리워하는 것은 나라마다 다 비슷합니다. 영국인들은 영광스러웠던 빅토리아 여왕 시절을, 미국인들은 제2차 세계대전 이후 세계를 제패했던 시절을 기억하곤 합니다. 그런데 빅토리아 여왕 시대가 지금보다 훨씬 좋았다고 보긴 어렵습니다. 산업화로 인해 환경오염이 시작되었고, 도시 곳곳이 유황과 짐승 분변 냄새로 진동했죠. 미국도 마찬가지입니다. 반세기 전에는 각종 암, 심혈관 질환, 뇌졸중 등의 발병률과 사망률이 지금보다 훨씬 높았고 교통사고 발생률은 지금의 두 배였습니다.

멀리서 보면 운치 있어 보이는 안개도 알고 보면 연탄 연기에 불과하듯, 과거를 향한 향수도 들여다보면 별 게 아닙니다. 현재에 만족하지 못하거나 현실을 개선할 의지가 없는 사람들의 도피처에 불과하죠. 과거에 머물러 있지 마세요. 그보다는 오늘의 현실을 조금 더 나은 방향으로 바꿔봅시다. 우리가 진정 원하는 건 그것일 테니까요.

앞으로 나아가다 보면 잃는 게 있기 마련입니다

과거에 대한 향수에 갇혀 현재를 제대로 보지 못하면 쉽게 불만이 생깁니다. 사람들은 좋은 일마저 불평불만의 대상으로 삼죠. 문자 메시지와 SNS 때문에 집중력과 업무 효율성이 감퇴했다고, 휴대 전화와 태블릿피시의 등장 이후 근시 비율이 증가했다고 불평합니다. 사실 휴대전화가 없을 때도 비슷한 불만은 있었죠. 첨단 기기가 없었던 플라톤 시대조차 글로 쓰고 기록하는 행위 때문에 사람들의 기억력이 감퇴했다고 불평하는 사람들이 있었으니 말입니다.

오늘날 비관주의자들이 가장 우려하는 분야는 아마 인공지능과 지구온난화 두 가지일 겁니다. 여기서는 인공지능에 대해 이야기해보려고 합니다. 인공지능화가 진행되는 삶은 비관주의자들에게 더 피곤하고, 불안하며, 고독한 삶을 의미할 뿐인 듯합니다. 사실 피로, 불안, 고독한 삶을 우려하는 사람들은 산업혁명 초반에도 많았는데 그러한 풍조가 오늘날까지 이어지고 있는 겁니다.

그러나 인공지능 시대가 오면 사람들의 근로시간은 반드시 감소할 것이며 과거에 비해 일을 선택할 자유가 늘어날 겁니다. 농경시대에는 거의 모두가 농업에 종사했고, 산업 사회 초기에는 모두가 생산 현장에서 근무했습니다. 한 번 더 그런 변화가 일어나는 것뿐입니다. 그리고 그 변화는 더 나은 미래를 선사할 겁니다.

낙관주의자든 비관주의자든 모두가 변화에 대해 이야기합니다. 불변의 진리를 말해봤자 언론의 관심을 받지 못하니까요. 하지만 낙관주의자는 기회를, 비관주의자는 불행의 도래를 이야기한다는 점에서 다릅니다. 시대의 전환은 하루 이틀 새에 완성되지 않죠. 발전은 연속 과정이니까요. 이 과정에는 언제나 낙오하는 사람, 희생당하는 사람, 참여하기를 원하지 않는 사람이 있습니다. 그러나 변화에 적극적으로 참여하고 남들보다 앞서가면 전환의 수혜자가 될 확률이 높습니다. 특히 작은 배일수록 전환점에 도달했을 때 방향을 돌리기 쉽죠. 기득권자들은 아무래도 손에 쥔 게 많아서 민첩하게 대응하기 어렵습니다. 따라서 변화는 사실 하층민에게 주어지는 기회입니다.

저는 매번 과거로의 여행을 마치고 벽난로 앞에서 몸을 일으키며, 저 자신에게 이렇게 이야기합니다. 우리는 과거로 돌아갈 수 없으며 그 생활이 더 이상 편안하지도 않을 거라고, 앞을 향해 전진하는 것 외에 다른 선택은 없다고 말이에요.

생각이나 행동이 과거에 머물러 있는 사람들이 의외로 많습니다. 세상의 변화를 막거나 늦추려는 시도를 하는 사람들을 예로 들수 있는데요. 인공지능 개발을 제한하고, 로봇에 세금을 부과하여 기술 발전을 억제하려고 하는 사람들이 있고, 그중에는 스티븐 호킹 박사를 포함한 과학자들도 있었습니다. 그러나 이런 시도는 하나같이 비현실적이에요. 변화를 막을 길은 없습니다.

앞을 향해 나아가는 과정에서는 잃는 것도 있기 마련입니다. 이미 잃어버린 것은 흘러가게 놔둬야 합니다. 메우려고 노력해도 어차피 메워지지 않을 거예요. 자연 세계의 예를 하나 들어보겠습니다. 인간의 활동은 모두 자연 세계에 영향을 미칩니다. 선조들은 산림을 불태워 논과 밭을 만들었고 그때마다 생태계는 새로운 환경에 적응해서 평형상태를 이뤘습니다. 물론 그 평형상태가 우리가 원하던 모습이 아닌 경우도 있었습니다. 예를 들어 쥐의 개체수가 급증하기도 했습니다. 만약 논을 만들었던 땅에 다시 나무를 심으면 새로운 숲이 생겨나기는 하겠지만 그 생태는 과거와 완전히 다를 거예요. 과거의 숲에 사슴과 호랑이가 있었다면 새로운 숲은 산토끼와 늑대가 가득할 수도 있습니다. 이런 변화 앞에서 우리는 새로운 생태환경을 수용할 수밖에 없습니다.

역사는 비관주의가 늘 우리 곁에 존재해왔음을 보여줬습니다. 동시에 역사는 오늘이 어제보다 낫다는 사실도 증명해왔죠. 따라서 우리는 굳이 향수에 빠지거나 과거를 지나치게 그리워할 필요가 없습니다. 제게 이런 질문을 한 사람이 있었습니다.

"계속 칭화대학교에 계셨다면 지금 어땠을까요?"

저는 이렇게 대답했습니다.

"아무 의미가 없는 질문이네요. 우리는 언제나 앞을 향해야 하고, 한 장이 끝나면 다음 장으로 페이지를 넘겨야 하기 때문입니다."

저는 어제보다 나은 미래를 자신합니다. 그리고 이런 믿음이 있을 때 우리는 주어진 일들을 순서에 따라 하나하나 착실히, 인내심 있게 해나갈 수 있습니다.

정(正)으로 맞서고 기(奇)로 이깁니다

낙관주의자는 쓸데없는 걱정 대신 온전히 일에 몰두하기에 자연히 원하던 결과를 얻습니다. 끊임없이 변하는 미래를 마주하면서도 무엇이 정상상태인지를 파악합니다. 대체 무엇이 정상상태이고 무엇이 비정상상태(Unsteady State)일까요?

제 생각에는 '정(正)'이 정상상태이고 '기(奇)'가 비정상상태입니다. 이것은《손자병법》병세편에 나오는 말입니다.

"무릇 전쟁은 정으로 맞서고 기로 이긴다."

여기서 기는 중국어로 홀수를 뜻하는 '기수'의 '기'로서, 짝이 안 맞아 남는 부분을 가리킵니다. 예를 들어 7명 또는 9명을 두 줄로 세우면 1명이 남죠. 이 여분의 병력이 '기'입니다. 사람들은 보통 이 구절을 '남도 알고 나도 아는 방법으로 승리하는 것'이 '정', '남이 생각하지 못한 방법으로 승리하는 것'이 '기'라고 해석하는데, 그건 현대 중국어의 논리로 당시 언어를 이해한 탓입니다.

역사에 남이 생각하지 못한 방법으로 이긴 전쟁은 매우 드뭅니다. 역사 교과서 속의 그 전쟁들은 보통 한쪽이 병력 조정에 뛰어났고 여분의 기동력이 있었던 덕분에 승리를 거뒀죠. 나폴레옹은 아우스터리츠 전투에서 바로 교묘한 병력 이동을 통해 승리했습니다. 작전 중 양측 모두 교착상태에 있을 때 나폴레옹 수하에는 베르나도트의 군단 하나가 온전히 남아 있었으나, 러시아-오스트리아 연합군에는 더 이상 싸울 수 있는 예비 병력이 없었죠. 그래서 나폴레옹이 완승했던 겁니다.

그런데 이 전투에서 가장 큰 공신은 누구였을까요? 기병을 거느린 베르나도트가 아니라 러-오 연합군과 정면 대결을 했던 술트 원수였습니다. 전쟁 후 그는 나폴레옹이 자신을 아우스터리츠 총사령관으로 임명해주기를 원했는데요. 이것만 봐도 그의 공로가 얼마나 컸는지 알 수 있습니다.

빛나는 역사의 한 장면 속에서도 '정'은 정상상태, '기'는 비정상 상태였습니다. 처세와 성공의 첫 번째 요소는 정도(正道)를 가는 겁니다. 특히 밝은 미래가 예측된다면 굳이 기묘한 책략을 고민할 필요가 없습니다. 사람들은 더 빨리 가기 위해 시종일관 어떻게 새치기할지, 다른 사람을 어떻게 이용해볼지 궁리하죠. 그로 인해 제자리걸음을 반복하고 먼 길을 돌아가고 있다는 건 모르는 채 말입니다.

F1 경기를 본 적이 있다면 사실상 추월할 수 있는 코너가 그리 많지 않다는 것을 알 거예요. 차로 꽉 찬 도로에서 추월하려면 기

술이 필요합니다. 그러나 성능 좋은 차와 기술 좋은 드라이버만 있다면 추월할 만한 장소는 언제나 찾아낼 수 있습니다. 반면 운전 기술이 나쁘면 코너가 아무리 많아도 소용이 없죠.

중국은 최근 10년 동안 독일과 일본을 연속으로 제치고 세계 2위의 경제대국으로 부상했습니다. 새치기할 코너 따위는 없었습니다. 오로지 밤낮으로 열심히 일해서 각종 산업 지표를 끌어올린 중국인들이 동력이었습니다. 반면 같은 시기에 유럽과 일본에서는 사람들이 적게 일하고 많이 벌며 안락한 삶을 즐겼죠. 오직 그뿐입니다.

화웨이가 루슨트(Lucent)와 시스코를 제치고 세계 최대의 통신장비 제조사가 된 것도 저렴한 가격과 점차 개선되는 성능 덕이었을 뿐 다른 이유는 없었습니다. 지난 20년 동안 통신설비 분야는 안정기에 접어들었고 큰 기복이 없었습니다. 루슨트와 시스코가 추월당한 건 그들이 현실에 안주한 결과였죠.

늘 '코너 추월 전략'을 논하는 회사들을 자세히 관찰한 후 다시 그들의 경쟁 회사들과 비교해보니, 그들이 추월은커녕 이윤도 남기지 못했음을 알 수 있었습니다. 마찬가지로 자기는 가만히 있으면서 새로운 기술이 모든 일을 더 수월하게 해주고, 일이나 성공의 기회를 더 많이 만들어주길 바라는 사람은 성실하게 노력하며 앞을 향해 걷는 사람에게 자리를 내주게 될 겁니다.

2018년 중국 대학 입학시험 전날에 몇몇 고등학생이 제게 수학 시험 잘 보는 법을 물었습니다. 사실 수학 시험도 '정으로 맞서고 기로 이기는 것'이 관건입니다. '정으로 맞선다'라는 말은 아는 문제를 하나도 놓치지 않다는 뜻입니다. 한 문제라도 놓쳤다면 복습이 안 되었거나 시험을 못 봤다는 뜻입니다. '기로 이긴다'라는 말은 평소에 못 풀던 문제를 시험에서 맞췄거나 남들은 못 푸는 문제를 생각 끝에 풀어냈다는 뜻이고요. '정' 없이 '기'만 노리는 경우 2점 정도는 추가로 득점할 수 있겠죠. 하지만 원래 받아야 했을 점수 20점을 잃을 수도 있습니다.

우리는 언제나 정정당당하게 정규전을 치러야 합니다. 젊을 때 열심히 공부하고, 졸업 후에는 열심히 일하고, 돈이 생기면 합리적으로 투자해야 하죠. 이것이 우리가 삶 위에 우뚝 서는 방법입니다.

앞 장에서 소개했던 코스타리카, 덴마크, 싱가포르에서는 각국의 가치관에 부합하는 정도를 걸으면 성공이 보장된다는 것을 각 나라 국민들이 잘 알았고 그래서 쉽게 행복감을 느꼈던 겁니다.

사람들은 차별화가 성공의 비결이자 보장이라고 생각합니다. 그러나 차별화는 수단일 뿐 목적이 아니에요. 일을 더 잘하는 것이야말로 목적입니다. 또한 차별화가 다르기만 하면 되는 줄로 오해하는 사람들도 많습니다. 마치 일부 교수들이 남다른 주장을 내세우는 논문을 쓰는 데에만 열중하듯 말이죠. 차별화에는 사실 단점이 더 많습니다.

인류는 문제를 해결하는 과정에서 언제나 더 나은 방법과 경로를 찾아왔습니다. 역사적으로 볼 때 어떤 시대든 주류를 이뤘던 방법은 최고는 아니더라도 언제나 좋은 방법이었으며 그만한 존재 가치가 있었습니다.

수많은 제품 설계자들이 반드시 차별화를 하지 않으면 큰일이라도 나듯 원형 버튼을 사각형으로 바꾸고 네모를 삼각형으로 바꿉니다. 이는 사실 아무런 의의가 없을 뿐더러 사용자 경험을 더 악화시키기도 하죠. 우리가 상품을 더 잘 만들고 일을 더 잘하는 것에 집중하면, 결과는 자연히 이전과 다를 겁니다. 억지로 차별화를 강조할 필요가 없습니다.

오직 낙관주의자만 변화할 수 있습니다

'정'과 '기'의 관계를 확실히 파악했다면 지금부터 설명하는 원칙을 쉽게 이해할 수 있습니다.

첫 번째 원칙은 무한한 시간 속에선 변화가 정상상태, 변하지 않는 것이 비정상상태라는 것입니다. 그러나 유한한 시간 속에선 불변 또는 점진적인 변화가 정상상태, 급격한 변화가 비정상상태죠.

긴 시간 동안에는 반드시 변화가 발생합니다. 현대인들이 평생기술 하나로 먹고살려 하면 안 되는 이유는 변화가 정상상태이기 때문입니다. 이 점을 인정하면 변화가 도래했을 때 당황하지 않습니다. 하지만 사람들은 변화를 두려워하기 때문에 비관주의자가 됩니다.

반면 짧은 시간 동안에는 변화가 잘 일어나지 않고 변화가 있어도 서서히 변합니다. 〈그림 6-1〉은 약 인간의 음성 파동을 2초가량 기록한 결과입니다. 2초간의 음성에는 약 수만 개의 표본점과 수

〈그림 6-1〉 인간의 음성 파동

백 개의 신호가 담겨 있습니다. 상당히 변화 폭이 크게 보이는데요. 그러나 그림을 백 배 정도 가로로 확대해보면 이 모든 변화가 제법 완만하고 매끄럽게 이어져 있다는 걸 알 수 있죠. 즉 짧은 시간으로 쪼개어보면 어떤 변화든 천천히 일어납니다. 이 원칙을 이해하면 누적 효과를 신뢰하게 되고, 요행을 바라는 어리석은 생각은 하지 않게 될 겁니다.

그런데 안타깝게도 사람들은 한 가지도 제대로 해놓지 않은 채 변화만을 궁리합니다. 변하기만 하면 기회가 올 것처럼 말이에요. 이런 이들에게 변화가 과연 기회가 될지도 의문입니다. 충분한 내공이 없으면 기회도 잡을 수 없으니까요. 코너에서 다른 차를 추월하려고 기다리기만 하는 사람에게는 기회가 없을 테고요. 희망이 사라지면 그들은 그때부터 아마 비관주의자가 될 겁니다. 루쉰의 《아큐정전(阿Q正傳)》 속 아큐가 바로 그런 인물이었죠. 혁명과 변화를 목격하고 자기에게 기회가 왔다고 생각한 순간, 그 혁명이 아큐의 생명을 앗아가 버렸습니다.

스마트 시대의 도래는 수십 년에 걸쳐서 일어나는 긴 과정입니다. 그러나 이 수십 년 속에서 하루하루의 변화는 점진적이기 때문에 우리가 이에 적응할 시간은 충분합니다. 우리는 얼마든지 준비하고 대응할 수 있습니다.

두 번째 원칙은 앞으로 나아가는 것이 정상상태이며 뒤를 돌아보는 것은 비정상상태라는 것입니다. 역사에 대한 회고와 반성은 필요하지만 지나치면 안 됩니다. 특히 역사적 경험이나 교훈을 그대로 옮겨와서 현재의 행동 지침으로 삼아서는 안 되죠. "역사를 거울로 삼는다"라는 말이 있지만 모든 일을 단순하게 거울로 삼는 것은 미덥지 못합니다.

세 번째 원칙은 실력파의 승리가 정상상태이며 기회주의자의 승리가 비정상상태라는 것입니다. 보통 스포츠 경기에서는 실력이 뛰어난 쪽이 승리합니다. 이변은 드물죠. 만약 우리가 커제(柯洁)와 바둑을 둔다면 신묘한 한두 수로 그를 이길 수는 없을 겁니다. 삶도 마찬가지예요. 어떻게 이변을 일으킬지가 아니라 어떻게 실력파가 될지 고민해야 합니다. 저는 자퇴 후 창업한다는 학생들에게 아직은 학교를 그만둘 수준이 못 된다고 말해줍니다. 게이츠와 저커버그의 성공은 그들이 이미 돈 벌 방법을 알았기 때문이지, 학교를 그만두고 연구한 덕이 아니라고 말이죠. 더구나 그들은 언제나 또래 중에 최고로 인정받는 프로그래밍 고수였고 단순한 기회주의자가 아니라 진정한 실력파였습니다. 스스로 실력을 어느 정도 갖추지 못했다면 시도하는 동시에 실패할 겁니다.

연못 앞에 서서 물고기를 바라보지만 말고, 물러서서 그물을 준비해야 합니다. 우리 사회와 미래를 잘 이해하고 미래에 기회가 있음을 믿어야 하죠. 그리고 실력을 갖춘 전문가가 됩시다. 그러면 성공 확률이 훨씬 높아질 겁니다.

7장

미래의 법칙

어떤 시대든 세상을 이기는 법칙을
찾을 수 있습니다

어떤 시대와 환경에서 살고 있는지는 매우 중요합니다. 지금 우리는 좋은 시대와 환경에서 살고 있을까요? 당신은 현재를 긍정하며 미래를 낙관하는 힘이 있는 사람입니까?

그렇다면 이제 우리는 미래 시대의 규칙과 특징을 이해하고 거기에 맞는 정확한 방법으로 중첩적 성장을 이룩해야 합니다. 그래야 불패의 땅에 설 수 있습니다.

미래를 준비하며 여덟 가지를 기억하세요

미래에 눈을 두는 사람은 미래가 현재와 어떻게 다를지 매우 궁금해하며 일찌감치 준비를 마칩니다. 이 문제에 관해 신기술 개발자이자 MIT 미디어랩(MIT Media Lab) 디렉터인 조이 이토(Joi Ito)의 의견을 먼저 들어봅시다.

조이 이토 선생은 다양한 직함을 가진 인물입니다. 벤처 투자뿐만 아니라 중요한 사회활동에도 활발히 참여해왔죠. 그러나 그에게 가장 적합한 직함은 MIT 미디어랩의 디렉터입니다.

미디어랩은 독특한 곳입니다. 이름에 미디어라는 말이 들어 있긴 하지만 실제 업무는 미디어와 큰 관련이 없죠. 사실상 미디어(매체)보다 매개체라고 번역하는 편이 나을 수도 있습니다. 전문적으로 각종 블랙테크(Black Tech, 아직 널리 알려지지 않은 첨단 기술을 뜻하는 용어-옮긴이)를 모으는 매개체니까요. 이러한 학제 간 통합 연구는 세계를 변화시킨 중대 발명품을 이끌어냈습니다. 예를 들어 터치스크린, 인공장기들, 웨어러블 기기, 차량용 GPS 등이 있어요. 미디어랩의 특징은 격식에 구애받지 않는 겁니다. 이들은 교수와 과학자들에게 자유롭게 연구 방향을 결정하도록 하는 동시에 인류의 미래에 필요하지만 다른 연구기관이 꺼리는 과제를 연구하도록 독려합니다. 정부가 지원하는 인기 프로젝트는 다른 MIT 실험실들이 이미 진행하고 있기에 비슷한 업무를 중복할 필요가 없죠.

연구 인력 선발에서도 이러한 특징이 두드러집니다. 이토 선생 본인만 해도 박사학위도 없고 학술계 인사도 아니에요. 이런 조건이면 다른 학술기관에서는 요직을 맡지 못했을 겁니다.

이토 선생은 2017년에 미래에 관한 생각을 《위플래시(Whiplash)》(한국어판 《나인》, 민음사, 2017)라는 책으로 펴냈고, 저는 이 책의 서문을 쓰는 행운을 얻었습니다. 이 책에서 이토 선생은 대립하는 개념 아홉 쌍을 제시하며 미래를 논했습니다. 비록 그의 의견에 완벽히 동의하지 않을 수도 있지만, 그는 이 책에서 미래 사회의 특징을 훌륭하게 요약했고 생각할 거리를 충분히 제공해줬습니다. 따라서 지금부터 이토 선생이 미래를 어떻게 생각하는지 한번 살펴보도록 하겠습니다.

이토 선생은 미래의 세 가지 특징을 도출했는데, 바로 비대칭성, 복잡성, 불확실성입니다. 비대칭성이란 신기술이 탄생했을 때 최초로 신기술을 확보한 소수가 과거에 해당 분야에서 기득권을 누리던 큰 기관 또는 조직을 전복할 수 있음을 의미합니다. 창업시장에

개미가 코끼리를 이기는 이야기가 자주 등장하는 것도 비슷한 이치예요.

복잡성이란 현대의 지식체계가 매우 복잡함을 의미합니다. 여러 영역을 넘나들며 종합적인 성격을 띠고 있죠. 이는 바로 미디어랩이 학제 간 통합 연구를 하는 이유입니다. 크로스오버라는 키워드도 복잡성을 반영하고 있습니다.

불확실성이란 아무도 미래를 예측할 수 없다는 뜻이에요. 방대한 정보를 가진 맥킨지 애널리스트나 극비 자료를 보유한 정부 관료도 미래는 알 수 없죠. 이토는 급변하는 미래를 예측할 수 없으니 불확실한 환경에서 일하는 법을 배우는 것이 매우 중요하다고 말했습니다. 훌륭한 투자자는 반응은 무겁게, 예측은 가볍게 한다는 말이 있습니다. 미래 예측 같은 무의미한 일은 하지 말라는 의미죠. 우리가 불확실한 조건에서 일하는 법을 터득한다면 각종 예측을 맹신할 필요가 없을 겁니다.

비대칭적이고, 복잡하고, 불확실한 미래를 마주한 인류는 어떻게 해야 할까요? 이토 선생은 아홉 가지 해결책을 제시했는데 서로 비슷한 내용이 있어서 저는 여덟 가지로 요약해봤습니다.

과거의 권위에 지나치게 의존하지 않아야 합니다

새로운 기술혁명 시기에는 새로운 아이디어가 과거의 권위보다 훨씬 중요합니다. 이런 시대에는 새로운 기술을 수용하는 것 외에 다른 선택지가 없습니다. 이토 선생은 미래를 대하는 올바른 자세에 대해 이렇게 예를 들었습니다.

톰 나이트(Tom Knight)는 MIT 선임 연구원이었습니다. 컴퓨터과학을 포함한 다양한 영역에서 중대한 발명을 했기에 권위자라 불리기 충분했습니다. 하지만 그는 적지 않은 나이에도 대학교 2학년 학생들과 함께 생물학을 배웠습니다. 그는 반도체 집적회로가 밀도 면에서 한계에 근접했으며 더 이상 개선이 어렵다는 사실을 알아낸 뒤 세포 차원의 화학반응에 기반한 집적회로 패널이 미래를 이끌지도 모른다고 생각했죠. 그래서 컴퓨터과학자였음에도 다시 생물학 석사과정을 밟았습니다.

능동적으로 획득한 정보가 힘을 가집니다

미래에는 우리가 스스로의 필요에 따라 능동적으로 획득한 정보만 의미가 있을 겁니다. 인터넷 시대는 정보에 대한 수요가 아래에서부터 위로, 즉 상향식으로 움직이기 때문입니다. 자기가 원하는 강의를 찾아 들을 수 있는 MOOC(Massive Open Online Course)가 대표적인 예죠. 기존 시스템의 광고보다 구글 검색 광고가 효과가 좋은 이유도 동일합니다.

과거에는 하향식 정보가 우리 행동을 주도했습니다. 예를 들어 우리는 그동안 TV에 나오는 내용을 그대로 받아들여왔죠. 광고를 통해 전달되는 내용을 고스란히 수용하는 등 소비자로서도 기업의 마케팅에 끌려다녔습니다. 하지만 앞으로의 시대는 다를 겁니다.

지도보다 나침반을 들어야 합니다

미래를 예측할 수 있는 시대에는 지도를 보고 길을 찾을 수 있습니다. 과거부터 지금까지의 경로에 큰 변화가 없기 때문이죠. 하지만 경로가 매일 바뀌는 상황에서는 지도가 무용지물입니다. 미래에는 지도를 정확하고 시의성 있게 만들기 힘들 겁니다. 오래된 지도로 길을 찾기도 쉽지 않을 거고요. 그래서 지도가 아닌 나침반을 들어야 합니다.

수학에 비유해볼까요. 공식 하나를 외우면 많은 문제에 대입해서 풀 수 있죠. 그런데 어느 날 시험에 공식을 쓸 수 없는 문제가 출제되면 공식만 외운 학생들은 답을 구할 수가 없습니다. 공식을 넘어 원리 자체를 이해하고 있어야 문제를 풀 수 있죠. 원리를 정확히 이해하고 상황에 맞게 대입하는 능력이 바로 나침반을 쓰는 능력이라고 볼 수 있습니다.

안전보다 위험을 선택해야 합니다

중국의 선전(深川)은 어떻게 세계적인 하드웨어 부품 제조 지역이 되었을까요? 바로 선전의 중소기업들이 위험 요소를 기꺼이 감수했기 때문이었습니다. 미국도 성장기에는 선전처럼 위험 요소가 가득했고, 미국의 개척자들도 선전 사람들처럼 위험을 두려워하지 않았습니다. 이토 선생은 미국이 다시 경쟁 우위를 점하려면 발전 초기 단계로 돌아가야 한다고 주장합니다. 단순한 관점으로 보면 퇴보처럼 느껴질 수도 있으나 실제로는 진보라는 거죠.

사람들은 대부분 나이가 들수록 돈이 되는 업계에 들어가 쉽고 안전하게 일할 수 있기를 원합니다. 그런데 이런 생각을 하는 사람들은 미래에 반드시 실망하게 될 거예요. 미래에는 과거의 권위가 더 이상 힘을 발휘하지 못하니까요. 진정한 안전은 바로 위험을 껴안는 겁니다.

'반역 정신'이 필요합니다

저는 예전에 실리콘밸리의 가장 큰 성공 원인이 반역(反逆)과 반역에 대한 관용이었다고 말했던 적이 있습니다. 그리고 이토 선생은 거역(拒逆)이라는 단어를 제시하며 '속박 없는 창조'의 중요성을 역설합니다. 그는 20세기 초 듀퐁(Dupont) 사가 나일론을 개발했을 때를 예로 들었습니다.

나일론의 발명가 월리스 캐러더스(Wallace Carothers)는 사실 그의 상사였던 찰스 스타인(Charles M. A. Stine)의 지원을 많이 받았습니다. 듀퐁 사의 이사였던 스타인은 부하 직원들이 자유롭게 연구하도록 격려하던 사람이었습니다. 덕분에 캐러더스는 화학을 공부할 때부터 관심 분야였던 나일론을 계속 연구할 수 있었습니다. 그런데 나중에 새로운 사장으로 온 엘머 볼턴(Elmer K. Bolton)은 전 직원에게 좀 더 돈이 되는 연구를 하라고 요구했습니다. 다행히도 캐러더스는 새 사장의 요구를 거스르며 연구를 계속했고 과거의 연구 성과를 이용해 결국 나일론을 발명해냈습니다.

평범한 눈을 가진 사람은 위대한 발명을 알아보지 못하는 경우가 많습니다. 캐러더스가 볼턴의 지시를 따랐다면 위대한 발명은 없었을 겁니다. 창조력은 속박의 굴레에서 벗어날 때 제 역할을 하지만 평범한 사람 눈에는 거역으로 보일 수 있습니다.

스페셜리스트보다 제너럴리스트가 되어야 합니다

미디어랩의 연구자들은 대부분 여러 학과를 넘나드는 제너럴리스트(Generalist)입니다. 바로 이 점이 미디어랩에서 발명이 샘솟듯 쏟아지는 원동력이죠. 그래서 이토 선생은 스페셜리스트(Specialist)보다 제너럴리스트가 되어야 한다고 말했습니다. 하지만 절대 오해하면 안 됩니다. 어떤 한 분야에 정통하지 않고서는 통합 연구 전문가가 될 수 없어요. 어느 한 분야에서 스페셜리스트가 된 후에 다시 제너럴리스트로 성장하는 게 가장 좋습니다.

이는 조직에 있어서 다양성이 얼마나 중요한지를 보여줍니다. 조직의 인재를 다양화하면 단일적인 조직보다 경쟁력이 커집니다. 실리콘밸리의 성공 비결도 여기에 있습니다.

힘보다 근성이 중요합니다

보통 힘이 강할수록 일을 추진하기 쉽습니다. 이는 명백한 현실입니다. 그런데 미래에는 힘보다 근성이 더 중요합니다. 미래는 불확실성이 커서 앞으로 나아가는 추진력만으로는 생존하기 어렵기 때문입니다. 근성은 우리가 풍파를 만났을 때 빛을 발합니다. 어려움이 닥쳐도 묵묵히 버텨내는 근성이야말로 계속 변화하는 상황에서 살아남을 수 있는 비결입니다. 따라서 앞으로는 강한 힘보다 부드럽고 유연하게 대처하는 근성이 더 중요해질 겁니다.

개체보다 시스템을 봐야 합니다

시스템 이론이 나오기 전에는 전체를 부분의 합으로 보는 시각이
우세했습니다. 하지만 인체나 사회와 같은 복잡한 시스템을 연구
하기 시작하면서, 전체가 반드시 부분의 합은 아니며 각 개체를 최
적화한다고 해서 전체가 최적화되지는 않는다는 사실이 밝혀졌죠.
진정한 경쟁 우위를 가진 것은 하나의 시스템이지 하나의 강력한
개체가 아니에요. 또한 지속적인 성공을 보증하는 것 역시 완전한
시스템이지 천재 한 사람의 행동이 아닙니다. 예를 들어 아이폰의
경우, 모든 항목에서 경쟁 제품보다 우수한 평가를 받고 있는 게
아닙니다. 하지만 제품과 브랜드 전체로서 소비자들에게 최고의
경험을 선사하기에 1위 자리를 유지하는 겁니다.

변화의 파도 속에서
변하지 않는 것을 찾으세요

이 세상에 변하지 않는 것이 있을까요? 아마존의 창업자 제프 베이조스는 자신이 바로 변화하는 세상 속에서 영원히 불변하는 것을 찾는 사람이라고 말했습니다.

베이조스와 이토 선생의 생각이 서로 모순되는 것은 아닐까요? 절대 그렇지 않습니다. 이토 선생은 미래의 현상에 관해서, 베이조스는 변화에 대응하는 방법에 대해서 이야기했을 뿐이에요. 베이조스는 기술과 시장이, 변하지 않는 서비스를 중심에 두고 변해야한다고 생각했습니다. 사실 IBM이라는 거대한 기업도 늘 이런 전략을 취해온 곳입니다. 사람들이 보기에 IBM은 사무기기 사업에서부터 시작해 컴퓨터, 소프트웨어, 서비스 영역까지 변화를 거듭해왔죠. 하지만 그들의 사업 모델과 핵심 가치는 변하지 않았습니다. 바로 모든 업무가 서비스 확장에 초점이 맞춰져 있다는 점에서 그렇습니다. 더 구체적으로 말하면 기업 고객에 대한 서비스 확장입니다. 초기 IBM이 했던 태뷸레이터(Tabulator) 사업과 대형 컴퓨터 사업은 더 이상 찾아볼 수 없죠. 메모리, 개인 컴퓨터, 서버 사업은 히타치(Hitachi)와 레노버(Lenovo)에 각각 매각되었고요. 하지만 이 회사는 없어지지 않았고, 서비스 영역을 계속 바꿨습니다. 2002년에 IBM은 프라이스워터하우스쿠퍼스(Pricewaterhouse Coopers, PWC)의 컨설팅 서비스 부문을 인수했습니다. 컴퓨터 기술 기업인 그들이 왜 이런 사업을 인수했을까요? 바로 IBM의 목적이 서비스 확장에 있기 때문입니다. 기술은 수단이었을 뿐 목적이 아니죠. PWC의 서비스 사업은 이익률도 매우 높았기 때문에 인수하지 않을 이유가 없었습니다.

현재 〈포춘〉 선정 500대 기업의 평균 존속 기간은 40년입니다. 다양한 업종에서 한 시대를 빛냈던 회사들 가운데 그 기업을 오래 유지하는 곳이 드물다는 뜻이에요. IBM은 예외로, 불변함으로 변화에 대처하는 지혜를 보여주었습니다. 모두 변하지 않는 것을 찾기 원하지만 아쉽게도 우리 눈에 잘 보이지 않습니다. 정보가 부족해서가 아니라 정보가 지나치게 많아서죠. 깊게 사고하지 않으면 결코 알아볼 수 없습니다. 실제로 전문가들의 판단력이 보통 아주 머니보다 못할 때도 있습니다.

2007년 위챗에 이런 대화가 퍼졌습니다.

기자: 마윈이 '무인 슈퍼마켓'을 낸 것에 대해 어떻게 생각하세요?

아주머니: 아이고, 슈퍼마켓에 사람이 없다고요, 그러면 폐업해야겠네요.

기자: 아주머니, 무인 슈퍼마켓은 그런 의미가 아니고요. 슈퍼마켓에 판매원, 계산원 등 점원이 없다는 말이에요.

아주머니: 그러면 '직원 없는 슈퍼마켓'이라고 이름을 지어야지! 아이고, 그런 언어 수준으로 무슨 기자를 하겠다고….

기자: 아, 맞습니다, 아주머니 말씀대로 직원 없는 슈퍼마켓이 더 정확하겠네요. 그럼 이런 새로운 슈퍼마켓 형태에 대해서는 어떻게 생각하세요?

아주머니: 마트에서 월급 줄 직원이 사라지면 물건 가격이 더 싸지나요?

기자: 글쎄요…. 그건 아직 잘 모르겠네요.

아주머니: 이 기자님 좀 보게나? 국민이 제일 관심을 두는 문제를 알아보러 다녀야지, 온종일 마윈이 무슨 장난을 치는지에만 관심을 두니 원! 우리 서민들이 제일 걱정하는 게 뭐겠어요? 가게에 짝퉁이 있는지, 가격이 싼지 그런 걸 고민하지, 슈퍼에 직원이 있는지 없는지가 나랑 무슨 상관이 있어요?

기자: 무인 마트의 출현으로 우리의 전통적인 구매 방식이 바뀔 것으로 예상하지 않으십니까?

아주머니: 바뀌긴 뭐가 바뀌어요? 물건 사는 데 돈 안 들어요? 알리페이 긁는 것도 돈 쓰는 거죠!

기자: 아주머니는 아무래도 트렌드를 이해 못 하시는 것 같군요.

아주머니: 아이고, 직원 없는 마트 만드는 게 트렌드란 말이에요? 허구한 날 말단직원만 가지고 장난치는 게 무슨 능력이에요? 능력 있으면 사장 없는 마트나 만들어봐요!

기자: 아주머니, 혹시 마윈을 좋지 않게 보시나요?

아주머니: 제가 마윈한테 무슨 의견이 있겠어요, 당신같이 할 일 없는 기자한테나 할 말이 있죠. 마윈이 우리 삶을 바꿨는지는 몰라도 우리가 원하는 건 그냥 변화가 아니에요. 행복해지는 변화가 필요한 거예요. 지금은 뭐가 바뀌면 행복해지기는커녕 귀찮은 점만 많아지잖아요. 기자님은 그런 일에나 관심을 좀 가져보세요.

기자: ….

이 대화의 배경은 알리바바가 무인 슈퍼마켓을 출시해 각종 매체에 보도되었을 때입니다. 기자들은 이 소식을 듣고 매우 흥분했죠. '중국판 아마존'이 등장했으며 외국이 하지 못한 일을 중국이 해냈다고 보도했습니다. 하지만 자세히 들여다보면 기자들이 이 일을 너무 과장 해석했음을 알 수 있죠. 이 슈퍼마켓은 대형 자판기에 지나지 않았습니다. 그 안에 적용된 기술이라곤 제품 포장에 RFID(주파수 인식 기술) 칩을 부착해 상품이 자동으로 스캔되도록 한 것뿐이에요. 그런데 사람들은 새로운 일을 확대 해석하기를 좋아하죠.

슈퍼마켓을 운영하는 아주머니가 기자의 사고방식을 지적하리라고 그 누가 생각할 수 있었을까요? 대화 속 아주머니는 먼저 소비자들이 진정으로 원하는 것에 관해 지적했습니다. 소비자들은 물건을 안심하고 구매할 수 있기를, 또 가격이 조금 저렴하기를 바랄 뿐, 어떤 방식으로 구매하는지에는 큰 관심이 없죠. 인터넷 쇼핑이 대세가 된 이유는 시간을 절약할 수 있고 가격도 저렴하기 때문이지 재미있어서가 아니에요. 혹자는 인터넷이 사람들의 구매 습관을 변화시켜서 상점에 직접 가는 사람들이 없을 정도라고 말합니다. 이 점은 사실입니다. 그러나 주로 구매하는 곳이 오프라인 상점에서 인터넷으로 변했을 뿐, 필요하다면 원래대로 돌아갈 수도 있습니다.

대화 속에서 아주머니는 "마트에서 월급 줄 직원이 사라지면 물건 가격이 더 싸지나요?"라고 물었는데, 이는 미래에 무인 마트가 성공하기 위한 필수 조건입니다. 기술이 이 목적을 달성하지 못한다면 성과도 없을 겁니다. 사업가의 시각에서 보면 계산원의 유무 자체는 중요하지 않아요. 더 많은 이윤을 창출하는지가 중요합니다. 그렇지 않다면 계산원을 두는 편이 나을 거예요.

사실 아마존도 무인 마트의 실행 가능성을 고려해본 적이 있습니다. 그들은 정책 결정 시에 기술을 얼마나 사용했느냐가 아니라 이윤이 꾸준히 증가할 수 있느냐를 봤습니다. 구글에서 동료였던 친구가 훗날 아마존의 물류 책임자가 되었는데, 사업 변천에 관한 아마존의 생각을 들려줬습니다. 당시 마트와 전통 시장 모두 도난당하는 상품이 많았는데, 마트라는 영업 형태가 효율성이 더 높아서 도난으로 인한 손해를 상쇄하고도 남는 이익이 있었습니다. 따라서 마트가 전통적인 시장을 대체하게 되었죠. 전자 상거래 시대가 도래한 후에는 반품 수량이 도난당하는 수량보다 훨씬 많았습니다. 그러나 공간 임대 비용에서 절약한 금액이 반품 금액보다 컸기 때문에 전자 상거래가 활발하게 발전하기 시작했죠. 무인 마트가 현재의 마트를 대체할 수 있을지는 완전히 이윤에 달렸습니다. 무인 마트는 도난이나 파손된 상품의 비용뿐 아니라 무인 시스템하에서의 법적 분쟁에 관한 비용 및 반품 비용 등 원래 생각하지 못한 각종 비용을 고려해야 합니다. 마트에 점원이 없으면 도난당하는 상품이 분명히 증가할 겁니다. 그렇다고 값싼 상품만 판매하면 이윤이 낮을 것이고, 비싼 상품들을 놓으면 절도 행위가 더 증가할 겁니다. 미국에는 돈이 없어서가 아니라 재미로, 또는 무의식적으로 물건을 훔치는 사람들이 많습니다. 할리우드 스타가 고작 수십 달러어치 화장품을 훔치거나 〈포춘〉 선정 500대 기업의 임원이 1~2달러짜리 라이터를 훔치는 경우까지 다양합니다. 이런 문제는 상품 포장에 RFIC 칩을 달거나 천장에 CCTV를 단다고 해결되지 않죠. 또한 사람들이 마트 내 상품을 고의로 파손할 가능성도 원가에 포함해야 합니다. 실제로 중국의 일부 무인 마트는 손님이 아니라 에어컨을 공짜로 쐬려는 노인들로 북적였습니다. 어쩌면 이것도 무인 마트를 연 사람이 예상하지 못한 비용이었을 겁니다.

미국, 호주, 유럽의 대형마트에서는 고객들이 직접 상품을 스캔 및 결제하도록 하고 직원들은 한쪽에서 관리·감독만 하는 경우가 많습니다. 이런 방식을 통해 직원 수와 원가를 절감했습니다. 수익 창출이 사업의 본질임을 되새길 때 현재 단계에서는 이 방식이 무인 마트보다 실용적이에요. 신기술 자체는 핵심이 아닙니다. 신기술을 통해 효율성이 높아졌는지, 원가를 절감했는지가 관건입니다. 비용 절감, 이윤 증가야말로 사업의 변함 없는 목적이기 때문입니다.

기술은 수단일 뿐 목적이 아닙니다

많은 사람들이 기술에 대해 오해하고 있습니다. 기술은 늘 수단이었으며 목적이었던 적이 없습니다. 이 점을 혼동하면 기술을 위한 기술을 개발하게 됩니다. 어떤 문제든 여러 가지 방법으로 해결이 가능합니다. 즉 기술은 어떤 경우에도 유일한 해결책이 아니고 선택지 중 하나에 불과합니다.

미국에서는 FDA(미국 식품 안전감독청)가 신약을 포함한 일련의 약품을 퇴출하도록 강제하고 있습니다. 부작용 우려가 큰 일부 제품을 제외하고는 대부분 용도가 없어서 퇴출당합니다. 다시 말해 그약이 약효가 없을 수도 있고, 치료한다고 선전하는 질병 자체가 존재하지 않을 수도 있습니다. 아무리 장사꾼이라도 약을 팔기 위해 없는 질병을 만들어낼 수는 없죠. 현재 일부 신기술 관련 홍보 문구들은 이처럼 존재하지 않는 문제를 해결하겠다고 합니다.

사람들은 언제나 물건을 필요로 하기 마련이지만, 그 물건을 꼭 무인 마트에서 사야 하는 건 아닙니다. 비슷하게 카드 결제나 모바일 결제 역시 결국 편리함이 목적이죠. 간혹 미국은 모바일 결제가 발달하지 않았으니 기술이 낙후된 게 아니냐는 사람이 있는데요. 미국에서의 신용카드 결제는 모바일 결제만큼 편리하게 이루어집니다. 또한 결제 방식이 무엇이든 본질은 돈을 내는 것으로, 결국 동일합니다.

앞의 대화 속에서 기자는 결국 이렇게 말합니다.

"아무래도 트렌드를 이해 못 하시는 것 같군요."

이런 말은 논쟁 중에 한쪽이 패배하기 전에 등장합니다. 비슷한 말로 "당신이 이 분야 전문가도 아니잖아요" 또는 "내가 설명해봤자 어차피 못 알아들을 텐데요" 등이 있습니다. 어차피 2~3년 지나면 현재의 트렌드도 더 이상 트렌드가 아닐 거예요. 우리는 언제나 본질을 꿰뚫어 볼 줄 알아야 합니다.

우리는 낙오할까 두려워 더욱 열심히 뜁니다. 신기술이라면 무조건 따라가야 한다고 생각하며 서두르다가 정작 본질을 놓쳐버립니다. 에디슨은 위대한 발명가죠. 그는 기술 발전의 트렌드를 따라가며 변화를 추구하는 데 매우 능했지만, 그가 한 일들은 모두 본질과 맞닿아 있었습니다. 핵심은 기술로 쓸데없는 물건을 발명하는 게 아니라 실제 문제를 해결하는 겁니다.

에디슨의 발명품 중에는 실패작도 있었습니다. 전기가 막 사용되기 시작하자 에디슨은 의회에서 사용할 자동 투표기를 발명했고 첫 특허를 얻었습니다. 에디슨은 자동 투표기를 만들면 투표 과정이 빨라지고 효율성이 증가하리라 여겼습니다. 하지만 그가 이 기계를 들고 국회에 찾아갔을 때 의원들은 쓸모 없는 물건이라며 그를 쫓아냈습니다. 에디슨은 나중에야 깨달았습니다. 의회는 형평성을 위해 소수정당이 사람들을 설득할 시간을 충분히 주려 한다는 점을 말이에요. 정책 결정 과정에서 투표 과정 자체가 더 빨라져야 할 필요는 없었던 겁니다.

에디슨은 이 일로 중요한 이치를 깨달았습니다. 바로 기술은 먼저 시장이 있어야 한다는 것, 또 사람들에게 유용해야 한다는 것이었습니다. 오직 기술만 있어서는 충분하지 않았습니다. 그때부터 에디슨은 발명가들의 사고방식을 버리고 기업가의 사고방식을 받아들였습니다. 그 후 다시는 시장성 없는 발명을 하지 않았습니다.

에디슨이 살던 시대에는 발명가가 넘쳐났습니다. 알렉산더 그레이엄 벨과 독일의 에른스트 베르너 폰 지멘스(Ernst Werner von Siemens)가 대표적이죠. 하지만 어떤 발명가들은 운이 그 정도로 좋지 못했습니다. 테슬라는 당대 최고의 발명가였으나 사업가 마인드가 부족했죠. 아이디어는 뛰어났지만 현실과 너무 동떨어져 있었습니다. 물론 변화는 중요합니다. 하지만 변화만 논의해서는 소용없고 개선이 목적이어야 합니다.

현실에서 우리는 늘 변화를 통해 운명을 개선하고 싶어 하면서도 정작 변화의 결과가 개선인지 제대로 분석하지 않습니다. 한 30대 독자는 제게 현재 미래가 불투명한데 지금부터 프로그래밍을 공부하면 기술혁명의 기회를 잡을 수 있겠느냐고 물었습니다. 물론 천부적인 재능을 뒤늦게 발견하는 소수가 존재하긴 하지만, 일반적으로는 30세에 새로 프로그래밍 공부를 시작해 고수가 되기는 어렵습니다. 훌륭한 컴퓨터 엔지니어가 되기 위해서는 최소한 1만 시간의 집중적인 훈련이 필요하니까요. 제 생각에 그분은 프로그래밍의 논리를 습득한 후에 본인이 잘 아는 분야에 이를 적용해 자신의 강점을 극대화하는 편이 나을 것 같았습니다.

알버트 아인슈타인은 "진리는 경험 앞에 서는 것"이라고 했습니다. 앞의 대화에서 아주머니는 고급 기술에 대해서는 알지 못했지만 소박한 진리, 즉 자신의 경험 속에서 끊임없이 검증했던 이치를 잘 알고 있었습니다. 아주머니의 말처럼 어떤 비즈니스 모델의 성공 여부는 기술 수준이 결정하는 게 아니라 상품을 더 저렴하게 만들 수 있는지, 얼마나 더 편리하게 물건을 구매할 수 있는지에 따라 결정될 겁니다.

　미래에도 우리는 여전히 기술을 수단이 아닌 목적으로 대하는 발명품과 단순히 변화를 위해 변화하는 사람들을 많이 목격할 겁니다. 그때마다 우리는 흔들림 없이 본질에 집중하는 지혜를 발휘해야 합니다.

그건 '돈이 되는 관심'이 아닙니다

미래에는 돈보다 사람들의 관심이 더 가치 있을 거라고 보는 사람이 많습니다. '관종'이 될 필요가 있다는 거예요. 인플루언서 경제 (SNS상에서 인플루언서의 팔로워를 활용한 홍보 효과로 금전적 이득을 내는 경제 체계-옮긴이)가 바로 그렇게 탄생했습니다. 관심이 돈을 낳기 때문이죠. 이에 따라 "눈길이 집중되는 곳에는 반드시 돈이 따른다"라는 말도 생겼습니다. 사람들이 유명해지고 싶어서 안달인 이유도 '온라인 인플루언서'가 되고 싶어서입니다.

아쉽게도 부자들, 특히 큰 부자들과 인플루언서를 꿈꾸며 관심에 목매는 사람들 사이에는 공통점이 거의 없습니다. 그 이유는 관심에만 기초한 사업은 절대 돈을 벌 수 없기 때문입니다.

관심은 정말 가치가 있을까

관심에 목매는 행위는 매우 해롭습니다. 원래 자기 분야에서 성공할 수 있었던 사람들이 길을 잃게 만들 뿐만 아니라 아무 가치 없는 일에 시간과 에너지를 쏟게 하기 때문입니다. 유명한 진행자인 투레이(涂磊)는 관심을 받아 성공하려는 사람들에게 이렇게 조언한 적이 있습니다.

"사람들에게 사랑받고 싶다면 자기를 떠들썩하게 홍보할 게 아니라 사랑받을 만한 작품을 만들어내야 합니다."

그렇다면 남들의 관심은 왜 돈이 되지 않을까요? 예전에 저와 함께 텐센트에서 일했고 지금은 제이디닷컴의 광고 책임자인 옌웨이펑(顏韋鵬) 선생이 제게 알려준 건데요. 수많은 소규모 게임업체들이 게임 사용자를 확보하기 위해 텐센트 등의 매체에 광고를 집행합니다. 그런 광고들은 매일 수백만 명에게 노출되지만 신경 쓰는 사람은 거의 없습니다. 그러니 클릭해서 자세한 내용을 알아보는 경우나 실제로 해당 게임을 내려받는 경우는 더더욱 드뭅니다. 웨이펑의 계산에 따르면 이런 식의 광고 비용은 건당 약 2천 위안(약 36만 원)인데, 얼마만큼의 효과가 있을지는 하늘만 알 뿐이죠.

물론 광고 매체들은 "우리 매체에 광고를 하면 많은 관심을 받을 수 있습니다"라고 홍보합니다. 그러나 이 말 뒤에는 다음과 같은 말이 생략되어 있어요. "그런데 안타깝게도 돈이 되는 관심은 아닙니다."

이와 비슷하게 주목받는 상품이나 사람에 투자했다가 본전도 찾지 못한 투자자들이 많습니다. 그러한 관심은 돈이 되지 않기 때문이죠. 가장 대표적인 예가 엘리자베스 홈스(Elizabeth Anne Holmes)의 테라노스(Theranos, 전 테라노스 창립자인 홈스는 피 몇 방울로 질병 260개를 진단하는 기술을 개발했다고 홍보했으나 사기였음이 드러났다—옮긴이)입니다. 테라노스는 사회 각계각층에게서 큰 관심을 받았죠. 심지어 미국의 정치가 헨리 앨프리드 키신저가 홈스를 위해 무대에 오르기도 했습니다. 그러나 결국 그녀가 사기꾼이라는 것만 밝혀졌죠.

진짜 가치를 알아볼 수 있는 지표

관심의 중요성이 우리 생각만큼 크지 않다면, 비즈니스 세계에서 도대체 무엇이 중요할까요? 사업가에게 가장 직접적인 영향을 주는 지표는 사용자당 평균 수입(average revenue per user, ARPU)입니다. 예를 들어 애플 사용자의 ARPU를 한번 계산해봅시다. 애플 사용자들은 보통 2년에 한 번씩 휴대전화를 교체합니다. 이들은 일반적으로 컴퓨터도 애플 제품을 쓰는데, 컴퓨터의 교체 주기는 3~4년에 한 번이에요. 따라서 애플의 ARPU는 최소한 휴대전화 가격의 절반가량이고, 여기에 컴퓨터 가격도 계산해 넣어야 합니다. 2017

년 후 출시된 아이폰 중 가장 저렴한 모델이 세후 800달러가 넘고 비싼 모델은 거의 1,500달러이므로 ARPU는 최소 400달러 이상입니다.

이에 비해 구글의 ARPU는 40달러로 애플에 비해 한 자릿수가 적습니다. 시가총액에서 애플의 뒤를 바짝 따르며 2위 자리를 오랫동안 유지하고 있는데 말이죠. 중국의 IT 기업 중에 텐센트, 알리바바, 바이두(Baidu)의 경우 ARPU가 모두 20달러 정도입니다. 중국의 3대 인터넷 광대역 사업자들의 ARPU는 모두 4달러에서 8달러 사이입니다.

ARPU 수치는 사실 작은 회사일수록 더욱 중요합니다. 작은 회사가 단기간에 주목도 면에서 대기업과 경쟁하는 것은 무의미하기 때문입니다. 대신 자기 회사의 핵심 사용자에게 어떤 가치를 가져다줄 수 있을지를 고민해야 할 겁니다.

라이카(Leica) 사의 경쟁 전략을 살펴봅시다. 독일에서 가장 오래된 카메라 회사인 라이카는 일본의 니콘과 캐논에 비해 시장점유율이 훨씬 낮았고 가격 열세도 상당했죠. 한때 저렴한 카메라를 생산해 사람들의 관심을 얻으려고도 했지만 결과적으로 쓸모없는 노력이 었고, 파산 위험에 빠지기도 했습니다. 하지만 최근 10년간 그들은 자본의 도움을 받아 기사회생했고 업계에서도 경쟁력을 회복했어요. 그 비결은 라이카가 일본 회사들과 더 이상 가격 경쟁을 하지 않았고 대중에게 주목받으려는 시도를 접었으며, 대신 사용자들을 교육해 ARPU 가치를 높인 데에 있습니다. 실제로 라이카는 사진작가를 육성하는 라이카 아카데미를 설립했고 세계 각지에서 사진작가 단기 실전 교육을 진행하기도 했습니다.

2014년 이후 촬영 기능이 대폭 강화된 휴대전화가 카메라 업계를 강타했습니다. 대중적 소비자들을 겨냥했던 니콘과 캐논의 판매량은 50퍼센트 감소했지만 라이카의 판매량은 오히려 증가했죠. 그이후부터는 니콘과 캐논도 핵심 사용자를 분석해 ARPU 가치를 높이기 시작했습니다.

투자자들이 어떤 회사에 투자할지 모르겠다고 할 때마다 저는 기업의 ARPU 수치를 보라고 조언하죠. 사용자를 돈으로 사기는 쉽지만 ARPU를 높이려면 진짜 능력이 필요합니다. 따라서 이 간단한 지표로 한번 걸러보면 수천만의 사용자를 거느리고도 아무 가치가 없는 회사가 얼마나 많은지 알 수 있습니다.

과잉의 시대를 사는 법

모두가 관심 받기를 원합니다. 이는 본질적으로 아무 문제가 없어요. 유명세를 통해 부나 명성을 획득하려는 생각 자체는 합리적이기 때문이죠. 하지만 생각해볼 만한 점이 두 가지 있습니다.

먼저 우리는 무엇을 통해 관심을 얻을까요? 분명 우리가 제공하는 가치일 겁니다. 투레이가 연예인은 자기 홍보가 아니라 훌륭한 작품을 통해 주목받아야 한다고 말했던 것처럼 말이에요. 많은 사람이 각종 이벤트에 참여하고 소셜 미디어 관리에 힘씁니다. 그렇게 하면 자기 위상이 올라간다고 착각합니다. 하지만 그런 값싼 관심은 아무 도움이 되지 않죠. 노력의 방향 자체가 이미 틀렸으니까요.

둘째, 무료 콘텐츠가 넘쳐나는 인터넷 시대에 가장 중요한 자원은 우리의 시간입니다. 공짜, 싸구려, 저품질 콘텐츠에 너무 많은 에너지를 할애하지 말아야 합니다. 시간 낭비이기도 하고 잘못된 정보도 많거든요. 양질의 콘텐츠를 제공하는 매체는 ARPU 지표를 통해 확인할 수 있습니다.

미래는 과잉의 시대입니다. 물질도 넘쳐나고 콘텐츠도 넘쳐날 겁니다. 이때 우리에게 가장 중요한 것은 시간과 집중력이죠. 이런 시대에 타인으로부터 주목받고 싶다면 이 한 단어만 기억합시다. 바로 '양질'입니다.

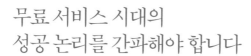

무료 서비스 시대의
성공 논리를 간파해야 합니다

인터넷 시대에 맞춰 야후의 제리 양(Jerry Yang)과 데이비드 필로 (David Filo)는 무료 인터넷 서비스를 최초로 실시했습니다. 광고를 이용한 비즈니스 모델을 개발해 인터넷을 개방적인 무료 도구로 변신시켰죠. 많은 회사가 인터넷을 통해 빠르게 시장의 저변을 확대하려고 IT 서비스나 문화 콘텐츠를 무료로 배포했습니다.

마이크로소프트도 인터넷 익스플로러를 배포했고, 그 결과 당시 웹브라우저 시장을 독주하던 넷스케이프(Netscape)에 승리했죠. 그 후 무료 서비스는 대세로 굳어졌습니다. 콘텐츠와 서비스가 인터넷에서 무료로 퍼지기 시작하자 인터넷 전체는 마치 거대한 복사기로 변한 듯했습니다.

독점하거나 신속히 사라지거나

무료 사업 모델이 퍼지면서 몇몇 인터넷 회사들이 독점적 지위를 신속하게 형성했습니다. 구글, 페이스북, 알리바바가 그 전형적인 예였고요. 동시에 수많은 인터넷 회사가 순식간에 사라졌습니다. 통계에 따르면 2001년 닷컴 버블 붕괴 이후 과도한 대출을 받았던 미국 인터넷 회사의 98퍼센트가 문을 닫았다고 합니다. 그중에는 상장기업들로 시가총액이 100억 달러가 넘었던 회사도 있었죠. 당시 유명한 검색엔진이었던 알타비스타(Alta Vista)나 잉크토미(Inktomi)도 마찬가지였습니다. 그 이유는 무엇이었을까요? 물론 마태효과(Matthew effect, 부유한 사람은 점점 부유해지고 가난한 사람은 점점 가난해지는 효과-옮긴이)도 작용했지만, 근본적으로는 경쟁자와 비슷하거나 가치 없는 서비스를 제공한 탓입니다.

저는 《견식》에서 구글 공동 창업자 래리 페이지(Larry Page)의 지혜에 관해 언급한 적이 있습니다. 그는 서비스의 근본은 유용한 정보의 제공이라고 말했습니다. 이 말의 방점은 '정보'보다 '유용한'에 있었습니다. 인터넷에는 이미 정보가 너무나도 많기 때문입니다.

다른 사람의 콘텐츠를 복제하는 건 아무런 의미가 없습니다. 특종이 한번 보도되면 수많은 인터넷 언론들이 줄줄이 똑같은 뉴스를 열심히 전하는데요. 이때 많은 사람이 정보를 얻더라도 그게 소득으로 연결되지는 않아요. 예를 들어 2018년에 방송인 추이융위안(崔永元)이 폭로했던 방송계 뒷이야기는 중국 내 거의 모든 방송 매체가 이를 전달하거나 자체 의견을 덧붙여 보도했습니다. 하지만 이 일로 브랜드 인지도를 높이거나 광고 수입을 얻은 매체는 없었죠. 수익을 올린 사람은 업계 전체에서 아마 추이융위안 한 명뿐이었을 겁니다. 이유는 간단합니다. 추이융위안이 폭로한 정보 자체는 비록 소량이었어도 양질의 정보에 속했고, 다른 매체들의 보도 내용은 복제품에 불과했기 때문입니다. 정보이론에 따르면 남의 정보를 복제한 정보는 추가 정보량을 갖지 못합니다.

마이크로소프트가 윈도 운영체제를 출시한 이후에 어떤 경쟁사도 그보다 나은 PC 운영체제를 개발하지 못했습니다. 이를 시도한 회사가 없었던 것도, 후발주자의 실력이 부족했던 것도 아니었습니다. 다만 그들의 상품이 윈도 시스템 이상의 가치를 만들어내지 못했던 겁니다.

무료 서비스 지옥의 시작

무료 사업 모델이 주류를 이루면서 소비자들은 무료 서비스를 즐기게 되었습니다. 그 결과 사업가들의 소득이 대폭 감소했습니다.

2016년 세계 인터넷 산업의 매출액은 3,800억 달러에 불과했습니다. 참고로 알리바바나 이베이 같은 회사의 경우 그들이 직접 얻은 수익만 계산했으며, 따라서 이 금액은 플랫폼 사업자의 매상이 빠진 수치입니다. 물론 3,800억 달러는 2조 위안(약 374조 원)이 넘는 큰돈입니다. 하지만 통신 사업자 차이나모바일(China Mobile), 차이나유니콤(China Unicom)과 통신장비 사업자 화웨이, 애플 등의 동기 매출액은 3조 5천억 달러가 넘었습니다. 또 기간산업 중에서도 인터넷 업종보다 높은 매출액을 기록하는 회사는 많습니다.

인터넷 기업들이 버는 3,800억 달러도 자세히 살펴보면 구글의 매출액이 전체의 4분의 1에 해당하는 1,000억 달러를, 그리고 아마존, 알리바바, 페이스북, 텐센트 4개사가 1,000억 달러를 차지하고 있습니다. 그 뒤를 잇는 10개사까지 더하면 남는 금액이 없을 정도예요. 수많은 인터넷 회사가 못 버티고 사라지는 근본적인 이유가 바로 이것입니다. 세계 인터넷 회사 수천 개의 매출액을 모두 합해도 차이나모바일 하나만 못하니까요.

무료 서비스 사업 모델은 소규모 회사가 적은 비용으로 시장에 진입할 환경을 제공합니다. 하지만 절대다수의 작은 회사가 근본적으로 발전할 수 없는 구조를 만들어내기도 하죠. 그러므로 오늘날 무료 전략을 간판으로 내걸고 차세대 구글 또는 알리바바가 되겠다는 스타트업들은 반드시 그 전략을 되돌아봐야 할 겁니다.

무료 서비스의 논리를 뛰어넘는 법

지금 우리는 무료 서비스 시대의 악순환에서 빠져나오지 못하고 있습니다. 심지어 창업자 중에는 가격을 0으로 책정해도 사업이 안 되니 사비를 들여 상황을 타개하려 하는 사람들도 있습니다. 실제로 이러다가 망한 창업자들이 꽤 많죠.

스타트업들뿐만이 아니라 유명한 대기업들도 이 부분에서 혼란을 겪었습니다. 2004년에서 2010년까지 마이크로소프트는 검색엔진 분야에서 구글과 경쟁하는 데 온 힘을 기울였습니다. 당시 마이크로소프트는 현금 보유량이 구글보다 몇 배나 많았기 때문에, 사용자들에게 검색할 때마다 5센트의 보상(물건 구매가 가능한 포인트)을 제공하는 방식으로 검색을 장려했죠. 그렇게 마케팅 비용으로 연간 10억 달러를 소모했지만 정작 시장점유율 상승에는 전혀 도움이 되지 않았습니다.

무료 서비스 시대에 살아남으려면 무료 서비스의 성공 논리를 찾아내 극복해야 합니다. 과거에 희소성이 높아서 반드시 구매해야 했던 상품이나 서비스가 무료로 제공되면, 소비자들에게 매우 매력적으로 다가오겠죠? 바로 이런 강점이 무료 서비스의 성공 비결입니다. 그 상품이나 서비스의 희소성이 사라지면 무료도 무의미해지죠. 좀 더 깊이 이해하기 위해 제가 겪었던 두 가지 일을 예로 들겠습니다.

10년 전 일입니다. 존스홉킨스대학교 컴퓨터과학 학과장 그레고리 헤거(Gregory Hager) 교수가 구글에 방문했습니다. 그는 휴게실에 진열된 값비싼 음료와 간식을 보고는 혹시 간식을 집에 들고 가는 직원은 없느냐고 물었죠. 저는 (신입 직원이든 경력 직원이든) 처음 입사하면 몇 개씩 가져가는 사람도 있는데 두세 달 지나면 그러지 않는다고 대답했습니다. 원하면 아무 때나 먹을 수 있으니 굳이 집까지 가져갈 이유가 없기 때문이에요.

그는 대학의 경우 공짜 간식이나 음료가 있으면 학생들이 금세 싹 쓸어간다고 했습니다. 학교에서는 희소성 있는 물건이었을지 모르나 구글에서는 그렇지 않았습니다. 희소성이 없어지면 사람들은 공짜에 더 이상 끌리지 않기 때문입니다.

다음은 독일인 동료가 들려주었던 독일 통일 당시의 이야기입니다.

과거 동독 지역은 열대지방과 거리가 멀어서 바나나가 굉장히 귀했습니다. 게다가 외부와 무역 교류도 활발하지 않아 상점에 바나나가 들어올 때마다 사재기가 극심했죠.

독일이 통일되자 상점에 바나나가 가득 들어왔습니다. 가격도 예전보다 훨씬 저렴해져서 거의 공짜처럼 느껴졌죠. 주민들은 첫날 바나나를 전부 싹 쓸어갔습니다.

다음 날 다시 상점에 방문하니 진열대에 새 바나나들이 들어와 있었습니다. 주민들은 또 바나나를 전부 사 갔어요. 하지만 셋째 날, 넷째 날에도 바나나가 계속 진열대에 놓여 있자 바나나 사재기가 사라졌습니다.

무료 서비스를 넘어서기 위해서는 우선 희소가치를 창출해야 합니다. 상품과 서비스에 복제 불가능한 가치가 있어야만 하죠.

매년 추수감사절 쇼핑 시즌이 시작되기 전에 애플은 아이폰 신상품을 출시합니다. 마치 관례처럼 중국과 미국의 애플스토어는 새로운 아이폰을 사려는 사람들로 문전성시를 이루고 암표가 천 달러를 넘기도 하죠. 이것이 바로 희소성의 결과입니다.

희소성의 전제조건은 남과 구별되는 독특함이에요. 2017년에 출시된 아이폰 X는 사용자들에게서 열렬한 환영을 받았는데 거의 동시에 출시된 아이폰 8의 인기는 영 시들시들했습니다. 아이폰 8은 이전에 출시되었던 아이폰 7이나 화웨이 제품에 비해 딱히 새로운 점이 없었거든요. 그에 반해 아이폰 X는 뚜렷한 특징을 내세워 소비자들에게서 많은 사랑을 받았습니다.

같은 브랜드 제품이라도 희소성의 유무에 따라 그 가치가 하늘과 땅 차이입니다. 희소성을 이해해야만 우리는 새로운 시대를 무사히 건널 수 있을 겁니다.

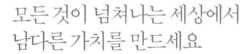

모든 것이 넘쳐나는 세상에서
남다른 가치를 만드세요

요즘 청년들의 학력은 이전 세대보다 월등히 높습니다. 구인 광고의 요구 조건보다 구직자들의 자격이 훨씬 뛰어납니다. 따라서 박사 졸업생이 원래 석사 졸업생이 하던 일을 맡고, 석사 졸업생이 원래 학부 졸업생이 하던 일을 맡게 되었죠. 결국 학부생들은 취직이 어려워졌고요. 많은 사람이 '나는 아버지 세대보다 학력이 높은데 왜 그들보다도 취직하기가 힘들지?'라는 생각에 혼란을 겪습니다.

미국도 상황은 비슷합니다. 금융, 법학, 언론학을 전공한 졸업생들이 각각 월가, 법률사무소, 할리우드에 가서 무급 인턴으로 일하곤 하지요. 저도 비슷한 경험을 했습니다. 사람들이 저를 찾아와서 이렇게 말했습니다.

"제가 (또는 제 아이가) 일을 도와드릴 수 있도록 해주세요. 돈은 안 주셔도 돼요."

저는 이렇게 대답했습니다.

"감사합니다만 도움이 필요할 정도로 일이 많지는 않아서요."

심지어 어떤 기업들은 여름방학에 인턴 사원을 모집하는 대신 기회를 준다는 명목으로 청년들에게 대가 없이 일을 시키기도 합니다. 구글도 인재가 넘치다 보니 석사 졸업생에게 학사 졸업생이 할 만한 일을 맡기는 경우가 있습니다. 〈뉴욕타임스〉는 이것이 구글의 성공 요인 중 하나라고 보도했습니다.

상품, 서비스, 정보가 너무 많으면 가치가 떨어지듯이 사람도 너무 많아지면 가치가 떨어지죠. 현재 많은 근로자들이 열심히 일하고도 입에 풀칠하는 수준의 급여밖에 받지 못하고 있습니다. 희소가치가 없으면 언제든 교체될 수 있으니 몸값 협상도 어려울 수밖에요. 반면 희소성이 있으면 무료 서비스 시대에 제공되는 여러 기술을 활용해 많은 이익을 꾀할 수 있습니다. 추이융위안이 웨이보에 올린 글 하나가 수많은 다른 콘텐츠보다 큰 파장을 일으킬 수 있었던 것도 같은 이유였죠.

한편 무료 서비스 시대에 차별화를 꾀할 수 있는 다섯 가지 요소가 있습니다. 바로 적시성, 개성화, 실용성, 신뢰성, 점착성인데요. 지금부터 이 다섯 가지 요소에 관해 좀 더 자세히 알아보겠습니다.

적시성이라는 가치

좋아하는 스포츠 경기를 보는 데는 두 가지 방법이 있습니다. 첫 번째는 50위안(약 9천 원)을 내고 생방송을 보는 것, 두 번째는 경기 이틀 후에 재방송을 무료로 보는 겁니다. 후자의 경우 경기 결과를 이미 알고 보게 되는 거죠.

이럴 때 사람들은 대부분 첫 번째를 선택합니다. 언뜻 50위안을 내면서까지 생방송을 볼까 하는 생각이 들기도 하는데, 실제로는 돈을 기꺼이 지불하고 봅니다. 휴가를 내서 올림픽 개막식을 보러 가는 사람들이나 꼭두새벽에 일어나 월드컵 경기를 시청하는 사람들 역시 모두 비용을 지불한 셈이에요. 자기 휴가를 쓰는 것, 새벽에 일어나는 피로함을 감수하는 것 모두 일종의 대가를 지불하는 행위니까요.

며칠 지나면 공짜로 재방송을 볼 수 있는데도 불구하고 사람들이 돈을 내가며 생방송을 본다면, 그것은 분명 재방송이 대체할 수 없는 부분이 존재한다는 뜻인데요. 생방송의 대체불가능한 가치는 바로 적시성에 있습니다.

대작 영화가 개봉했을 때 사람들이 영화관에 몰리는 것도 적시성 때문입니다. 신상 아이폰이 출시되면 며칠 동안 아이폰을 사려는 사람들로 애플스토어가 붐비는 것 역시 적시성 때문이에요.

미국에서는 같은 책이라도 양장본이 먼저 출간된 후에 페이퍼백이 나오는데요. 내용은 같아도 양장본이 훨씬 비싸죠. 책을 빨리 읽고 싶으면 양장본을 살 것이고 돈을 쓰고 싶지 않으면 문고본을 살 겁니다. 또 몇 개월이 지나면 동네 도서관에도 신간이 들어올 테니

공짜로 읽을 수도 있습니다. 즉, 책은 인내심만 있으면 무료로 볼 수 있습니다. 하지만 양장본의 판매량은 꽤 높습니다. 많은 사람이 책의 내용을 빨리 익히는 게 유리하다고 생각하기 때문입니다. 유용한 지식을 남보다 빨리 얻는 게 가치가 있다고 보는 거죠. 역시 적시성이 있는 경우입니다.

소프트웨어에도 적시성이 있습니다. 강하고 약한 정도가 다를 뿐입니다. 예를 들어 컴퓨터 운영체제, 프로그래밍 도구는 적시성이 비교적 강합니다. 최신 운영체제와 프로그래밍 도구를 사용해야 시장점유에 유리하기 때문이죠. 응용소프트웨어의 경우는 적시성이 그보다 약합니다.

1990년대에 미국의 한 투자자가 제가 있던 칭화대학교 연구팀과 중국 전자부품공업공사(현 중국 전자그룹)가 진행하던 음성 인식 기술 상품화에 투자했습니다. 당시는 마이크로소프트 윈도 운영체제가 막 출시되었을 때였는데 그 투자자는 10세트를 구매했죠. 한 세트는 천 위안이었습니다. 그 외에도 적지 않은 돈을 들여 C언어 개발도구들도 여러 세트 구매했죠.

우리는 그에게 두 달만 있으면 중관춘에 해적판이 깔릴 텐데 왜 헛돈을 쓰냐고 물었습니다. 그러자 그는 이렇게 대답했습니다.

"일류 회사들은 마이크로소프트가 윈도 시스템을 개발할 때부터 그들과 협력했죠. 그들은 그때부터 이미 윈도 운영체제에 기반해서 모든 개발을 진행했습니다. 이류 회사들은 새 윈도가 출시되자마자 재빨리 사들였고 그 이후부터 윈도 환경에 맞춰 제품을 개발했습니다. 해적판이 나오기를 기다리는 건 삼류 회사입니다. 그렇게 하면 비용은 아낄지 몰라도 상품을 다 개발하고 나면 시장이 이미 없을 겁니다. 해적판 소프트웨어를 썼다가 문제가 생겨도 해결해줄 사람이 없는 것은 물론이고요."

적시성은 상품이나 서비스뿐 아니라 기술에도 존재합니다. 길거리에 특정 기술이나 기능을 가르치는 학원 간판이 빼곡하다면 그 기술의 적시성은 이미 오래전에 사라졌다고 볼 수 있죠.

1960년대에는 컴퓨터 프로그래밍을 할 줄 알면 편하게 생활할 수 있었습니다. 그러나 지금은 그들을 농담 삼아 '코딩 노예'라고 부릅니다. 적시성이 지나간 탓이죠. 2017년 앤드루 응(Andrew Ng)이 MOOC에 인공지능 수업을 개설하자 15만 명이 수강했고, 스탠퍼드대학교 댄 보네(Dan Boneh) 교수의 블록체인 수업은 무려 100만 명이 수강했습니다. 이 수업들은 왜 이렇게 인기를 끌었을까요? 이런 종류의 기술은 적시성이 매우 강하기 때문입니다. 학생들이 졸업할 때쯤이면 이 기술들은 이미 가치가 없을 겁니다.

즉 적시성을 이용해 돈을 벌고 싶으면 처음 몇 년을 잘 이용해야 합니다. 마치 양장본으로 수익을 올리듯이 말이에요. 또한 우리는 평생 공부해야 합니다. 낮은 수준에서 경쟁하지 않기 위해서는 평생 학습이 필수적입니다.

개성화라는 가치

복제하기 어렵고 가치가 높은 상품과 서비스는 무료가 될 수 없습니다. 개성이 강한 상품은 분명 완벽한 복제가 불가능합니다.

어떻게 개성화를 이룩할 수 있을까요? 어떤 셔츠 제조업체는 개인 이름을 새겨주는 서비스를 제공하기도 하는데요. 사실 이러한 개성화는 별 의미가 없죠. 셔츠 판매 사업은 여전히 가격 경쟁에서 벗어날 수 없고, 많은 가치를 창출하지도 못하며, 얼마든지 복제 가능하기 때문입니다.

이와 비슷하게 책에 소비자의 이름을 새겨 차별화를 꾀하는 경우도 도서 판매에는 큰 도움이 되지 않습니다. 책 표지에 자기 이름을 찍어준다고 해서 안 살 책을 사지는 않거든요. 반면 책을 살 마음이 있는 사람은 이름을 새기든 말든 크게 신경 쓰지 않습니다.

그렇다면 진짜 가치 있고 복제 불가능한 개성화는 무엇일까요? 바로 맞춤형 의료 서비스입니다.

현재 암 환자들을 대상으로 한 치료는 개성화가 상당히 진행되어 있습니다. 가령 표적항암치료는 먼저 환자의 유전자와 종양의 유전자를 측정한 후, 어떤 약물이 환자의 암세포에 잘 작용하는지를 관찰하죠. 또한 치료 기간 동안 환자의 신체 변화에 맞춰 약물을 조정합니다. 이러한 서비스는 분명 복제가 불가능하죠. 이 과정은 완벽하게 개성화되어 있습니다.

아직 일반적인 질병 치료는 개성화가 진행되지 않은 상태입니다. 예를 들어 감기나 상기도 감염 등 흔한 질병의 경우 의사가 처방하는 약은 다섯 가지를 넘지 않고 투여량도 동일합니다. 하지만 미래에는 개인이 자기 유전자와 병원체의 유전자를 보고 감기약을 결정할 수 있게 될 겁니다. 이러한 치료는 복제할 수 없고, 따라서 무료로 제공할 이유도 없습니다.

뤄지쓰웨이(罗辑思维, 중국의 유명한 유료 지식 구독형 플랫폼. 강의와 칼럼, 전자책 구독 서비스 등 다양한 지식 컨텐츠를 제공한다. 현재 사용자 수는 4,700만 명에 달한다-옮긴이) 사용자 수는 중국 네티즌 수, 또는 일부 뉴미디어의 팔로워 수에 비하면 많다고 할 수 없으나 책 판매에는 매우 효과적입니다. 어떤 사람은 뤄전위(罗振宇, 뤄지쓰웨이의 창립자) 개인의 카리스마 덕분이라고도 하는데, 사실 진짜 이유는 이 앱이 훌륭한 맞춤형 서비스를 제공하고 있기 때문입니다. 중국에서 뤄전위보다 유명한 사람은 많지만 책을 쓰거나 팔 때 뤄지쓰웨이만큼 효과를 내지는 못하고 있죠. 대부분 독자가 어디 있는지 모르는 탓입니다. 저는 다양한 출판사가 제공하는 필독서 리스트를 본 적이 있습니다. 리스트 하나에 책이 20~30권씩 들어 있는데, 개별 독자로서는 필독서 리스트에 맘에 딱 맞는 두세 권만 들어 있어도 나쁘지 않죠. 출판사가 선정한 책 리스트가 나쁘다는 게 아니라 독서는 완전히 개인 취향의 문제라서 리스트의 도서를 모든 독자가 좋아하리라고 기대할 수 없다는 뜻이에요. 출판사가 개성화된 추천을 하기 싫어서 안 하는 게 아닙니다. 단지 그동안 그들의 책을 누가 샀는지 몰라서 그렇죠.

뤄지쓰웨이의 사용자 수는 중국 인터넷 사용자의 10퍼센트 정도이거나 심지어 더 적습니다. 그런데 특정 도서에 관심 있는 독자의 수는 이 사용자 수의 1퍼센트밖에 되지 않습니다. 출판사는 그 1퍼센트가 어디에 있는지 알기만 하면 됩니다. 그래도 수십만 명은 되니까요. 이 수십만 명에게 책을 추천한다면 효과도 훨씬 좋을 것이며, 그들도 뤄지쓰웨이 앱이 추천하는 책이 참 유용하다고 생각해서 다른 독자들보다 먼저 책을 받는 데에 기꺼이 돈을 쓸 겁니다. 하지만 뤄지쓰웨이 플랫폼의 작가가 거꾸로 다른 플랫폼에 가서 책을 판매한다면 어떨까요? 같은 수의 사람들에게 광고가 노출되어도 효과는 훨씬 떨어질 겁니다. 사용자들의 취향을 몰라서 개성화의 장점을 발휘하지 못하기 때문입니다.

테슬라는 사용자가 직접 자동차 사양을 결정할 수 있는 권한을 오픈함으로써 엄청난 돈을 벌어들였습니다. 사용자의 요구 사항은 제작 과정에도 정확하게 반영되었고, 맞춤 제작인 만큼 낭비도 없었습니다. 테슬라는 마진율이 매우 높아졌고요. 반면 전통적인 자동차 제조업체들은 소비자 각각의 취향을 모르므로 각종 모델과 사양을 다양하게 준비할 수밖에 없죠. 자동차 딜러들은 보통 가장 무난한 색상과 가장 흔한 사양을 주문해놓고요. 이렇게 소비자의 기호가 반영되지 않은 자동차들은 가격 외에 어필할 부분이 없습니다. 연말마다 대폭 할인된 가격에 팔아야만 재고 정리가 가능하다 보니 마진율도 매우 낮습니다. 자동차 회사뿐만이 아니라 애플 같은 IT 회사들도 사용자들의 수요를 정확히 파악하지 못해 생산 최적화에 실패하곤 하는데요. 2017년 말에 애플은 아이폰 8과 아이폰 X를 거의 동시에 출시했습니다. 전자는 예상보다 판매가 훨씬 저조해서 매장에 재고가 쌓였던 반면, 후자는 사람들이 줄을 서서 사 갔습니다. 2018년 말에 화웨이가 메이트 20(Mate 20)의 다양한 모델을 출시했을 때도 상황은 비슷했죠. 사용자들의 수요를 잘 파악하지 못한 탓에, 일부 모델은 길거리 구멍가게에도 남아 있었지만 일부 모델은 전문 판매점에도 재고가 없었습니다. 화웨이가 만약 테슬라처럼 고객들과 사전에 소통했다면, 생산 계획이 좀 더 최적화되었을 거예요. 이제는 많은 자동차 회사가 이미 테슬라의 경영 방식을 따르며, 프리미엄 상품은 고객 맞춤형으로만 생산하기 시작했습니다.

미래에는 기업뿐만 아니라 개인도 개성화를 이뤄야 합니다. 산업 사회는 개인에게 천편일률적인 성과를 요구하는 특징이 있었죠. 스마트 시대에는 반복되는 작업은 모두 인공지능 기계가 수행할 수 있으므로 더욱 개성 있는 사람이 필요해질 겁니다.

실용성이라는 가치

실용성은 어떻게 새로운 가치를 창출할까요? 네 가지 사례를 통해 무료 서비스 시대를 이기는 실용성의 힘에 대해 설명하고자 합니다.

첫 번째 예는 뤄전위 이야기입니다. 그는 대학 시절 도서관에서 수많은 서양 고전(비트겐슈타인이나 헤겔 등 비문학 작품도 포함되어 있었죠)을 빌리곤 했지만, 막상 끝까지 읽은 적은 없다고 했습니다. 내용이 너무 어려웠기 때문입니다.

읽고도 이해하지 못한 원인은 두 가지입니다. 첫째로 서양인이 수백 년 전에 쓴 책은 현대의 중국과 시대·사회적 배경이 달라서 이해하기가 어렵습니다. 둘째는 번역이 불친절했습니다. 일반 대중도 이해할 수 있게 공을 들이지 않았죠. 제 경험에 따르면 칭화대학교 도서관에서 칸트, 헤겔의 책을 건드리는 사람은 아무도 없었습니다. 그건 베이징대학교도 마찬가지였죠. 저는 예전에 베이징대학교 도서관에 있는 친구에게 책을 대신 빌려달라고 부탁한 적이 있었는데, 위에 언급한 저자들의 책은 대기자가 없어서 아무 때나 빌릴 수 있었습니다. 반면 당시에 유행하던 소설은 대기해야만 했죠.

만약 누가 어렵지만 유용한 책을 쉽게 설명해준다면 사람들은 기꺼이 돈을 낼 겁니다. 많은 사람이 고전을 해석해주는 책을 구매하는 이유도 그 때문입니다.

두 번째 예는 제가 잡지사에서 원고 감수 업무를 하던 때의 일입니다. 저는 원고를 검수할 때마다 그 가치는 매우 높으나 내용을 이해하기가 너무 어려운 논문을 발견하곤 했어요. 이런 논문들은 보통 다른 학자가 다시 쓰게 됩니다. 학술계에서 널리 읽히는 논문들도 보통 원문이 아니라 이렇게 다시 쓰인 논문들이죠.

제 논문에 헝가리 수학자 임레 치사르(Imre Csiszár)의 이론을 인용해야 할 때가 있었는데요. 그의 논문은 정말이지 이해하기가 어려웠습니다. 그래서 제 지도 교수였던 쿠단퍼 박사가 일부러 과목을 하나 개설했고 강의 절반을 치사르의 지나치게 간결하고, 너무나 어려우면서도, 무척 중요한 논문들을 해설하는 데 할애했습니다. 저도 박사논문을 쓸 때 원문의 다섯 배 분량만큼 치사르의 논문을 해석했는데요. 이 해석은 이 분야에 막 입문한 젊은이들을 위한 참고 자료가 되었습니다.

이것이 바로 해석의 의미입니다. 해석은 이해하기 어려운 내용을 쉽게 풀어 전달함으로써 현실에서 활용할 수 있게 해주는, 실용성이라는 가치를 부여하는 일입니다.

나머지 두 가지 예는 케빈 켈리(Kevin Kelly, 세계 최고의 과학기술 문화 전문 잡지 〈와이어드〉의 공동 창간자 가운데 한 명으로 처음 7년간 그 잡지의 편집장을 맡았다―옮긴이)가 해준 이야기입니다.

켈리의 말에 따르면 오픈소스 운영체제인 리눅스(Linux)는 무료지만, 리눅스 시스템 서비스 업체인 레드햇(Red Hat)이 만든 리눅스 조작 매뉴얼과 교육과정은 만 달러에 팔린다고 합니다. 왜 그럴까요? OS 전문가가 아닌 이상, 리눅스 소스 코드가 공짜여도 설치할 수 없죠. 또 어찌어찌 설치했더라도 시스템 설정이 잘못될 수도 있고, 설정이 잘 되었더라도 여전히 모르는 기능이 너무 많고요. 그래서 리눅스 사용법을 가르쳐주는 매뉴얼의 가치가 높은 겁니다.

켈리는 흥미로운 이야기를 하나 더 들려줬습니다. 인터넷 보급 전에는 텔레비전이 가장 중요한 대중 매체였습니다. 당시 미국의 TV 산업은 NBC, ABC, CBS 3사가 장악하고 있었죠. 케이블방송도 없었고 프로그램은 모두 무료였습니다. 방송사들은 광고에 의지해서 돈을 벌었고요.

이렇게 독점적 지위를 가졌던 방송사들이 업계에서 수익성이 가장 높았을까요? 아닙니다. 가장 높은 수익을 올렸던 업체는 바로 TV 시청 가이드를 만든 회사였습니다. 이들은 매주 이 잡지를 발행해 미국 전역의 대형 슈퍼마켓에서 판매했습니다. 이 잡지가 없으면 백여 개의 프로그램 중에서 어떤 프로그램을 봐야 할지 알 수가 없었습니다.

시대를 막론하고 해석을 잘하는 능력은 수익성 높은 사업이 됩니다. 예를 들어 변호사의 일은 본질적으로 고객에게 법률을 해석해주는 겁니다. 디지털 시대에 이르러서 이러한 서비스는 더욱더 중요해졌습니다. 많은 것이 너무나 복잡해졌고 정보량도 넘쳐나서 공짜라고 해도 사용이 쉽지 않기 때문입니다. 하지만 반드시 사용해야 하는 서비스라면 사용법을 알려주는 사람에게 돈을 낼 수밖에 없습니다.

현재 중국 도서 시장에는 재미있는 현상이 하나 보입니다. 도서 구매자들이 4.99위안(약 900원)의 추가 비용을 들여서 그 해석본을 함께 사는 겁니다. 현재 많은 고전의 저작권이 만료되었기 때문에 무료 고전(미국 아마존은 이런 전자책을 공짜로 제공하기도 합니다)을 쉽게 찾을 수 있지만, 그 책의 해석본은 여전히 유료로 팔리고 있습니다. 누구나 무료로 원본을 다운받을 수 있지만 해석이 안 되니 이런 해석본을 찾는 겁니다.

신뢰성이라는 가치

20여 년 전, 제가 미국에 막 왔을 때의 일입니다. 졸업을 앞둔 선배 중에 본인도 중고로 받아 몇 년이나 사용한 차를 후배들에게 공짜로 주려던 분이 있었습니다. 하지만 후배들은 그 차를 받으려고 하지 않았습니다. 안 그래도 바쁜데 툭하면 고장 나는 중고차를 섣불리 받았다가 더 골치가 아플 게 뻔했기 때문이죠. 그래서 학생들은 대부분 3천 달러에서 5천 달러를 내고 일본 중고차를 샀습니다. 일본 자동차는 신뢰도가 높았고 차를 고치는 데 시간이나 금액이 많이 들지 않기 때문이었습니다.

우리는 이제 '무료 중고 제품'에 큰 흥미를 느끼지 않습니다. 누가 60인치 TV나 대형 냉장고를 공짜로 준다고 해도, 그것이 쓸 만한 물건인지를 우선 고민할 겁니다. 툭하면 고장 나고 자리만 떡하니 차지할 물건이라면, 우리는 1초도 고민하지 않고 거절할 겁니다. 이것이 바로 신뢰의 가치이자, 신뢰가 가격보다 중요하다는 것을 보여주는 예입니다.

서비스 분야에서도 신뢰와 품질이 가격보다 훨씬 중요합니다. 세계 각국 정부가 공공서비스, 의무교육, 공공의료 등 다양한 무료 서비스를 제공하고 있지만, 이에 상응하는 민간 서비스 시장도 여전히 존재합니다. 실제로 미국 최고의 병원이나 대학은 사립이고 비용도 매우 비쌉니다. 중국에서는 무료 서비스보다 민간기업이 제공하는 서비스의 인기가 훨씬 높습니다. 돈을 내고 유료 서비스를 이용하는 이유는 신뢰도가 높고 접근성이 좋기 때문이죠. 예를 들어 유료로 진료하는 치과에 가면 대기 시간도 짧고 훨씬 훌륭한 서비스를 받을 수 있습니다.

비즈니스에서 무료 서비스는 단기적으로 유료보다 우세할 수 있지만 장기적으로는 경쟁력이 없습니다. 수익이 없으면 서비스 개선이 어려우니까요. 사람은 보통 단기적인 큰 고통보다 장기적으로 지속되는 경미한 고통을 더 견디기 힘들어합니다. 저품질, 불안정한 서비스도 이와 마찬가지예요. 처음에는 사용자들이 어느 정도 참지만, 시간이 지나면 비용을 지불해서라도 골치 아픈 일에서 벗어나고 싶어 합니다.

미국에서 서비스 제공업체(예를 들어 전화 회사, 초고속 인터넷 회사, 보험회사)들은 신규 고객을 유치하기 위해 초기 몇 달간 서비스 요금을 면제하는 등 다양한 혜택을 제공합니다. 우리가 원할 경우 이 업체 저 업체를 오가면서 적지 않은 비용을 아낄 수도 있죠. 하지만 그런 목적으로 서비스 공급업체를 옮겨 다니는 사람은 많지 않습니다. 한두 번 교체한 다음에는 한 업체를 정해서 오래 이용하게 됩니다. 업체를 바꾸는 데 드는 한계비용도 높지만 불편한 서비스를 견디기가 더 고통스럽기 때문입니다.

점착성이라는 가치

예전에는 집 전화기를 바꾸기도 쉬웠고, 휴대전화를 모토로라(Motorola)에서 노키아(Nokia)로 바꿀 때도 별다른 고민을 하지 않았습니다. 그러나 지금은 예전보다 더 많은 것을 고려하게 됩니다. 안드로이드폰에서 아이폰으로 바꿀까 고민하는 경우를 떠올려보세요.

이것은 모두 데이터의 점착성(Stickiness) 때문이에요. 현재는 기술 발전의 속도가 매우 빨라서 기술로 건설한 해자(垓字, 성 주변에 땅을 둘러 판 다음 물을 채운 곳으로, 적군이 성을 점령하기 어렵게 만드는 장치. 버핏은 다른 기업들이 따라갈 수 없는 그 기업만의 문화나 브랜드를 가진 기업을 '경제적 해자를 가진 기업'이라 표현했다-옮긴이)가 무용할 정도에 이르렀습니다. 한 기업이 계속 우세를 점하기가 매우 어려워졌죠. 그러나 데이터 축적은 한 기업의 해자를 더 깊게 만듭니다. 만약 어떤 사람이 알리바바의 소스 코드를 전부 가져가서 똑같은 서비스를 설립해도 새로운 알리바바를 만들기는 매우 어렵죠. 사용자에 관한 모든 데이터가 원래 회사에 있으니까요.

제 펀드는 2014년부터 수백만 개의 기업에 투자했고 다양한 업종을 아울러왔습니다. 이 회사들에 공통점이 있다면 대부분 끊임없이 데이터를 축적해왔고 점착성이 생겨서 사용자가 쉽게 이동하지 못한다는 점이에요. 이런 특징은 제가 투자한 회사들에만 국한되지 않습니다. 데이터 점착성을 잘 이용하는 회사들은 모두 시간이 흐를수록 더 큰 성공을 거뒀습니다. 하지만 처음부터 무료 공세로 사용자들을 끌어들였거나 심지어 사용자들을 돈으로 매수한 회사들은 뒷심이 부족한 경우가 많았죠.

그렇다면 개인들은 점착성을 어떻게 얻을까요? 저는 중첩적 발전이 개인이 점착성을 만드는 비결이라고 생각합니다. 사람들이 흔히 컴퓨터 전공은 젊을 때만 잠깐 반짝하는 분야 아니냐고 걱정합니다. 그러나 이 말은 사실 아직 해자를 건설하지 못한 사람들에게만 해당하는 말이에요. 자기만의 해자를 만들지 못한 이들은 언제든지 다른 사람으로 교체될 수 있기 때문입니다. 하지만 경험을 풍부하게 축적한 소수의 인재는 요즘 굉장히 희소해요. 따라서 어떤 비용을 감수하고라도 그들에게 일을 맡기려는 수요가 분명히 존재합니다. 만약 그들이 회사를 떠난다면 회사는 손해가 클 수밖에 없죠. 이렇게 회사가 개인에게 의존하는 경우 개인의 점착성이 생겼다고 볼 수 있습니다. 점착성을 가진 개인은 일하는 시간이 늘어날수록 능력 역시 증가하고, 경험이 중복되지 않고 중첩된다는 특징이 있습니다. 따라서 앞으로 우리는 어떤 업종에서 일하면 전망이 좋을지가 아니라 어떻게 점착성을 증가시킬지 고민해야 합니다.

넘쳐나는 무료 상품이나 서비스 탓에 돈을 벌 기회가 없다고 한탄하는 사람들, 또는 경쟁이 너무 치열해 좋은 취직 자리가 없다고 불평하는 사람들은 한번 다른 각도에서 생각해볼 필요가 있습니다. 세계적으로 소비액 자체는 증가하고 있는데요. 그렇다면 이 돈은 다 어디로 갔을까요? 일자리 역시 꾸준히 증가하고 있습니다. 그 일자리들은 도대체 다 어디에 있는 걸까요? 이제 낡은 사고방식과 가치관을 버리고 시대와 더불어 변해야만 합니다.

시대를 지배하는 법칙을 인정하고 따르세요

디지털 시대의 원칙이라고 하면 무어의 법칙, 앤디 빌의 법칙(Andy and Bill's Law, 앤디가 만든 것을 빌이 가로챈다는 뜻으로, 인텔 CEO인 앤디 그로브가 새 반도체를 내놓을 때마다 마이크로소프트의 빌 게이츠가 소프트웨어를 업그레이드해 새로운 반도체의 용량을 모두 흡수한다는 법칙이다-옮긴이) 등이 있습니다. 무어의 법칙은 디지털 시대의 기술 발전 속도를 설명했죠. 앤디 빌의 법칙은 소프트웨어의 발전이 하드웨어의 발전을 무력화시킨다는 점을 지적했습니다.

두 법칙은 IT 산업이 발전하는 양상을 잘 보여주지만 개인이 이 법칙에 직접적으로 영향 받을 일은 없습니다. 우리에게 더 큰 영향력을 행사하는 규칙은 따로 있는데요, 바로 리카도의 이론입니다.

희소할수록 지대는 높아집니다

데이비드 리카도(David Ricardo)는 영국의 저명한 경제학자로서 고전 경제학의 기초를 마련했습니다. 또한 그는 성공한 상인이자 금융 전문가로서 엄청난 부를 얻었죠. 이런 면에서 그는 후대의 존 메이너드 케인스보다 뛰어났습니다. 리카도의 많은 이론과 비즈니스에 관한 연구는 애덤 스미스의 《국부론》과 상응합니다. 1809년, 리카도는 스미스가 《국부론》에서 제시한 독점가격 이론을 기초로 차액지대론(差額地代論)을 제시했습니다. 토지 임대료(지대)는 토지 이용자가 내는 가격입니다. 임대료는 독점성(희소성)에 의해 결정되며 지주가 얼마나 투자했는지, 얼마나 비용을 들였는지에 의해 결정되지 않습니다. 또 그 가격은 임차인(농민)이 부담할 수 있는 금액으로 한정됩니다.

리카도는 공기, 물, 하늘이 무한대로 제공해주는 것에 대해서는 우리가 대가를 치르지 않으므로, 노동으로 얻는 상품과 엄연히 다르다고 생각했습니다. 따라서 노동 가치 이론에 따르면 토지는 지대를 발생시키지 않습니다. 그러나 토지에는 비옥한 땅(높은 생산량)과 열악한 땅(낮은 생산량)이 있고 모두가 비옥한 땅을 원하기 때문에 프리미엄(임대료)을 내고 그 땅의 사용권을 얻으려고 하죠. 좋은 땅(생산량이 많거나 지리적으로 위치가 좋은 경우)일수록 희소성이 높으므로 지대도 높고요. 이런 식으로 가장 좋은 땅, 공짜 땅, 척박한 황무지까지 각기 다른 지대가 형성됩니다.

그렇다면 지대는 어떻게 결정될까요? 리카도는 두 가지 결정 요소를 제시했습니다. 바로 토지 생산성과 투자 대비 수익 비율이에요. 첫 번째 요소는 이해하기가 매우 쉽습니다. 같은 노동량을 투입했다는 가정하에 1등급 토지가 2등급 토지보다 생산성이 20퍼센트 높다면 농민들은 기꺼이 지대로 20퍼센트(또는 그보다 약간 낮은 수준)를 낼 겁니다. 만약 3등급 토지가 2등급 토지보다 생산성이 20퍼센트 낮다면 농민들은 2등급 토지에 내는 지대의 80퍼센트만 내기를 원할 겁니다.

두 번째 요소의 예도 한번 살펴볼까요. 우리가 베이징 시내 중심부에 투자용 주택을 마련해 월세 수입을 얻는다고 가정해봅시다. 10년간 원금과 임대료를 합친 수익률이 연 8퍼센트인데 같은 기간 내 자본시장 수익률이 5퍼센트라면 어떨까요? 사람들은 당연히 부동산 투자를 선호할 것이고 부동산 가격도 상승할 겁니다. 반대로 부동산 투자 수익률이 기타 자산의 투자 수익률보다 낮다면, 사람들은 부동산 투자를 꺼릴 것이며 부동산 가격도 하락할 테죠. 이러한 추세는 부동산 투자가 상대적으로 유리하게 느껴지는 시점까지 계속됩니다. 땅값과 임대료는 이렇듯 자본시장에 의해 결정되는 겁니다.

리카도의 이론은 과거에 토지라는 희소한 자연물에만 적용되었지만 지금은 희소성을 지닌 기타 경제 요소들로 무한히 확장되는 추세입니다. 고전 경제학의 대가 존 스튜어트 밀은 특허 등의 지식 재산권에까지 리카도의 이론을 확장시켰죠. 지식재산권도 독점적 성격으로 인해 희소성을 가지며, 지식재산권에서 창출되는 이윤이 지대와 같은 역할을 합니다. 신고전학파의 창시자인 앨프리드 마셜(Alfred Marshall)은 '준지대'라는 개념을 만들어 공장 건물이나 특수 설비 등 희소성을 가진 인공 자산에 이를 적용했습니다.

디지털 시대에 리카도의 이론은 더욱 광범위한 의미를 부여받아, 비교우위를 가늠할 수 있는 자산 및 경제 요소의 가격 결정에 영향을 미치기 시작했습니다. 이를테면 같은 학교에 근무하는 A, B 교사가 있는데, A의 학생들이 B의 학생들보다 성적이 높다면 A 교사의 노동력은 프리미엄을 얻습니다. 마치 생산성이 높은 비옥한 토지처럼 말이에요. 같은 논리로 IT 업계에서는 엔지니어들 간에, 각기 다른 상품과 서비스 간에 등급이 철저하게 나뉩니다. 최고 전문가는 소득 면에서 2~3위와의 차이가 뚜렷합니다.

또한 정보의 투명성, 대칭성, 유동성이 높은 디지털 시대에는 리카도의 이론이 더욱 큰 격차를 초래합니다. 한 분야에서 일류로 평가받는 사람의 평균 소득은 언제나 이류보다 훨씬 높았습니다. 그런데 대중 매체의 출현 전에는 이류, 삼류도 생존할 공간이 있었습니다. 영화와 음반이 등장하기 전에는 일류, 이류, 삼류로 구분되는 예술가나 연예인을 위한 시장이 각각 존재했죠. 차이가 있다면 소득의 많고 적음의 차이였지, 소득의 유무 차이는 아니었습니다. 예를 들어 중국에서 유명한 경극 배우인 양샤오루(杨小楼)나 메이란팡(梅兰芳) 등의 일류 예술가들은 궁중 또는 대도시에서 공연했고 큰 부를 얻었습니다. 하지만 이류 예술가들도 고관이나 귀인들의 집으로 초청되어 공연했고, 삼류 예술가도 골목 무대에 오를 수 있었습니다. 그러나 영화와 음반의 출현으로 안후이성 시골 사람들도 메이란팡 선생의 음반을 들을 수 있게 되었습니다. 또 우한 시민들도 경극 배우 탄신페이(谭鑫培) 선생의 〈딩쥔산(定軍山)〉(1905년 상영된 중국 최초의 영화-옮긴이)을 볼 수 있게 되었습니다. 이에 따라 메이란팡과 탄신페이는 전국적인 명배우로 인정받았습니다. 일류 예술가들의 가치는 더욱 상승했지만 삼류 예술가들이 발붙일 곳은 점점 사라졌죠. 이는 정보의 투명성과 유동성 때문입니다.

상품의 유동성도 이와 비슷한 특성을 가집니다. 소비자들이 어떤 샴푸가 좋은지 모를 때 구매 행위는 임의성을 가지고, 효과가 가장 좋은 샴푸와 가장 나쁜 샴푸의 판매량도 일정한 수준에서만 차이가 납니다. 하지만 정보의 투명성과 유동성이 높을 때 샴푸 정보가 모두에게 공유되므로, 좋은 샴푸의 판매량은 급격히 증가하고 나머지 샴푸는 빠르게 시장을 잃습니다.

디지털 시대에는 격차가 심화합니다

인터넷의 등장으로 정보의 투명성은 더욱 높아졌습니다. 이에 따라 리카도의 이론이 설명하는 양극화 현상이 상품과 미디어뿐 아니라 부동산 등 다양한 분야에서도 나타나기 시작했습니다.

중국에서 2선 도시(중간 규모 도시)의 부동산 가격은 1선 도시(대도시)에 비해 훨씬 저렴한데요. 3, 4선 도시(소규모 도시)의 경우 그 가격에서 또다시 수직으로 낙하합니다. 또 일부 도시에서는 학군지와 일반 주거지에서도 부동산 가격 차이가 크게 나타납니다.

어떤 이들은 이런 현상이 나타나는 이유가 교육을 중시하고 대도시 거주를 선호하는 중국 문화 때문이라고도 하는데요. 이건 미국도 마찬가지입니다. 좋은 지역의 부동산 가격은 주변 지역에 비해 훨씬 비싸죠. 어떤 이들은 베이징 학군 집값이 다른 지역에 비해 50퍼센트 정도 높은 상황을 두고 큰일 난 것처럼 이야기합니다. 실리콘밸리에서는 고속도로 하나를 사이에 두고 집값이 두세 배 차이가 나는 경우도 많습니다(팔로알토 지역과 이스트 팔로알토 지역이 그렇습니다). 이 또한 리카도 이론의 확장 효과라고 볼 수 있죠.

〈그림 7-1〉은 리카도 이론의 과거와 현재로서, 시내 중심가에서부터 주변 지역과 황무지까지 지대의 변화 추세를 보여줍니다. 과거에는 가격 변화가 비교적 완만했다면 지금은 매우 가파름을 알 수 있죠.

디지털 시대에는 리카도 이론으로 인한 격차의 확대가 한 지역의 인적 또는 산업 구조에 큰 변화를 초래할 수 있습니다. 단적인 예가 요즘 사람들이 대도시에 집을 사는 게 어려우니 학군지는 꿈

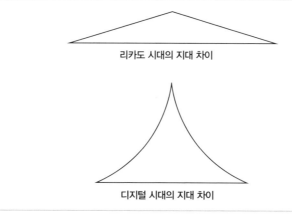

리카도 시대의 지대 차이

디지털 시대의 지대 차이

〈그림 7-1〉 리카도의 이론이 제시하는 과거와 현재의 지대 차이

도 못 꾼다고 생각하는 겁니다.

하지만 집값이 너무 비싸서 못 산다고 불평하는 사람들은 다른 각도에서 생각해볼 필요가 있습니다. 대도시의 집들은 도대체 누가 다 산 걸까요? 현재 중국 1선 도시에서는 주택 매매 제한 정책으로 인해, 광산 부자나 투기꾼들이 수십 채씩 집을 쓸어갈 수가 없습니다. 따라서 1선 도시의 주택, 학군지 주택은 그 지역 사람들이 산 거예요. 왜 어떤 사람은 살 수 있는데, 어떤 사람들은 못 살까요? 리카도의 이론이 토지나 주택보다 인간이라는 특수한 자원에 훨씬 큰 격차를 만들어내기 때문입니다.

미국 실리콘밸리의 중심 지역인 팔로알토의 예를 들어 이 현상을 설명해보겠습니다. 2000년도 닷컴 버블 시절에 팔로알토의 부동산 가격은 최고였죠. 당시 단독주택 가격의 중간값이 50만 달러였는데 가계소득 중간값은 11만 달러에 불과했죠. 즉, 주택 가격이 가계 세전소득의 약 4.5배였던 셈입니다. 2016년까지 미국은 닷컴 버블의 붕괴와 2008년의 금융위기를 겪었으나, 실리콘밸리 지역은 여전히 번영과 발전을 지속했어요. 이에 따라 실리콘밸리의 중심부이자 학군지인 팔로알토 지역은 집값이 300퍼센트 이상 급등했고 가격 중간값이 200만 달러를 넘어섰습니다. 반면 같은 시기에 미국 전역의 집값 변동률은 약 100퍼센트에 그쳤습니다. 이 수치는 리카도의 이론을 그대로 반영합니다. 주목해야 할 부분은 해당 지역의 가계소득은 16만 달러(중간값)가 오르는 데 그쳤다는 겁니다(약 50퍼센트 증가했는데 미국에서는 상당히 높은 성장률입니다). 다시 말해 주택 가격의 증가율이 가계수입 성장률의 10배 이상이었다는 뜻이죠. 만약 현지 주민들이 다시 같은 곳에 집을 사고 싶어도 아마 비싸서 못 살 겁니다. 그렇다면 도대체 누가 그렇게 집값을 올렸을까요? 답은 실리콘밸리의 대기업 임원들, 구글, 페이스북 등의 초기 직원들이었습니다. 구글 주가는 상장 시점부터 2016년까지 10배 이상 올랐고, 2004년에 출현한 페이스북은 2012년 상장 후 2016년에 이미 시가총액 3,600억 달러의 회사로 성장했습니다. 또한 팔로알토 지역에서 멀지 않은 곳에 위치한 애플 역시 크게 성공했죠. 이 회사들이 부를 축적하는 속도는 현지 부동산 가격을 넘어섰고 직원들이 축적한 부 또한 이에 정비례해 팔로알토 지역의 부

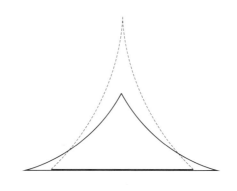

〈그림 7-2〉 리카도의 이론이 실리콘밸리의 집값과 소득에 끼치는 영향

동산 가격을 떠받쳤습니다. 이 현상을 표현한 〈그림 7-2〉를 보면 실선은 실리콘밸리 집값, 점선은 현지 소득을 의미하며, 점선의 기울기가 실선보다 훨씬 가파릅니다.

레프 란다우(Lev Davidovich Landau)라는 천재 물리학자는 물리학자들의 등급을 매긴 목록을 만들었습니다. 가장 낮은 등급은 5등급, 가장 높은 등급은 0등급이었는데, 각 등급 간에 10배 정도 지능 차이가 있다고 정의했죠. 저는 전작《견식》에서 란다우의 등급 분류를 차용하여, 엔지니어(또는 기타 전문직 종사자)들 역시 다섯 등급으로 나뉘는데 1등급 엔지니어의 기여도는 2등급 엔지니어의 10배, 2등급 엔지니어의 기여도는 3등급의 10배라고 정의했습니다. 물론 소득 면에서의 차이도 엄청납니다. 구글에서 무인 자동차를 개발하는 엔지니어 앤서니 레반도프스키(Anthony Levandowski)가 몇 년간 1억 달러를 훨씬 넘게 버는 반면, 말단 게임 개발 엔지니어 중에는 매달 천 달러 이하밖에 못 버는 사람도 많습니다. 차라리 화장실을 청소하는 게 이보다 더 많이 벌 것 같습니다. 이런 사회 현상도 리카도의 이론에 영향을 받은 거예요. 정보 유동성 강화와 디지털 기술의 향상 덕분에 원래부터 능력이 뛰어났던 개인이 기술의 도움을 받아 더 발전하면서 업계에는 4류, 5류가 설 자리가 없어졌습니다. 중국 내 상황도 마찬가지여서 최고의 게임 개발자는 연간 1억 위안(약 180억 원) 이상을 벌지만 말단 개발자는 극히 적은 수입에 만족해야 합니다.

변호사, 회계사, 투자 매니저 등 다른 업종도 상황은 비슷합니다. 일류 전문가는 평균 대비 몇 배 또는 10배 이상의 소득을 올리죠. 실리콘밸리에는 변호사들이 많이 거주하는데요. 일류 변호사의 수입은 일반 변호사들의 10배 이상입니다.

즉 이러한 현상은 다음과 같은 이유로 발생했습니다. 과거에는 일을 잘하는 직원들이 시간과 에너지의 한계 때문에 더 많은 일을 할 수 없었습니다. 그러나 각종 스마트 기기들이 등장한 지금, 그들은 자신의 영향력을 더 확장할 수 있게 되었습니다. 게다가 선두주자가 업계를 독식하기에 더 쉬운 구조가 만들어졌고요. 따라서 일류 기업의 일류 직원과 삼류 기업의 삼류 직원 간 격차는 사상 최고치에 이르렀죠. 현재 각종 앱 서비스로 대표되는 대다수의 IT 서비스가 돈을 벌기는커녕 오히려 돈을 내가며 사용자를 모집하고 있습니다. 그러나 가장 유명한 앱은 그 서비스 하나만으로 수억 달러 이상을 법니다. 반도체 업계도 1등이 거의 모든 이윤을 독식하고, 2등은 겨우 적자를 면하며, 3등은 손해를 보는 구조예요.

기술 진보가 사람 간 격차를 감소시켜 모두가 균등한 기회를 얻게 될 거라고 많이들 이야기합니다. 안타깝게도 역사상 중대한 기술 진보는 매번 리카도의 이론을 강화시켰습니다. 자원 총량은 계속 증가했지만 가장 우수한 자원의 양은 점차 부족해졌습니다. 좋은 학교, 좋은 병원, 좋은 지역의 주택들이 모두 그랬습니다. 중국 대학생 숫자는 30년 전 제가 대학생이었을 때보다 많이 늘어났지만 좋은 대학의 숫자는 여전히 그대로입니다. 그 학교들은 심지어 모집 정원도 그대로라서 좋은 대학에 들어가기는 예전보다 더욱 어려워졌죠. 미국도 상황은 마찬가지입니다. 제가 2006년에 존스홉킨스대학교에서 처음으로 관리 업무를 맡았을 때 대학 합격률이 25퍼센트 안팎이었는데요. 2018년에는 10퍼센트 이하로 떨어졌습니다. 같은 기간 동안 미국의 명문 대학 합격률 또한 존스홉킨스대학교와 비슷했죠. 반면 유명하지 않은 대학의 경우, 성적이 낮은 학생들을 대량 유치할 수밖에 없을 정도로 학생 모집이 어려워졌습니다.

시대를 지배하는 법칙에 따라 행동합니다

그렇다면 우리는 무엇을 해야 할까요? 이 시대를 지배하는 이론을 인정하고 그에 따라 선택해야 합니다. 가령 집을 살 때는 싼 지역에 큰 집을 사는 대신 좋은 지역에 투자해야 합니다. 좋은 지역의 땅값은 계속해서 올라갈 수밖에 없을 테니까요. 회사 위치를 정할 때도 약간의 우대 정책에 낚여 상업 인프라가 부족한 곳을 택해서는 안 됩니다. 그 혜택은 제한적이고 단기적이나, 번거로움은 끝도 없거든요. 어떤 지역이 낙후되었다는 것은, 리카도의 이론에 따르면 그곳이 가장 가치 없는 지역이라는 뜻입니다. 같은 논리로 직원을 뽑을 때도, 비용 절약을 위해 값싼 인재들로 머릿수를 채우면 안 됩니다. 삼류만 모였을 경우 때로는 그들이 해결하는 문제보다 그들이 불러일으키는 골치 아픈 문제들이 더 많기 때문입니다. 상품을 만들든 서비스를 제공하든 자기 분야에서 반드시 3등 안에는 들어야 합니다. 물론 1등이면 가장 좋죠. 시장에서 2등은 영원히 1등이 누리는 이익을 맛볼 수 없고, 3등 이하는 거의 가치가 없다고 봐도 무방하니까요.

애플의 시가총액은 현재 1조 달러가 넘습니다. 세계 90퍼센트에 해당하는 나라들의 국가별 GDP보다도 많은 금액입니다. 그런데 애플 제품의 종류는 한 자릿수에 불과합니다. 마치 베이징 왕푸징(우리나라 명동 같은 중심 지역-옮긴이)의 땅 한 평이 황무지 만 평보다 가치가 훨씬 높듯이 말이에요.

　개인은 업계 평균보다 약간만 높은 능력치를 소유하면 업계에서 환영받을 수 있습니다. 그런데 만약 '평균보다 약간'이 아니라 아예 레벨이 다르면 어떨까요? 프리미엄을 몇 배로 내면서까지 당신에게 일을 맡기려는 사람들이 생길 겁니다. 저는 90점짜리 10개가 100점짜리 1개보다 못하다고 자주 언급하곤 합니다. 탁월함과 양호함의 차이는 지극히 크니까요. 반대로 만약 당신이 주변 사람들보다 능력이 부족하다면, 공짜로 일해준다고 해도 원하는 사람이 없을 거예요. 마치 황무지를 임대하려는 사람이 없는 것처럼 말이죠. 그래서 기업들은 적합한 직원을 못 찾아서 난리, 구직자들은 일자리가 없어서 난리입니다.

　리카도의 이론은 우리 사회에서 활발하게 작용하고 있고 미래에는 더 큰 영향력을 발휘할 겁니다. 우리는 이 법칙을 잘 이해하고 행동에 반영해야 할 겁니다.

저는 뤄지쓰웨이의 더다오 앱에 2016년부터 2018년까지 약 2년
간 700편의 글을 썼습니다. 그중 200편을 선별해 책으로 엮었고,
2017년과 2018년에《견식》과《구체적 생활》로 각각 출판하였습니
다. 그 후 뤄지쓰웨이의 편집자 바이리리 여사, 짠이 여사와 함께
나머지 500편에서 핵심을 추려냈죠. 우리는 독자들에게서 받은 피
드백을 통해 독자들이 자기계발과 인지계발 분야에 많은 관심이
있음을 깨달았고, 예전에 썼던 칼럼 중에서 50개를 선별해 이 책을
출간했습니다. 이 과정에서 심혈을 기울여 도와주신 바이리리 여
사, 짠이 여사에게 진심으로 고맙습니다.

이 책을 만들고 출판하는 과정에서 수많은 친구, 동료, 독자들에
게서 다양한 격려와 도움을 받았습니다. 뤄지쓰웨이의 설립자 뤄
전위 선생, 퉈부화 여사는 저의 집필에 오랫동안 다양한 도움을 주
었습니다. 리첸 여사, 닝즈충 선생, 주마딩 선생, 자오위빙 여사, 또

류뮌 선생과 쥐커 선생을 포함한 더다오 앱의 칼럼 작가분들 역시 저를 많이 독려하고 도와주었죠. 출판 과정에서 뭐지쓰웨이 편집 팀 바이리리 여사, 짠이 여사, 중신출판사 경영관리사의 부사장 자오휘 선생, 편집장 장옌샤 여사, 편집자 양보휘 여사, 판훙이 여사, 왕전둥 선생은 큰 노고를 들여 이 책의 기획, 설계·편집·교정 및 디자인을 맡아주었습니다. 그 외에도 중신출판사의 부편집장 팡시 여사, 경영관리사 사장 주훙 여사 역시 이 책의 출간에 관심을 가지고 많은 지원을 아끼지 않았습니다. 진심으로 감사합니다.

마지막으로 가족들에게 고맙습니다. 제가 이 책을 쓰는 과정에 많은 도움을 주었습니다. 아내와 딸들의 지지가 없었다면 이 책을 완성할 에너지도, 시간도 얻을 수 없었을 겁니다.

옮긴이 이기원

이화여자대학교 중어중문학과를 졸업하고 국내 증권사에서 해외주식 중개업무를 했다.
이후 중국으로 건너가 한국거래소(KRX) 베이징 대표처에서 중국 기업의 한국 상장 유치
관련 업무를 했다. 2014년부터 호주에 거주하며 멜버른대학교에서 금융 전공으로 경영
학 석사(Master of Management-Finance) 학위를 받았다. KT&G 상상마당 '차이나는 출
판번역' 6~8기를 수료했다.

내 운명의 위치, 속도, 리듬을 찾으며 살아가는 법
인생의 격차

제1판 1쇄 발행 | 2023년 1월 30일
제1판 2쇄 발행 | 2023년 3월 2일

지은이 | 우췬
옮긴이 | 이기원
펴낸이 | 오형규
펴낸곳 | 한국경제신문 한경BP
책임편집 | 김정희
교정교열 | 임주하
저작권 | 백상아
홍보 | 이여진 · 박도현 · 정은주
마케팅 | 김규형 · 정우연
디자인 | 지소영
본문디자인 | 디자인 현

주소 | 서울특별시 중구 청파로 463
기획출판팀 | 02-3604-590, 584
영업마케팅팀 | 02-3604-595, 562   FAX | 02-3604-599
H | http://bp.hankyung.com   E | bp@hankyung.com
F | www.facebook.com/hankyungbp
등록 | 제 2-315(1967. 5. 15)

ISBN 978-89-475-4874-8   03190